海外中国
研究丛书

刘 东 主编

陶德民 著

辜承尧 译

日本における近代中国学の始まり

日本近代中国学的形成

汉学革新与文化交涉

漢学の革新と同時代文化交渉

江苏人民出版社

图书在版编目(CIP)数据

　　日本近代中国学的形成：汉学革新与文化交涉 / 陶
德民著；辜承尧译. -- 南京：江苏人民出版社，
2022.10
　　(海外中国研究丛书 / 刘东主编)
　　ISBN 978 - 7 - 214 - 27545 - 5

　　Ⅰ.①日…　Ⅱ.①陶…②辜…　Ⅲ.①汉学-研究-
日本-近代　Ⅳ.①K207.8

中国版本图书馆 CIP 数据核字(2022)第 177432 号

NIHON NI OKERU KINDAI CHUGOKUGAKU NO HAJIMARI
Copyright © 2017 Demin Tao
Chinese translation rights in simplified characters arranged with Kansai University
Press through Japan UNI Agency, Inc. , Tokyo
Simplified Chinese edition © 2022 by Jiangsu People's Publishing House
江苏省版权局著作权合同登记号:图字 10 - 2011 - 091 号

书　　　　名　日本近代中国学的形成:汉学革新与文化交涉
著　　　　者　陶德民
译　　　　者　辜承尧
责 任 编 辑　洪　扬
特 约 编 辑　甘欢欢
装 帧 设 计　陈　婕
责 任 监 制　王　娟
出 版 发 行　江苏人民出版社
地　　　　址　南京市湖南路 1 号 A 楼,邮编:210009
照　　　　排　江苏凤凰制版有限公司
印　　　　刷　南京新洲印刷有限公司
开　　　　本　652 毫米×960 毫米　1/16
印　　　　张　21.75　插页 4
字　　　　数　249 千字
版　　　　次　2022 年 10 月第 1 版
印　　　　次　2022 年 10 月第 1 次印刷
标 准 书 号　ISBN 978 - 7 - 214 - 27545 - 5
定　　　　价　78.00 元

(江苏人民出版社图书凡印装错误可向承印厂调换)

序"海外中国研究丛书"

中国曾经遗忘过世界,但世界却并未因此而遗忘中国。令人嗟讶的是,20世纪60年代以后,就在中国越来越闭锁的同时,世界各国的中国研究却得到了越来越富于成果的发展。而到了中国门户重开的今天,这种发展就把国内学界逼到了如此的窘境:我们不仅必须放眼海外去认识世界,还必须放眼海外来重新认识中国;不仅必须向国内读者迻译海外的西学,还必须向他们系统地介绍海外的中学。

这个系列不可避免地会加深我们150年以来一直怀有的危机感和失落感,因为单是它的学术水准也足以提醒我们,中国文明在现时代所面对的绝不再是某个粗蛮不文的、很快就将被自己同化的、马背上的战胜者,而是一个高度发展了的、必将对自己的根本价值取向大大触动的文明。可正因为这样,借别人的眼光去获得自知之明,又正是摆在我们面前的紧迫历史使命,因为只要不跳出自家的文化圈子去透过强烈的反差反观自身,中华文明就找不到进入其现代形态的入口。

当然,既是本着这样的目的,我们就不能只从各家学说中筛选那些我们可以或者乐于接受的东西,否则我们的"筛子"本身就可能使读者失去选择、挑剔和批判的广阔天地。我们的译介毕竟还只是初步的尝试,而我们所努力去做的,毕竟也只是和读者一起去反复思索这些奉献给大家的东西。

刘　东

目 录

中译本序言

　　本书即将作为刘东教授主编的江苏人民出版社"海外中国研究丛书"的一种出版,我感到非常荣幸。自从1986年跨出国门以后,我虽然出版了8本专著、21本编著(包括合编)和1本译著(与何英莺合译,亦为"海外中国研究丛书"之一种的傅佛果著《内藤湖南:政治与汉学(1866—1934)》),但其中仅有5本是中文的,且皆为编著、译著,尚无一本中文专著。去年11月年届古稀的我,能在退休之年看到这个中译本的面世,觉得分外高兴,谨向译者辜承尧同学表示由衷的谢意。

　　我在这里称之为同学,并非谦虚。这是由于身为日本唯一的文化交涉学硕博学位授予点关西大学研究生院东亚文化研究科的教师,我虽然已经有了一个1991年在大阪大学获得的文学博士学位,也仍有义务取得文化交涉学博士学位,以便在这个新的学术领域指导硕士生和博士生时更加胜任愉快。因此,在2017年3月出版本书的日文原版《日本における近代中国学の始まり:漢学の革新と同時代文化交渉》之后,我就把它作为博士学位申请论文提出了,幸而通过审查,于同年9月获得第二个博士学位。但是,我的这个博士学位比在同年3月获得课程博士学位的辜承尧要晚半年,比他的师兄吕超要晚一年半,比他们的师姐胡珍子要晚两年半。所以,称之为同学绝不为过。

关西大学研究生院东亚文化研究科是以关西大学文化交涉学教育研究中心为基础于 2011 年设置的。该中心为日本文部科学省即教育部选定的全球化卓越中心项目（Global COE Program，COE 即 Center of Excellence，类似国内的"985 工程"）之一，人文科学领域全国共有 12 个，自 2007 年起为期五年，旨在提升研究生院层次的教学和科研水准，培养具有国际视野并能同时运用母语和外语来开展跨文化研究的高水平研究生。因而，东亚文化研究科被特批为文化交涉学硕士和博士学位的授予点。记得 2007 年 10 月 4 日，该中心的成立仪式暨"探索文化交涉学的可能性——构建新的东亚文化共同体"国际研讨会在关西大学一百周年纪念会馆举行时，有不少贵宾前来参加和祝贺，如余英时、章开沅、郑培凯、葛兆光、周振鹤、张西平、黄进兴、王汎森、李焯然、马西尼、朗密榭、户川芳郎、小岛毅、汤浅邦弘、町泉寿郎、涩泽雅英（涩泽荣一的曾孙）和木村昌人等。作为中心主任的我，既感到兴奋，更担心难以胜任。普林斯顿大学教授余英时先生在题为《中日文化交涉史的初步观察》的主旨讲演中，用汤因比和亨廷顿的文明史论作为引子，以获得日本学士院奖的关西大学教授大庭脩编制德川日本所输入的八千种清代汉籍清单等为例，论证了日本文明是借鉴于中国文明又有别于中国文明的一个独立的文明单位。他还引用荀子的"天地始者，今日是也"一语来激励我们开拓这一新的研究领域，使我们受到很大鼓舞。关西大学校长河田悌一在余先生讲演之前，亲自把关西大学名誉博士学位证书赠送给他，激起了全场的热烈掌声。而华中师范大学前校长章开沅先生则在前一年即 2006 年，在关西大学亚洲文化交流研究中心主任松浦章教授主持，由毕业于京都大学东洋史专业的藤田高夫教授(现为副校长)和我具体策划的"近代日中关系人物史研究的新地平"国际研讨会上被授予关西大学名誉博士学位,他的主旨讲演题为《张謇与日本》。去年,章先生于 5 月 28 日、余先生于 8 月 1 日先后驾鹤西去,史学界顿时失去了两位乐于为后学指点迷津的大师,令人十分悲痛和惋惜。

在 2006 年的国际研讨会后,我与出席会议的老一辈专家中村义和藤井升三等商议编写《近代日中关系人物史人名辞典》(组成编委时增加了没有与会的久保田文次、町泉寿郎和川边雄大等三位专家,由东京堂出版)。由于老一代编委的广泛人脉,得以获得当时在世的 115 位最为胜任的撰稿人的合作,其中不少都已经年过古稀,如东洋文库文库长斯波义信先生等,对所写人物多出过专著或发表过论文,故能汇成一部颇有价值的辞典,对了解近代日本涉猎过对华关系的大约 1200 名人物甚为方便和可靠,可惜至今尚未译成中文。我自己则承担了其中关于京都学派及相关人物的大多数词条,包括重野安绎、西村天囚、内藤湖南、小川琢治、富冈谦藏、今西龙、稻叶岩吉、铃木虎雄、羽田亨、武内义雄、滨田耕作、冈崎文夫、石滨纯太郎、梅原末治、宫崎市定、吉川幸次郎和藤枝晃等。

细心的读者自然会注意到,本书主要论述了近代日本中国学的一些基本问题,例如对桐城派文论的接受、对章学诚史学的推崇、对新文化运动的反应、得到王韬评点的星野恒选编《明清八家文》,以及汉文直读和训读的是非问题等等,涉及从传统汉学向近代中国学转型过程中的东京学派,特别是京都学派的一些主要人物。但是,正如本书的日文原版采用 1920 年京都帝国大学中国学领域师生的合影作为封面照片所象征的,论述的侧重点还是在京都学派。在本书中,该合影被列为序论中所附的图3,敬请参照为感。

毋庸讳言,这样的侧重安排,与我自己的经历和经验是有很大关系的。迄今为止,我指导的博士生中有五位是把京都学派相关人物作为研究对象,并获得文化交涉学博士学位的:中国农业大学的辜承尧研究青木正儿,北京语言大学的胡珍子研究狩野直喜,浙江工商大学的吕超研究宫崎市定,浙江财经大学的苏浩研究山本竟山,即将赴任内蒙古大学的石永峰研究内藤湖南的书学和金石学。在某种意义上,这可以说是我多年来治学和授业的方针之一,即坚持入乡问俗、就地取材,以求得到天时地利人和之便。关西大学位于大阪,而大阪临近京都。1980年代初期我在上海社科院历史研究所工作时,就在老前辈吴绳海先生家中听说其半世纪前就读第三高等学校和京都帝国大学时学业繁重,以致后来还时而梦见考试时手发抖的情形。我在复旦大学读硕时则从导师吴杰教授处听说了他曾就读的京都帝国大学经济学部有两位姓堀江的著名经济史教授(即堀江保藏和堀江英一)的故事,也访问了就读过京都帝国大学东洋史专业的南开大学教授吴廷璆先生。我在硕士毕业前有机会访日半年,负责指导的大庭脩教授长期参加京都大学人文科学研究所的活动,又由朋友书店的老板土井澄男引见该所的狭间直树教授,还旁听了竹内实教授主持的研究班会议。我在大阪大学读博时的导师胁田修教授是战后京都大学新制博士第一号(日本史),中国哲学主任教授加地伸行先生也毕业于京都大学。1996年我开始在关西大学执教,同事中研究道教和中国思想史的坂出祥伸教授与研究冰心和当代中国文学的萩野脩二教授也毕业于京都大学。入职以后不久我就参加了人文科学研究所山室信一教授和傅佛果客座教授共同主持的新型研究班活动,山室先生还好意请我做该所的兼职讲师,从而得以在京都大学夏季公开讲座上作报告,有了近距离与岛田虔次等著名老教授接触的机会。

2000 年以降,又因举办国际研讨会和大正兰亭会百周年纪念活动等机缘,我先后结识了夫马进教授、高田时雄教授、砺波护教授,和毕业于京都大学东洋史专业、成为京都教育大学名誉教授和西泠印社名誉社员的杉村邦彦,以及曾在京都大学读博的钱鸥教授和张小钢教授等,在交流过程中受益良多。有了这样经过长期耳濡目染和切磋琢磨而形成的人脉关系,在需要请教相关问题时,或是需要访问研究对象的家乡和后人时,就方便多了。例如,杉村先生就曾带我和胡珍子去拜访了狩野直喜的嫡孙、京都女子大学名誉教授狩野直祯,其居所就是 1910 年代狩野直喜新筑的,近百年来未曾改观,而且当时寄寓京都的罗振玉遵嘱为其新居中的书斋题写的匾额"半农书屋"(半农为狩野直喜的号)也保存完好,从而获得了一些难得的口述史料和直观印象,在撰写学位论文时更有自信和底气了。顺便提到,厦门大学的王海和中国海洋大学的李瑞华在读博期间由我指导,分别研究当代日本的国民作家司马辽太郎和山崎丰子,这两位作家都是大阪人,所以在访问其亲朋好友和获取一手资料方面也得了不少便利。畏友吴伟明是香港中文大学日本学系教授,其高足林超纯为研究于 1920 年与青木正儿及小岛祐马一同创刊著名《支那学》杂志的本田成之而来访关西大学内藤文库,我建议她何不趁此机会联系本田后人,看有无留存资料,经过努力果然有所收获,可谓功夫不负有心人。

　　"纸上得来终觉浅",我认为只读研究对象的文集和相关论文,是难以在研究上开出新局面的,这一点对于研究外国史和外国人物的学子来说,尤其值得重视。因为研究中国史的话,你多少还可能从土生土长的亲属和师长那里,或是从人物传记和回忆录中获取一些关于研究对象的感性认识,而研究外国事物则"人生地不熟",容易陷入"两眼一抹黑"的无助境地。近年来,我对"纸上得来终觉浅"这一句又多了一层理解,即研究近代史和近代人物,还必须努力发掘研究对象的照片和靠谱的历史图片,以尽量拉近自己的著作与年轻一代读者的距离。年轻人日益浸润于数字化的图像世界已经成为一个潮流,光是文字而不是图文并茂的书籍难以引导他们进行形象思维,因为近代化的过程已经把很多地方的环境和情景变得面目全非,使之对历史人物及其赖以成长的社会舞台和人文氛围感到难以理解和想象。其实,这个历史和现实的场景脱节问题,不光是年轻一代,也是我们老一代学者自己必须认真面对的。然而,不少学者虽然在大量涉猎史料的过程中最有机会看到相关图片资料,却不注意搜集和收藏,以至于其书中连篇累牍的只是文字而已,而没有那研究对象的形象,用一句俗话来说,没有直观地告诉读者"那人长什么样,那事有什么相"。

　　古人所谓"画鬼容易画人难",用鲁迅的话来说,就是"描神画鬼,毫无对证,本可以专靠了神思,所谓'天马行空'似的挥写了"。而这样的随意描画是意义不大的。与此相反,离研究对象的时代越近的图片,甚至是对象本身或与其有关的照片则是弥足珍贵的,因为可以借以传真、借以传神,而使光是文字的书籍蓬荜生辉,令读者刮目相看。举一个例子,本书中提到梁启超的高足姚名达为胡适订补其《章实斋先生年谱》,在以《章实斋年谱》的新书名出版时,在卷首刊出了新发现的章实斋先生夫妇遗像,胡适在为该像题辞时予以高度评价:"姚达人先生热心搜求实斋先生传记材料,果然访得此像,可谓有志者事竟成了。胡适敬记。"有鉴于此,我近年来的几本专著,均力求做到图文并茂,以期接近年轻一代的阅读欣赏习惯,并借以把他们带入所论述的时空和人世间,如前年出版的《西教东渐与中日事情——围绕仪礼、尊严和信念的文化交涉》(《西教東漸と中日事情:拝礼·尊厳·信念をめぐる文化交渉》)有 146 张(此书承挚友刘岳兵的高足、南华大学讲师刘晓军译成中文,预定由联经出版事业公司刊行),去年出版的《松阴与培理——关于下田偷渡事件的多语种考察》(《松陰とベリー:下田密航をめぐる多言語的考察》)有 58 张,今春出版的《内藤湖南的新研究——关西大学内藤文库探索二十年》(《もう一つの内藤湖南像:関西大学内藤文庫探索二十年》)有 185 张,另一本 *Abraham Lincoln,Samuel Williams and East Asia:A Multilingual Study* 也有 180 张。虽然为找寻资料图片和申请使用许可花费了大量时间,但我觉得是很值得的,因为能够借以把历史现场的重要细节和历史人物的心动脉动传递给读者,让他们得到一种身临其境的感受和由此生发的感悟。而这样的尝试,就始于本书的日语原版。

不过,日语原版在卷首有 90 张图片,中译本新增了 30 张(顺便一提,在第六章附录中还增加了新发现的 1927 年底姚名达致内藤湖南的第一封书简),在这过程中得到了资料收藏单位和石永峰同学的热情协助。中译本尝试将这 120 张图片分置在各章开头，以便为读者提供有关该章的时代背景和所论人物的形象化介绍。使得这一新尝试成为可能的，是责任编辑洪扬的善意理解，和原责任编辑卞清波和出版社社长王保顶的大力支持。谨此致以深切的感谢！

　　是为序。

日本关西大学名誉教授　陶德民

2022 年 7 月 4 日于大阪古江台书房

绪论　日本"土著"汉学的近代化革新指向

　　近些年来,学界逐渐出现了重新审视和评价日本汉学及儒学所发挥的历史性作用的趋势,并有进一步增强的倾向。管见所及,有如下主要相关研究:

　　子安宣邦的《汉字论——不可回避的他者》(《漢字論:不可避の他者》,2003 年);中村春作的《江户的儒教与近代的"知"》(《江戸儒教と近代の「知」》,2002 年);斋藤希史的《汉文文脉的近代——清末与明治的文学圈》(《漢文脈の近代:清末＝明治の文学圈》,2005 年)、《汉文文脉与近代日本——另一种语言的世界》(《漢文脈と近代日本:もう一つのことばの世界》,2007 年);村田雄二郎、Christine Lamarre 编著的《汉字圈的近代——语言与国家》(《漢字圈の近代:ことばと国家》,2005 年);金文京的《汉文与东亚——训读的文化圈》(《漢文と東アジア:訓読の文化圈》,2010 年);中村春作等编著的《训读论——东亚汉文世界与日语》(《訓読論:東アジア漢文世界と日本語》,2008 年)、《续训读论——东亚汉文世界的形成》(《続訓読論:東アジア漢文世界の形成》,2010 年);陶德民等编著的《近代东亚的经济伦理与实践——以涩泽荣一与张謇为中心》(《近代東アジアの経済倫理とその実践:渋沢栄一と張謇を中心に》,2009 年)、《东亚公益思想的变迁——从近世到近代》(《東アジアにおける公益思想の変

图 1　江户时代的最高学府昌平坂学问所，1797 年开设于百年前德川纲吉将军兴建的昌平坂圣堂（亦称汤岛圣堂，圣堂即孔庙）所在地。

涩川泰彦编《原色再现江户名所图会——复活的八百零八町》，新人物往来社、角川株式会社

图 2　东京大学古典讲习科汉书课前期学生毕业时的师生合影（1887 年 7 月 9 日）　重野绍一郎旧藏

前排左起：大泽清臣、三岛毅、小中村清矩、加藤弘之、南摩纲纪、重野安绎、川田刚

第 2 排左起：萱间保藏、安原富次、堀舍次郎、池上幸次郎、冈田正之、外山正一、岛田重礼、中村正直、渡边洪基

第 3 排左起：末永允、今井恒郎、冈田文平、深井鉴一郎、福田重政、桥本好藏、福岛操、与野山熊男、林泰辅

后排左起：铃木荣次郎、宫川熊三郎、渡边恕之允、花轮时之辅、日置政太郎、松本胤恭、熊田铁次郎、泷川龟太郎、松平良郎、田野泰助

图3 1920年前后京都"支那学"相关人员合影

关西大学图书馆内藤文库藏

前排左起:今西龙、铃木虎雄、桑原骘藏、狩野直喜、内藤湖南、矢野仁一、西村天囚

第2排左起:那波利贞、奥博仁、内藤简辅、松浦嘉三郎、鹫渊一、加地菊广、本田成之、高畑秀次郎

第3排左起:久保雅友、神田喜一郎、崎山宗秀、高雄义坚、井上以智为、浦川源吾

最后排左起:藤田元春、桥本循

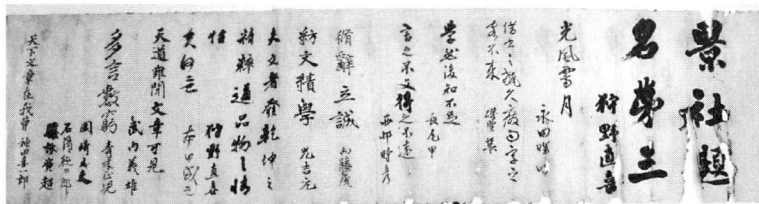

图4 西村贞则藏《景社题名第三》

景社为大正时期关西地区的诗文结社,此为1916年7月16日在京都宇治举行第17次雅集时的同人题词,可见其深厚的汉学素养。

图 5　罗振玉送别会于 1919 年 6 月 21 日在京都圆山公园举行

关西大学图书馆内藤文库藏

前排左起：高田忠周、小川为次郎、山本悌二郎、上野理一、犬养毅、罗振玉、富冈铁斋、荒木寅三郎、畠山八洲、榊原铁砚、江上琼山

中排左起：原田大观、大岛友直（汇文堂）、小川琢治、西村时彦、狩野直喜、罗福成、罗福葆、松本文三郎、佐伯理一郎、内藤湖南、高濑武二郎、榊亮三郎、长尾雨山

后排左起：小林忠次郎、木村得善、铃木虎雄、柚木梶雄、滨田耕作、高野竹隐、河井荃庐、山本竟山、滑川澹如、田中庆太郎、近重真澄、桑原骘藏、黑木钦堂、矶野秋渚

图 6　1902 年内藤湖南在杭州文澜阁调查史籍

关西大学图书馆内藤文库藏

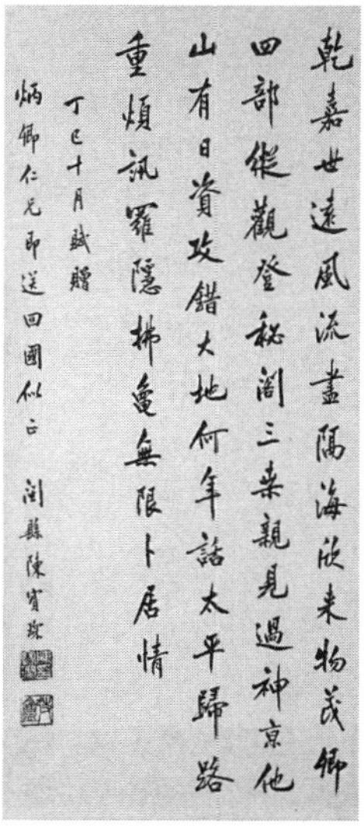

图7 《陈弢菴所赠七律》
关西大学图书馆内藤文库藏

1917年初冬,溥仪的汉文老师陈宝琛给内藤湖南的送别题诗,把他比作当代的荻生徂徕(别名物茂卿,为江户时代的大儒)。

图8 《傅沅叔摹钱竹汀宫詹小像》
关西大学图书馆内藤文库藏

1926年傅增湘为祝贺内藤六十寿辰而画,把他比作日本的钱大昕(号竹汀)。

图9 寓居京都时期的罗振玉(右)和王国维

二玄社藏

图10 邻苏老人遗像 杉村邦彦藏

清末东渡并给日本书法界以极大影响的杨守敬在辛亥革命后寓居上海时所摄,日本书论研究会会长、西泠印社名誉社员杉村邦彦题词。

图 11　山本由定(号竟山)
题《铁云藏陶》(1904 年)

大阪大学图书馆怀德堂文库藏

　　山本师从杨守敬,结交
罗振玉,故罗推荐他为亲家
刘铁云的新编题写书名。

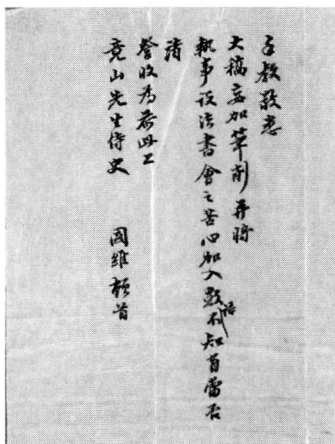

图 12　王国维致山本竟山书
简,说明删改其初稿的原委。

山本宗生藏

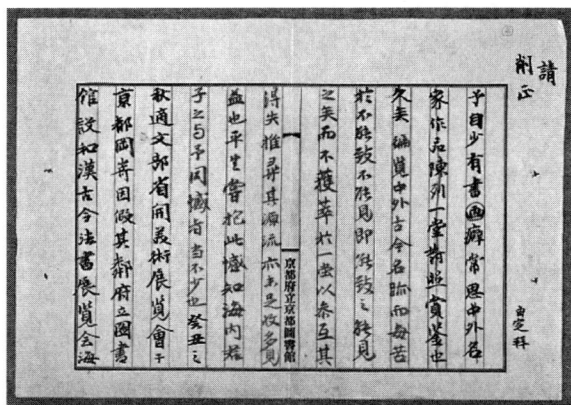

图 13　山本由定编《和汉法书展览会记念帖》(1913 年冬)

山本宗生藏

跋文定稿之第一页,是据王国维的修改加以誊清的部分。

图 14 (左起)鲁迅、改造社社长山本实彦、内山完造在内山书店楼上的和式客厅谈话 松江市立鹿岛町历史民俗资料馆提供

图 15 上海虹口区的内山书店(拍摄于鲁迅逝世当天即 1936 年 10 月 19 日上午,前排左起第三人为内山完造)

内山书店藏、松江市立鹿岛町历史民俗资料馆提供

图16　增田涉晚年在大阪家中的书房，手持1932年2月从上海回国时鲁迅赠与的送别诗轴。

松江市立鹿岛町历史民俗资料馆提供

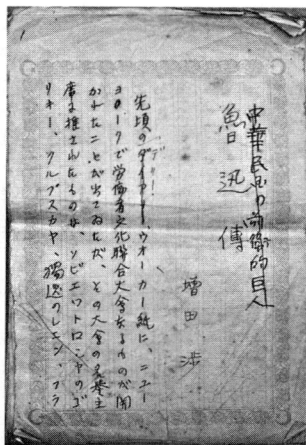

图17　增田涉《鲁迅传》初稿（1931年8月20日完成），该年3月至12月，增田有幸在上海鲁迅家中单独听其讲授《中国小说史略》。

关西大学图书馆增田文库藏

容：近世から近代へ》，2009年）；铃木贞美的《"日本文学"的成立》（《「日本文学」の成立》，2009年）；町泉寿郎编著的《涩泽荣一与汉学的因缘："论语与算盘"论与近代东亚的邂逅》（《渋沢栄一は漢学とどう関わったか：「算盤と論語」が出会う東アジアの近代》，2017年）；等等。

在以上趋势之中，东京大学教养学部的国文·汉文学部会的研究者们提出的一个尖锐问题尤为引人关注，即现行高中教科书中所呈现的"古文"观，"是由近代国家人为制造的"。其理由是："现实生活中的阅读和书写，汉字与汉文占据了绝大部分，这才是古典日语世界的实情。因此，可以说近代之前的日本文化是植根于汉文与汉字之中的。而时至明治后期，被冠以'文学史'的书籍相继出版，这确实回应了当时普及国民教育的现实需求问题。关于这一状况,在落合直文题为《日本文学的必要性》(《日本文学の必要》,1889 年)一文中有翔实叙述。"①

换言之,在明治后期,为了促进"国民"形成及"国语"创制而实施的文教政策,未能正视过去传统学问的实际状况,结果导致落合直文等学者编写的《日本文学史》中出现了与历史事实发生偏差的"常识",而这种负面因素仍然影响着现今的日本高中教育以及学界研究。

一、"汉文殆如我固有"——日下宽

明治 15 年(1882)春季,落合就读于东京大学古典讲习科,此时内阁修史馆的馆员们正在就使用何种文体编纂《大日本编年史》较为妥当这一问题展开热烈讨论。日下宽(1852—1926,号勺水,后担任东京大学讲师,为"文科大学史志丛书"的编者)与当时

---

① 东京大学教养学部国文・汉文学部会编《漢字がつくる日本》(此书为《古典日本語の世界》第一册,东京大学出版会,2007 年)。在执笔《日本文学的必要性》一文时,落合担任第一高等中学校(现今东京大学教养学部、千叶大学医学院和药学院的前身之一)的讲师,并在皇典考究所从事研究。此后其因卓越的研究,而成为日本国语、国文学界的泰斗人物。关于落合执笔此文的时代状况,可从英国人钱伯伦(Basil Hall Chamberlain,1850—1935)的见闻录中窥见一斑。钱伯伦曾是帝国大学(今东京大学前身)的语言学教师,其门下受业生有上田万年、佐佐木信纲、芳贺矢一等著名学者。钱伯伦在其题为《狂热的爱国主义》一文中这样记载道,明治前期的若干年间,几乎所有的日本人都将"国外的东西"(foreign)等同为"优秀的东西"(good),将西洋视为如迦玛列(Gamaliel,早期基督教领袖,使徒保罗之师)一般的存在,纷纷拜倒在其脚下,将其只言片语视为昂贵的珍珠倍加爱惜。但是这种状况在明治 20 年(1887)发生了急遽变化,国民感情转变为主张"日本人不能舍己从洋""要将日本建设成为日本人的日本"。此内容参见钱伯伦著、高梨健吉译《日本事物誌》第一卷(平凡社,1969 年),113 页。此外关于明治时期的思想风潮,亦可参见近期笔者的论文《明治国家成立期の水戸イデオロギーに関する考察:「大日本史完成者」栗田寛の勅語講釈を中心に》(小岛毅编《中世日本の王権と禅・宋学》,汲古书院,2018 年 3 月)。

萨摩藩出身的编纂负责人重野安绎关系较为密切，他对此问题持如下观点：

> 本邦文字千古未有定论，或和文，或汉文，或雅俗混用。至近日公移废从来公文，用一种和汉假文，余病其杂，而无统一日。在史馆语及国史文体，或欲用和文，其意在藩翰谱①体，或欲编和汉文各一部，又或欲折中，可谓公移文以便习俗，诸说纷纭，莫能决意者。六国史以下，历代正史率用汉文。自朝廷诏敕以迄礼典仪式之类，莫不皆然。沿习之久，汉文殆如我固有。今一其体例，尤为难能。盖用和文者为正体勿论已，和文汉文并编者亦非无其理。折中公移文更创其体者，亦出于不得已。余未知其果何如，然及今莫为之制，虽百世亦竟如此也已。②

由于日本历来就有和文、汉文、雅俗混用（即汉字假名混杂文）三种文体并行使用的书写习惯，修史之际，无论是将和文，抑或是汉字假名混杂文视为“正体”，均有其各自的道理。但是由于历代编纂的正史、朝廷颁发的诏书以及祭祀庆典仪式上所使用的均为汉文，所以日下认为“汉文殆如我固有”。最后，负责人重野决定使用汉文编纂《大日本编年史》，但编纂工作刚展开不久，便因为国外局势的变化和国内民族主义情绪的高涨而

---

① “藩翰谱”是新井白石（1657—1725）所作的江户时代各大名的家传系谱，共 12 卷。元禄 13 年（1700），新井受甲府藩主德川纲丰之命编纂，历时两年完成，辑录 337 位大名的由来和事绩，并附以世系图。收录时间自庆长 5 年（1600）至延宝 8 年（1680）。第 1 卷记述亲藩（德川诸家），第 2 至第 6 卷是谱代大名（关原之战前归属德川幕府），第 7 至第 10 卷是外样大名，第 11、12 卷是废绝大名的记录。（译者注）
② 星野恒等口述、修史馆编辑《湖亭史話》第一册，61 丁。此书藏于东京大学史料编纂所，第一册记录的是明治十五年（1882）一月至五月星野恒及日下宽等人的谈史内容。句读为笔者所加。

被迫终止。不过,日下所提出的"汉文殆如我固有"的观点,应该值得我们关注。已经拥有一千六百年汉字、汉文使用史的日本汉学,其根系早已植入日本文化土壤的深层,因此,将汉学视为日本"土著"的学问,或是"固有"的学问也并不为过。

二、以创建"日本式汉学"为目标——重野安绎

在明治时期,王政复古使国学得以蓬勃发展,而文明开化政策使洋学得以大行其道,汉学在教育界和学术界中的地位及影响力急剧衰退。正是在这种社会背景之下,重野在积极摄取国学与洋学长处的同时,利用其在学界、政界的广泛人脉,致力于汉学的复兴。木场贞长曾就读于重野创办的私塾"成达书院",后来前往德国海德堡大学留学,并获得法学博士,历任文部省官房长、次官,后担任贵族院议员。他对恩师重野这样高度评价道:先生身处于洋学鼎盛、汉学衰退的时代,"作为斯界泰斗,肩负着重振汉学的众望,带领众多怀才不遇的汉学家坚守汉学之堡垒。由于先生身处朝野之间,且举措得宜,作为挽救汉学于衰运之人物,可谓居功至伟"①。

关于重野的汉学史观及其对当时汉学界的期待,从其一篇题为《关于日本式的汉学》(《日本の漢学について》)的口述文章中可窥见一斑,此文由中村久四郎笔录,刊登在由东亚学术研究会发行的月刊杂志《汉学》第一编第一号,时间为其逝世半年前的 1910 年 5 月,可视为他对明治末期及大正时代汉学界

---

① 大久保利谦编《增訂重野博士史学論文集補:重野安繹研究資料集》(名著普及会,1989 年),113 页。

的遗嘱。① 关于这篇论文的详细内容,町田三郎教授从"汉学与实学""和魂汉才"等宏观视角,对重野的汉学特征进行解读,将其定位为日本汉学革新进程中的"过渡性人物",及近代日本中国学形成过程中的"开创性人物"。其具体论述如下:

关于中国学术传入日本之后在文化上产生的影响,重野认为主要有以下三方面的特征:

第一,儒教思想促使国民道德渐次提高。

第二,汉字的使用促使了假名的创造。

第三,日本汉诗文、汉籍国字解的发达,对于知识在民众间的普及发挥了重要作用。

(中略)以上的叙述,从历史发展脉络回顾和总结了日本汉学的基本状况,但在江户时代的元禄(1688—1704)、享保(1716—1736)年间,由于国学与汉学的互动,学术呈现出繁荣景象,但之后的"宽正异学之禁"(1790)政策使汉学变得固陋,朱子学定于一尊的局面使学术界陷入沉闷。有鉴于此,重野认为今后治学应该采取兼修汉学与国学的态度。此外,根据现今的实情,应该摒弃过往的偏见,将具有开放性视野的实学作为学问的主要目标。

成斋是过渡时期的人物。就汉学方面而言,他主张远离

---

① 杂志《汉学》的第一编中,除了重野的此篇论文和三岛毅的论文之外,还分数次连载了星野恒的论文《日本に於ける漢学の効果》,以及服部宇之吉的论文《孔子の集大成》,在对以上四篇论文进行考察的基础上,佐藤保教授在其论文《日本漢文学研究の現状と課題》中指出:"《汉学》第一编所刊登论文的著者均是当时汉学界的权威人物,这点似乎让人产生当时汉学研究鼎盛的错觉,实际上应该视为社会过于偏向洋学的危机感迫使他们集结起来挽救汉学。"这种危机感充分体现在《東亜学術研究会設立主意書》之中,"无论是研究所不可或缺的设备,抑或是取得的研究成果,稍有不慎便会步欧美后尘,因此,吾辈私下都不禁为吾汉学界而慨叹"。

始终拘泥于义理与文艺的德川时期的学问,唯有反复进行实证和考证才是近代的、科学的学问。凭借此方法,日本的学问才能追赶上清代考证学的水准,并与世界接轨。此外,倘若能再加上国学的教养,换言之,培育"和魂汉才"且又能眼观八方的人才,那么独具日本特色的"汉学"研究就将应运而生。

（前略）不过,重野以上的努力与主张,要到明治、大正交替之际,在下一代学者——内藤湖南、狩野直喜、服部宇之吉等学者身上才以具体的形式在学界展现出来。因此,这一代学者的崭露头角,宣告了新式日本汉学研究的诞生。重野的努力是为这一代学者的出现所做的准备,更准确而言,重野的整个生涯都在为日本式的汉学研究和日本近代中国学的诞生奠基铺路。他经常提出开创性的建议,从这种意义而言,又可称之为过渡性的人物。①

概而言之,重野所期许的"日本式汉学"具备日本的主体性,同时兼具融合洋学、国学的包容性,有益于现实社会的实用性,以及强调实证主义、实践主义的近代合理性的特征,因而是一种健全的、开放的学术风范和样式。

---

① 町田三郎《重野成斋の人と学问》(町田三郎《明治の汉学者たち》,研文出版,1998年),98—99 页。此外,也可参照笔者论文《解说　转换期における重野安绎の思想を记录した贵重な文献》(陶德民编著《重野安绎における外交・汉文と国史:大阪大学怀德堂文库西村天囚旧藏写本三种》,关西大学东西学术研究所资料丛刊 37,关西大学出版部,2015 年)。渡边和靖在其论文《补论　明治期「汉学」の课题》中指出"放弃对形而上的探究""具有折中融合倾向"是明治时期汉学的主要特征。(收录于渡边和靖《明治思想史:儒教の伝统と近代认识论》增补版,ぺりかん社,1985 年)。

三、儒教精神"已成为日本固有之物"——内藤湖南

在上一节中，町田教授论述了重野汉学史观的第一方面特征，即"儒教思想促使国民道德渐次提高"，关于这一点，从重野有关《教育敕语》的一则逸事中可以得到印证。明治 23 年（1890）《教育敕语》颁布之后，重野受到多方委托，希望对其中的字义及出典进行解释，因此重野执笔完成了注释书《敕语衍义》。在此书的序文中，重野回顾了享保时期（1716—1736）经由琉球引进日本的中国儒家著作《六谕衍义》的翻刻、日译情况。其中重野使用了"听邻翁之教子以为孝，不如吾爷之训诲尤亲切"这一隐喻，强调《教育敕语》的实用性，即与其借用明太祖用来教化民众的《六谕》，倒不如拜读明治天皇的《教育敕语》教导民众显得更为亲近。①

此外，在当时举办的帝国大学②敕语捧读会上，重野这样解释道："敕语的精髓，旨在履行忠君爱国及君臣、父子、夫妇、兄弟、朋友之道，即五伦五常之道也。如将五伦五常视为儒教之纲要，则《教育敕语》不可不谓儒教主义矣。"重野的此番言论立即遭到了批判，刊登在杂志《国民之友》上题为《重野安绎氏误也》（《重野安繹氏誤れり》）的檄文就是其中之一。文中这样责难道："为何将天皇颁布敕语中的仁义之道视为儒教？斯道实为我皇祖皇宗

---

① 《六谕衍义》为明末的乡村教师范鋐所著，在琉球王国被用作教材来培训赴清使节团的中文翻译。第八代将军德川吉宗为推广道德教育，通过萨摩藩藩主从琉球引进此书，时值康熙末年，因而江户时代不少人误解为《六谕》乃康熙所制。参见 De-minTao, "Traditional Chinese Social Ethicsin Japan, 1721 - 1943", 收入陶德民《日本漢学思想史論考：徂徠・仲基および近代》（关西大学出版部，1999 年）。
② 即东京大学前身。（译者注）

之遗训（敕语原文如此），而重野的解释与之相悖。在神武天皇之
际，难道儒教就已经存在吗?"①

　　关于当时此类甚嚣尘上的国粹主义言论，后来成为京都帝国
大学教授的内藤湖南，在应邀书写小牧昌业撰写的《东京帝国大
学名誉教授从三位勋二等文学博士重野博士先生碑铭》之际，表
达了拥护重野主张的立场，并严词抨击了对于重野的粗暴言论，
其理由如下：

　　　　日本在明治维新之时，由于部分国学者的偏见，各地掀
　　起了排佛毁寺的风潮，甚至一度产生了排斥儒教，将神道定
　　为国教的倾向。但这不过是一时的狂热而已，此后伴随着人
　　心渐趋平正，无论是从时代精神，抑或是国民性本义而言，都
　　开始逐渐允许信教自由。因此，虽相较于德川时代而言，明
　　治时期的佛教受到了严重迫害，但其势力开始逐渐恢复。与
　　此同时，从欧美传入的基督教等外来宗教也被允许自由布
　　教。近年来，政府的宗教政策虽稍有落后于时代之感，亦渐
　　有承认各宗教地位平等的倾向。最近的神道、佛教、基督教
　　三教领袖的合同会议，虽说儒教代表未参与其中，但并非意
　　味着排斥儒教。因为儒教之精神，已经与日本国体融为一
　　体，成为日本固有之物。由于《教育敕语》中已充分体现了儒
　　教之精神，所以无须将儒教作为宗教加以特别认可。②

　　内藤将从中国传入的儒教视为已经融入日本固有文化之内
的"土著"宗教，此论断绝非与历史事实相悖。佩里提督率领舰队

---

① 参见陶德民《重野安繹と近代大阪の漢学》（《懐徳》第63号，1995年1月）。
② 参见陶德民《内藤湖南とJ.S.トムソンの辛亥革命観の比較：二〇世紀初期中国に
　おける日米競合の一側面》（《孫文研究》第50号，2012年3月）。

打开日本国门之后，幕府于安政 3 年(1856)同意在下田开设驻日
领事馆，首任总领事为汤森·哈里斯(Townsend Harris，1804—
1878)。安政 4 年 11 月 26 日(公历为 1858 年 1 月 10 日)，哈里
斯向幕府提出申请，希望访问幕府最高学府即"江户的大学"——
昌平坂学问所(通称昌平黉)，幕府虽同意其申请，但要求其穿正
式礼服，并向孔子像行跪拜礼。对此，哈里斯驳斥道：自己不会向
偶像低头，在迄今为止的圣堂参观中，自己从未被如此要求过。
当时担任幕府外交的官员井上清直这样回复道："对日本人而言，
虽然信奉何种神明完全是自由的，但由于孔子之高德，日本全国
都敬之为神。参观昌平黉中的大成殿，必须向其像行跪拜之礼，
因为在日本人心中孔子是作为神而存在的。"结果，由于双方各执
己见，哈里斯放弃了参观昌平黉的请求。①

此外，在哈里斯来日的前一年(1855)，重野的好友、年仅 24
岁便成为昌平黉教授的中村正直(1832—1891，号敬宇)，在接到
英法联军在第二次鸦片战争(1856—1860)中攻陷天津及北京的
消息之时，不无感慨道："今，洋夷扰周孔之邦并夺之，则周孔之
道，疑其或灭。若周孔之道湮灭，天地岂可独存。吾是以疑佛氏
破劫之言，殆至信之，而或适逢其时矣。"②从上述中村的感慨可
以看出，他将"周孔之道"视为维系东亚世界之天地的精神支柱，
并对此笃信至深。

---

① 青木朗枝译《ヒュースケン日本日记》(校仓书房，1971 年)，162 页。休斯根(Hency
Conrad Joannes Heusken，1832—1860)为幕末时期美国驻日本首任总领事汤森·
哈里斯的荷兰语随行翻译，曾参与 1855 年 8 月举行的《日英修好通商条约》谈判时
的翻译工作，1860 年被攘夷派的萨摩藩武士伊牟田尚平密谋杀害。学界普遍认为
其日记记叙较为客观，具有较高的可信性。
② 中村敬宇《太王薨商论》(高桥昌郎著《中村敬宇》，吉川弘文馆，1966 年)，17 页。此
外亦可参见笔者论文《明治日本におけるキリスト教と儒教の交涉：中村敬宇の西
洋受容の論理と素地》(《関西大学文学論集》第 51 巻第 1 号，2001 年 7 月)。

政治思想史学者桥川文三(1922—1983)曾对大正后期的众议院为何多次一致通过《关于振兴汉学的决议案》(《漢学振興に関する決議案》)一事的缘由进行追问:"为何在近代日本,每当提起具有民族主义性质的事例,或是意欲振奋民族情绪之际,儒教或汉学的思想总是被唤回并加以重新演绎?""为何历史与国情均与日本存在差异的数千年前的中国古代思想,作为拥护日本这一特殊政治社会的'本体'(即国体)的手段,不断地被加以回顾和引用呢?"近年,中村春作认为桥川以上追问的重要性至今仍未改变,而其给出的回答是:"儒教是东亚世界内诞生的普遍性思想,同时也是最早在日本扎根的外来思想,已经成为日本人最为熟悉的思考样式。"①

四、关于幕末明治时期日本汉诗文的评价
——宫岛诚一郎、王韬

笔者在第二节中曾提及町田教授所列举的重野汉学史观的第三方面特征——"日本汉诗文、汉籍国字解的发达,对于知识在民众间的普及发挥了重要作用"。关于这一论断的理由,首先可以列举的就是江户时代盛行的汉籍日译与和刻(即通过标注语序记号,来指示汉文读法),极大地促进了儒学及汉学在民间的普及。被历史学家辻达也评价为"江户时代的小学(寺子屋或习字塾等)教科书"的《六谕衍义大意》(由儒学者室鸠巢遵照德川吉宗将军的命令节译而成)就是一个典型的案例。此

---

① 中村春作《「国民」形象化と儒教表象》(收录于中村春作《江戸儒教と近代の「知」》第五章,ぺりかん社,2002年),191—192页。

外,值得一提的是,参与萨英战争之后和平谈判的重野,致力于将汉译《万国公法》加以节译,于 1870 年以《和译万国公法》之名出版。

在评价幕末明治初期的日本汉诗文之时,有一现象极为引人关注,那就是与洋学一边倒的世态截然相反,日本汉文家与清朝官员和文人面对面交流的场景频繁在东京清国公使馆的周围上演,这是江户儒学者无法想象的状况。实藤惠秀曾在其著作《明治中日文化交涉》(《明治日支文化交涉》,光风馆,1943 年)中进行过论述,东京大学斋藤希史教授则将其置于近代日本的"汉文脉络"之中,加以重新评价:

> 如果要考察明治之前即江户锁国时代的汉诗文状况,虽然有朝鲜通信使和长崎通商口岸这两大例外,实际上由日本汉学家所创作的汉诗文,其受众几乎全部是日本人。但进入明治时期后,这种局面就发生了变化。随着明治政府与清朝建立外交关系,日本汉学家有机会直接与来自中国的外交官、文人面对面地交流诗文,而无须跋山涉水特意前往长崎同中国商人交流诗作;亦无须不辞辛劳地追随朝鲜通信使以恳请得到其题字。明治时期两国文人频繁在宴会席间互赠汉诗,即所谓的唱和、应酬,可谓一大盛况。此外,亦有日本人在自己的诗文集后附上中国文人的评点,希望得到汉文发源地文人的肯定,此类雅事颇为盛行。

明治时期既有从清国来的文人,同时也有前往清国的日本人。诚然,当时海外留学或考察的目的地以欧美为主,但由于当时是通过海路往来,所以,在往返欧洲的途中一定会在香港或上海等中国沿海城市停靠,例如,岩仓使节团在考察美国和欧洲之后返回日本时的行程便是如此。①

　　上文中斋藤教授所指出的,江户时代"由日本汉学家所创作的汉诗文,其受众几乎全部是日本人"这一情况,从本书的第四章"天保年间藤泽东畡所见钱泳编纂的《海外新书》——围绕钱泳、东畡对荻生徂徕与大盐中斋的评价问题"(该章重点探讨的是钱泳所编《海外新书》中收录的荻生徂徕著作《辨名》《辨道》,他对赖山阳《日本乐府》的赞赏,以及《四库全书》中收录的山井鼎撰、荻生北溪增补的《七经孟子考文补遗》等)来看,虽与史实稍有出入,但就整体而言,充分地反映了当时两国文人交流的盛况,以及交流背后所隐藏的动机。关于明治时期以岩仓使节团为代表的诸多使节团经由上海、香港等地往返欧美的事实,松泽弘阳的著作《近代日本的形成与西洋体验》(《近代日本の形成と西洋経験》,岩波书店,1993 年)中已有详细论述。

　　此外,关于明治时期的汉诗文评价问题,在本书的第五章"关于星野恒选编、王韬评点的《明清八大家文》——以《方望溪文抄》为中心的考察"中将展开详细论述,可以从王韬、宫岛诚一郎对明治文人诗文集的评价中大致窥知其水平。宫岛诚一郎恳请当时中日两国文人对其《养浩堂诗集》予以评点,日方的文人主要有赖复(赖山阳次子)、大槻盘溪、宫原易安、菊池溪琴、中村正直等师友;中方的文人则主要有何如璋、张斯桂、黄遵宪、沈文荧、王韬等驻日外交官或访日学者。在得到众多文人的点评之后,宫岛总结道:中日两国的点评者所"共同的欣赏之处固然较多,而其中因好恶而产生的差异之处亦有之,且有相反之处"。倘若仔细分析这些评点,可以发现这些差异或是相反之处大抵是由于"格律不精

---

① 斋藤希史《漢文脈と近代日本》(株式会社 KADOKAWA,2014 年),200—201 页。

或音节不谐"所导致。于是宫岛不由感慨道:"我邦之人,于书画文章方面,其水平皆与汉人相距未远,而惟独诗词音节方面,由于二者语言不同,尚未窥其奥秘,这与汉人在和歌方面尚未识得吾邦之途径相似。"①

另一方面,王韬受星野恒所托,对其选编的《明清八大家文》进行了细致点评,并在序文中对日本汉学家勤勉好学、博识风雅、尊崇孔孟之道的风尚表示赞赏:

> 日东人士,类多重文章,尚气节。喜聚居于京都,通声气,立坛坫,相与切劘乎文字,以主持风雅。其负当世重名者,皆善操选政。于古今诸大家文,区别其流派,评骘其高下,示后学以准的。一时承风之士,无不奉为轨范,藉供揣摩,盖其风尚然也。(中略)我观在昔,日东虽与我瀛海相隔,不通往来,而其实同文之国也。尊崇孔孟,设立学官,讲道德,诵诗书,则古昔称先王,皆自附于逢掖之儒。其承道学,即濂洛关闽之绪也。其论诗文,即汉魏唐宋元明之遗也。学校中所重而习者,皆我国之经史子集也。窃谓日东之勤学如此,使无字画之异,声音之别,其文章何难与此八家者拮抗上下也哉。②

由此可见,王韬认为中日几乎为同文之国,倘若没有部分汉字的笔画及读音上的差异,日本汉学者的文章则几乎可与明清八大家相媲美。

---

① 宫岛诚一郎《例言六则》(宫岛栗香的《養浩堂詩集》,此书收藏于关西大学图书馆"中村幸彦文库")。
② 参见本书第五章的"附录二"。

五、日本近代中国学的先驱者、后继者及其代沟

如上所述,町田三郎教授认为内藤湖南、狩野直喜、服部宇之吉等人的出现,宣告了日本近代中国学的诞生。这三位学者之中,狩野曾前往中国和法国留学;服部则有德国留学的经历,此后在北京大学的前身京师大学堂担任总教习长达六年之久;二者返回日本之后,分别成为京都帝国大学、东京帝国大学的中国学研究的中心人物。另一方面,从大阪朝日新闻社的记者成功转变为京都帝国大学教员的内藤,虽没有长期留学海外的经历,但是在记者时代的1899年之后,便多次前往中国进行实地考察及访问研究,并且也从未懈怠对欧美学术动向的关注,自认为是继承清代学术传统的"朴学之士""敦煌研究者"。他从京大退休之前,曾游历英、法、德等欧洲国家,进行了为期半年的敦煌相关资料调查。①

作为狩野早期的京都大学受业生,青木正儿是《支那学》②杂志创刊人之一,他曾在其论文《我国学者在中国文学研究领域的立场》(《支那文学研究に於ける邦人の立場》)中,如此披露当时的学界状况:

> 在研究某一国家的文学方面,相对于本国人而言,外国

---

① 参见高田时雄《内藤湖南のヨーロッパ調査行》(玄幸子、高田时雄编《内藤湖南敦煌遺書調査記録続編:英佛調査ノート》,关西大学出版部,2017年)。
② 《支那学》杂志于1920年由京都帝国大学的毕业生青木正儿、本田成之、小岛祐马共同创刊,主要刊登京大师生的"支那学"相关论文,并介绍同时代中国的学术研究,是京大"支那学"研究的重要杂志之一。该杂志于1947年休刊,前后历时27年,共13卷。(此处"支那"一词是当时学术上的称谓,为体现历史原貌,不做更改,下同。——译者注)

人容易陷入自卑之中,这是无可非议之事。倘若只求介绍外国文学、扮演启蒙者角色,这样的心愿应是不难满足的。然而当内心深处或多或少燃起对于自身存在价值的善意之野心时,想必这就会促使外国文学研究者进行思考。虽然我对欧洲文学研究者的状况不甚了解,但是明治以来中国文学研究前辈们的野心是在欧洲发达国家的文化熏陶之下形成的,其运用欧洲最新的研究方法及视角而使自己的研究领先于中国学者,处于一日之长的位置,则不乏其例。[1]

青木的论述,的确道出了部分近代日本汉学家和中国学者的心声。但是在他们当中,既有希望自己的研究比中国本土研究者略胜一筹之人;亦有融汇中日两国之智慧,冀求通过发掘"与欧西神理相似"的方法论,进而与欧美的中国研究一较高低之人。这一情况也是我们应该把握的。

例如,1899年实现了首次中国游历的内藤,因有感于中国读书人的笃学之志,写下《关于国人读书的陋习 附汉学的门径》(《読書に関する邦人の弊習 附漢学の門径》)一文,其中这样坦露自身的抱负:

> 东西之学术,方集注于我邦,荟萃之,折中之,融和之,而开学术之生面,形成世界文明之一大转机,概无地位较于我邦善之者矣。(中略)汉学之耆宿者,其素养大抵由德川末世之学风而养成,当时此类学者,除一二有识之士外,多数尚不知晓中国近世学风变化之趋向,(中略)学术变迁之次序,支那学风虽不免有固陋之处,亦有与欧西神理相似之所,故通

---

[1] 青木正儿《支那文学研究に於ける邦人の立場》(收录于《青木正儿全集》第七卷中的《文苑腐談》,春秋社,1970年),45页。

晓欧西学术变迁之大体者,进而讲求汉学,若不误治学之门径,对照二者之异同,且汉文便于记忆,亦益于发明,其功效绝非些小也。①

内藤在翌年3月发表的社评《中国调查的一侧面——关于政治学术的调查》(《支那調査の一方面:政治学術の調査》)中进一步指出:为了改变江户时代延续下来的仅限于经部、子部的汉学研究状况,应该强调史学研究的重要性。因此应将中国学术调查的重心置于"清代以来的掌故、实录之类""金石类""塞外遗存的汉唐金元时期的碑文""铜器金文"等资料的收集之上。正是因为持有以上主张,内藤得知中国发现了甲骨文和敦煌文书之后,立即与狩野等人前往中国实地调查,并与罗振玉等学者进行交流。对于内藤的治学主张,吉川幸次郎表示赞赏,并将其与夏目漱石、森鸥外二人和西洋的关系进行比较,认为内藤、狩野以及长尾雨山三人"更加热爱的是运用中国自身的方法,因此他们常与中国学者进行共同研究。他们与中国文明的关系,较之同他们年纪相仿的夏目漱石、森鸥外与西方文明的关系,可以说前者更为密切,也更为直接。夏目、森二人虽是西洋学问艺术的介绍者和实践者,但他们并未与西方人进行过共同研究,而内藤等三人却多次与中国人合作互动"②。

此外,与在恭仁山庄安度晚年的内藤频繁往来的三田村泰助,基于书信等大量第一手资料,完成了内藤的传记,其中对内藤这样评价道:"明治以后,我国的学者、思想家仰仗西欧的理论食

---

① 内藤湖南《読書に関する邦人の弊習　附漢学の門径》(收录于《内藤湖南全集》第二卷中的《燕山楚水・禹域論纂》,筑摩书房,1976年),168—169页。
② 长尾雨山《中国書画話》(筑摩书房,1965年),358页。

粮是司空见惯之事，但内藤则是更向日本本国乃至中国寻求理论食粮，以成就其大，由此可见其独特性格。"①本书的第六章"内藤湖南对章学诚的表彰给予中国学者的刺激——以内藤与胡适、姚名达及张尔田的交流为中心"中，论述了内藤对章学诚史论的阐发及其产生的重要影响，便是内藤治学之道的代表事例。

但是，我们还必须注意到另一个现象，那就是对于经历了1911 年革命和 1949 年革命，国体与政体均发生巨大变化的中国，日本的中国研究者持有不同的观点。造成这种分歧的原因，既有政治上、学术上立场的不同，亦有研究者世代之间的差异。关于这一点，增渊龙夫的《日本近代史学史中的中国与日本——津田左右吉与内藤湖南》（《日本の近代史学史における中国と日本：津田左右吉と内藤湖南》，2001 年）、野村浩一的《近代日本的中国认识——走向亚洲的航迹》（《近代日本の中国認識：アジアへの航跡》，1981 年）、松本三之介的《近代日本的中国认识——从德川时期的儒教到东亚协同体论》（《近代日本の中国認識：德川期儒学から東亜協同体論まで》，2011 年）等著作中均有详细论述。此外，拙著《明治时期的汉学者与中国——重野安绎、西村天囚、内藤湖南的外交政策》（《明治の漢学者と中国：安繹・天囚・湖南の外交政策》，2007 年）也对此问题进行过探讨。著名的鲁迅研究者丸山升在回忆小岛祐马时，曾这样分析日本近代中国学学者对辛亥革命之后中国的看法：

> 他们（指狩野与内藤等京都"支那学派"的开创者）中的大多数，对少年中国即辛亥革命之后的中国，尤其是对文学革命之后的新文化没有表露出关心和兴趣，这其中的缘由是

---

① 三田村泰助《内藤湖南》（中央公论社，1972 年），127 页。

复杂的：由于他们继承的是较为成熟的清代考证学传统，在批判东京"汉学"的同时，内心亦难以接受中国"新文化"运动领袖们秉持的主张，及其粗糙而不成熟的理论；他们与因辛亥革命寓居京都的清末遗臣罗振玉、王国维等人频繁往来，内心是排斥现代中国的。对于他们这些成长于明治时期的"明治人"而言，"革命"仍然是难以接受的举措。此外，辛亥革命特别是文学革命之后兴起的强烈批判以儒家思想为代表的传统文化的风潮，也使得他们对当时的中国产生了生疏感和某种失落感。①

但是，与作为"明治人"的京都中国学派开创者们的"怀旧式忧伤"不同，作为"大正人"的年轻世代，他们被鼓吹"文学改良"的胡适（抑或是主张更为激进的"文学革命"的陈独秀）、对儒家思想进行猛烈抨击的吴虞，以及写出中国首部白话小说的鲁迅等诸多"少年中国"代表人物所展现出的魅力吸引，并为其摇旗呐喊。这从本书的第二章"日本知识人对民国初期文学革命的反应——以吉野作造、青木正儿、西村天囚为例"可以得到证明，而青木为此撰写的《以胡适为中心形成的文学革命旋涡》（《胡適を中心に渦いている文学革命》）一文极具象征性。

在青木逝世五年之后的 1969 年，其著作集结为《青木正儿全集》开始陆续出版，在此全集的月报中有增田涉（1929 年毕业于东京帝国大学"支那文学科"，先后担任岛根大学、大阪市立大学和关西大学教授）的一篇题为《青木先生与鲁迅》的回忆文章，文中这样回顾道："昭和 6 年，当时我正寓居上海，从鲁迅先生处聆听其各种

---

① 丸山升《日本の中国研究》（收录于北京大学、樱美林大学编《新しい日中関係への提言：環境・新人文主義・共生》，はる書房，2004 年），323—324 页。

经历,同时也萌生了尝试将此人的思想介绍到日本的想法,便着手写《鲁迅传》。在写至'文学革命'时期之际,突然想到了之前读过的青木先生的上述论文(指《以胡适为中心形成的文学革命旋涡》),便欲将此文找来作为参考。我把此想法告诉鲁迅先生之后,没想到先生立即从书架上取出收录此文的青木论文集《中国文艺论薮》(《支那文芸論藪》,1927年),并将之借给我,这件事让我印象深刻。"①昭和6年(1931),增田在位于上海内山书店附近的鲁迅寓所内,接受了其关于《中国小说史略》的单独授课,时间持续了约十个月。青木的论文集《中国文艺论薮》仅仅在四年前(1927年)由发行《支那学》杂志的弘文社出版,由此可见,当时中日文化交流的密切程度以及两国间学术信息的传递速度。

1932年2月,在增田即将回国之际,鲁迅以题为《送增田涉君归国》的汉诗相赠,内容为:"扶桑正是秋光好,枫叶如丹照嫩寒。却折垂杨送归客,心随东棹忆华年。"关于当时的背景,增田这样回忆道:"诗中满怀深情地追忆日本风光,他每当看到我东归之时,都会想起自己的年轻时光。诗中的'华年'所指的就是鲁迅年轻时的日本留学时光,这段经历对他而言似乎是永远难以忘怀的。当时他还有再访日本的想法。现在回想起来,他曾与我谈及过:如果受邀在九州大学担任一年左右讲师的话,是愿意前往赴任的。"返回日本后的增田,为了帮助鲁迅实现其愿望,将此事与东京大学的恩师盐谷温以及佐藤晴夫商量,于是计划在东京举办中国文学讲习会,邀请鲁迅前来日本,一并聘请当时已在日本的郭沫若作为讲师,但遗憾的是,此计划最终未能实现。②

---

① 增田涉《青木さんと鲁迅》,收录于《青木正児全集月報Ⅱ》,春秋社,1969年12月。
② 参见增田涉《鲁迅の印象》(大日本雄辩会讲谈社,1948年)。

在增田回国两年后的 1934 年，他与同样毕业于东京帝大"支那文学科"的后辈竹内好、武田泰淳等好友成立中国文学研究会，以在野的立场批判当时带有官方色彩的"汉学"研究以及"支那学"研究。尽管此研究会在太平洋战争时期解散，但是研究会同人的交流一直持续到竹内去世的前一年，即 1976 年 9 月。①

六、关于本书的书名、构成及课题

在经过深思熟虑之后，笔者决定将本书的副标题定为"汉学革新与文化交涉"（"漢学の革新と同時代文化交涉"），借以强调文化交涉是促进日本汉学及近代中国学研究的原动力这一见解。所谓文化交涉，是由人、物、信息的交流引发的刺激、应对、受容、变容等连锁反应，国家之间或一国之内所进行的文化交涉形态既有一对一，亦有一对多、多对多的形式。副标题中所使用的"文化交涉"不仅有中日之间的互动，还包含东西方之间的往来，正如"西力东渐""西学东渐"等熟语所概括的，西方冲击（west impact）对于像日本汉学这样传统的学问领域所产生的影响，确实也是极其深刻的。

毫无疑问，在中日两国现代语境之下，"汉学"的含义具有明显的

---

① 1977 年 3 月 10 日，在竹内好的告别仪式上，增田涉作为竹内生前友人致悼词。增田因悲伤过度，在致辞途中突然失去意识，昏迷倒地，数日后在医院溘然长逝。事出突然，当时日本的中国近代文学研究领域同时失去了两位重要学者，令学界大为震惊。增田的悼词中有一段饱含深情的回忆，给出席者留下了深刻印象："战后，我虽然移居关西，但是每年都会去一两次东京。而你几乎每次都会估摸着我上京的时间，召集已经解散了的'中国文学研究会'同人一起喝酒。最近的一次聚会是去年九月的上旬，聚会之后，你邀请我留宿你家。那天晚上，我们一边喝着喜爱的烧酒，一边畅谈至深夜。"据说此次二人夜谈的主要内容是关于《鲁迅文集》的翻译、出版等事宜。关于竹内、增田与鲁迅之间的往来，具体可以参见 1990 年由鹿岛町立历史民俗资料馆刊行的图录《海を越えた友情：增田涉と鲁迅》。

差异。在中国，"汉学"一般是指发源于汉代的儒学经典训诂传统，清代的考据学继承之并发扬光大。要而言之，汉学在经学史上是与受佛教影响，重视思辨能力的"宋学"（即宋明时期的理学、心学）截然不同的学问。而在日本，"汉学"是指以东亚世界文明古国——中国的古典著作为文本，对其思想、制度以及汉诗文等进行研究的学问，其影响力在十八世纪达到巅峰（前期和中期为徂徕学占据主导地位，后期则由于幕府的宽正"异学之禁"而使朱子学得到"正学"之名）。而此后由于相继勃兴的国学、洋学而被相对化，并在倒幕维新之后，由于王政复古及文明开化政策的影响，"汉学"则被看作关于世界"万国"之中的一个大国，即中国的学问，而且往往被视为"落后于时代"的陈腐学问。例如，具备较高汉学素养的洋学者大岛圭介，历任东京大学工部大学校校长（即现在东大工学部学部长）、学习院院长，曾在《东京学士会院杂志》上发表了题为《学问辩》的文章，将当时日本的学问分为三类，并尝试对其内涵加以定义。第一是"本朝学"，涵盖日本的历史、风土人情、文学等；第二是"汉学"，即从四书五经的素读入门，进而研习若干中国历史，同时兼修经典讲义，并需留意诗赋文章的作法；第三是"西洋学"，是代表学问普遍性的门类。前二者虽各具价值，但对于现实世界而言，其研究仅具有历史意义，更何况"汉学"所包含的内容，不过是对产生于中国这一特定区域的古典进行历史性的研究而已。①

---

① 渡边和靖《補論 明治期「漢学」の課題》（渡边和靖《明治思想史：儒教的伝統と近代認識論》增補版，ぺりかん社，1985 年），345 页。此外，严绍璗教授在其著作《日本中国学史稿》（学苑出版社，2009 年，606 页）中也持相同的观点，并进一步指出：明治维新之后形成的"日本中国学"研究是在日本近代化过程中形成的一种"国别文化研究"，其显著特点是摆脱了传统的"经学主义"的文化观念，而以"近代主义"与"理性主义"作为其学术导向。而与此相对的是，前近代的日本汉学者则将朱子学或经学作为价值尺度和道德标准。

　　大岛所述的学问分类变化,从宏观角度而言,是因为东亚世界的传统秩序和儒教的普遍主义,被欧美主导的世界秩序及基督教的普遍主义取代而产生的种种变化之一。实际上,如前文中所言及,明治时期中日文人(其中清代的外交官大多是通过各级科举考试的文人)得以进行面对面交流的物理含义上的舞台,从某种意义而言,也是由近代西洋所提供的。因为根据西方国家制定的《万国公法》,签订平等或不平等条约的两国需要向对方国家的首都派遣常驻外交使节。此外,由于近代科技发展,西洋蒸汽船的发明使海上航路得以开辟,进而促进了人员的往来。因此,近代中日两国的交流,在物质、制度等层面均受到西方文明的广泛影响。

　　以上主要涉及本书的第二、四、五、六章的部分内容,接下来将对第一章"桐城派文章论对明治、大正时期汉学界的影响——关于藤野海南、重野安绎、西村天囚的考察",以及第三章"近代日本'汉文直读'论的来龙去脉——重野安绎、青木正儿与仓石武四郎所处的思想环境"的要点进行简要介绍。

　　学界一般认为,清代的"桐城文派"与宋代的"江西诗派"是中国文学史上两个最大的文学创作团体。梁启超在其著作《清代学术概论》中设有"桐城派与章学诚"一节,认为桐城派和章学诚是因对见木不见林的乾隆时期考据学的抗拒而产生的,前者表现为文章论上的革新,后者则走向了文史论的范畴。由于曾国藩的推崇,桐城文派在有清一代盛极一时。① 被称为"曾门四弟子"的驻日公使黎庶昌、莲池书院院长张裕钊二人,将桐城文论的重要主张带入日本,通过重野安绎、星野恒、藤野海南、龟井省轩、西村天囚等追随者,波及日本的中等教育以及京都帝国大学这样的学术

---

① 梁启超《清代学术概论》(上海古籍出版社,1998 年),67—70 页。

研究机构。

此外,刘声木在其著作《桐城文学渊源考》中将藤野海南与宫岛大八二人编入桐城派系谱之中,这与其在接触日本学者的过程中所做的观察不无关系。如日本人忠君爱国之精神(基于刘声木自身所见及劳乃宣的赞赏)、冈千仞对中国人吸食鸦片的批判态度、狩野直喜积极评价科举制度等,刘氏均抱有好感。① 而且由于桐城文派的主将大多是安徽人士,分别提倡"文学改良"和"文学革命"的胡适、陈独秀亦为安徽人士,可以说围绕"文章论"的安徽出身的学者们所进行的争论与对抗,构成了近代中国文学史上的重要一幕。正是基于上述理由,本书第一部的第一章在探讨桐城派文章论对日本的影响之后,继而在第二章探讨日本知识分子的"文学革命"观。

本书第三章所聚焦的"汉文直读"论,虽然在日本近代被重野安绎、青木正儿、仓石武四郎等人极力倡导,但其渊源可追溯到近世的荻生徂徕。重野等三人之所以提出此主张,显然是因为受到了欧美国家在学习外语、外国文学的实际过程中所遵循的一般顺序及方法的影响。由此可见,"汉文直读"论的提出,既有日本传统学问研究中的内在原因,亦有外来因素的介入。"汉文直读"主张与训读传统之间所产生的矛盾及纠葛,在一定程度上与之前提及的桥川文三对于顽固的传统儒教的追问有部分重叠之处。换言之,日本虽自身背负着厚重的儒学传统,但现今意欲跻身于西洋价值观所主导的世界,于是试图将其传统完全清除,以纯粹的西洋模式为样本,从零开始拥抱西方。而在此急遽变化的过程

---

① 分别参见刘声木的随笔《苌楚斋随笔》(中华书局,1998 年)中的《日本冈千仞论吃鸦片烟语》(142 页)、《日本尊君爱国》(298 页)、《日本狩野(直喜)博士论考试制度》(586 页)及《劳乃宣论日本人尊君尊孔》(658 页)。

中,就产生了诸如汉文直读、训读之类的矛盾与冲突。这一转型期的日本是值得进行深入探讨和研究的。

此外,我还想对本书的主书名"日本近代中国学的形成"稍加说明,如此命名包含了两方面的含义。第一,本书的内容除了探讨日本知识分子对民国初期文学革命的认识的第二章,以及聚焦于"汉文直读"论的第三章外,主要处理的是近代日本对于清代学问的研究问题。就这点而言,书名中的"近代中国学"是指近代日本人对"清代及民国初期的中国"的学问性研究。第二,"近代中国学"主要是指运用西方学术方法进行的中国研究,这是因为在由欧美主导的近代化历程中,无论是时间、空间的概念,研究的方法论,学术研究的制度,抑或是类似于文化交涉的舞台等因科技发展而得以实现的物理装置,均受到了西洋的影响。但是,所谓的"近代"并非永恒概念,现今我们所使用的"近代"一词,其所指至多是十九至二十世纪前后这一时间范围。而对于五百年,或是更远的千年之后的人而言,他们应该也会有属于其自身的"近代",届时我们现今的"近代"对他们而言则可能变为"近世"甚至是"中世"了。

本书的日文版在卷首放置了多达二十四页的插图,这是经过深思熟虑之后的决定。本书探讨的是在近代西洋对东亚世界的社会环境和文化带来巨大冲击的背景之下日本汉学、中国学的变迁,而对于没有一定知识储备的读者而言,要充分理解这些百余年前的事情应该会存在一定困难。如何克服文化断层,融合东西方的优秀文化传统,这是包括我本身在内的现代人所必须直面的深刻问题。有鉴于此,将反映明治、大正时期的社会状况、学界风貌的珍贵照片以直观的形式呈现在读者眼前,这对于年轻读者的时代理解,进而对于本书所探讨的上述问题的解决都会有所裨益吧。

第一部

文章论、"文学革命"观及汉文直读的问题

第一章 桐城派文章论对明治、大正时期汉学界的影响——关于藤野海南、重野安绎、西村天囚的考察

一、引言

明治时期的汉学家们继承江户时代的汉学传统，对宋明时代的学问一般都具备精深的学识。伴随着《中日修好条规》的签订以及两国定期邮轮的开通，此时的汉学家们与以驻日外交官为代表的中国文人学者之间的交流日益增多，其研究热情也逐渐倾向于清代的学问。这从当时对桐城派文论的介绍与接受，便可窥见一斑。

正当民国初期的"文学革命"如火如荼展开之际，在北京设有个人研究室的今关天彭（1882—1970）"购入十万卷书籍，务求广泛交游，结识各方面人士"，对中国各地的传统学艺进行了长达十余年的精心调查。据此得出的结论是：桐城派作为"有清一代最大的文章流派"，直至二十世纪三十年代仍保持着一定的影响力。

清代中叶以后的文章界，伴随着学问的发达而千差万别，发挥着各人各样的特色，但就派别而言，首先以桐城派为最大流派。所谓桐城派，是因该派的开山始祖方望溪、集大成者姚姬传均为安徽省桐城县出身，世人故以此称呼。此

图18　大庭脩编著《江户时代唐船持渡书研究》。江户时代经由长崎输入日本的汉籍约8000种，1967年关西大学大庭脩教授根据买卖记录编纂的此书揭示了当时日本接纳中国文化的基本面向。

图19-1　江户时代长崎出岛的荷兰商馆固然有名，而唐人商馆即华人商馆其实规模更大，2003年大庭脩教授主编的《长崎唐馆图集成》还原了这一历史真相。

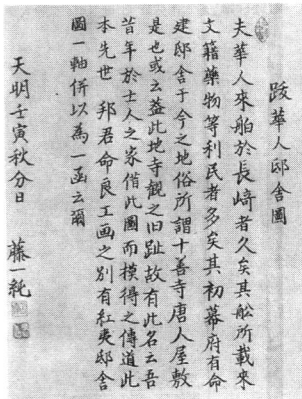

图19-2　1782年藤一纯关于唐船载来文籍、药物及华人邸舍的记载

图20　赖山阳（1780—1832）肖像（帆足杏雨画　广濑旭庄赞）
京都大学综合博物馆藏

图 21　关西大学松浦章教授的近著对日本邮船和大阪
商船等汽船公司所开辟的通往中国和北美的航线做了详尽
的介绍。

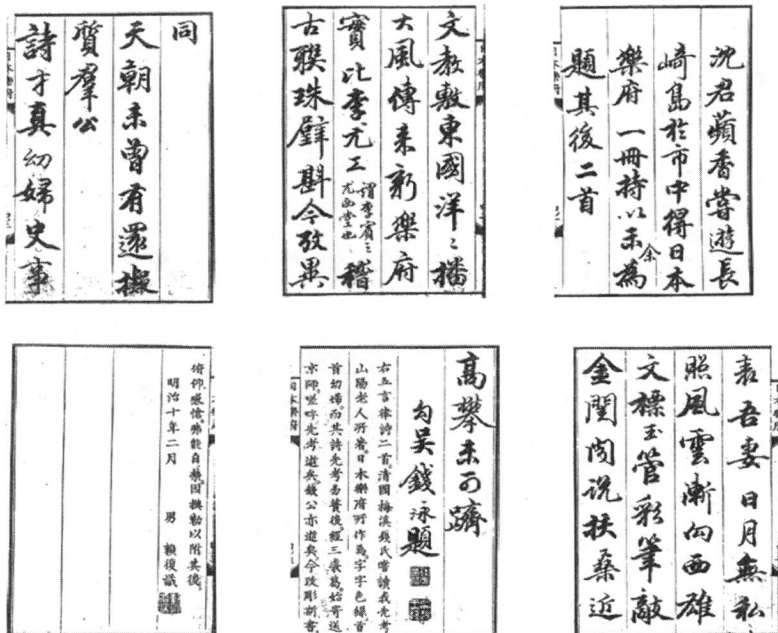

图 22　赖山阳次子赖复在 1878 年出版其父的《日本乐府》时，收入了
钱泳对该书的题赞诗二首，并在附记中对钱泳此诗在其父去世后才寄到其
京都家中一事表示惋惜。　日本国立国会图书馆电子收藏书库

45

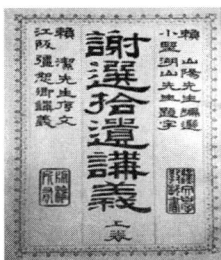

图 23‑1 赖山阳编选、江阪彊恕撰写《谢选拾遗讲义》（1894）

《谢选拾遗》，原是山阳为适合日本初学者的需求，将宋代谢枋得所辑《文章轨范》加以选编补充而成。

陶德民藏

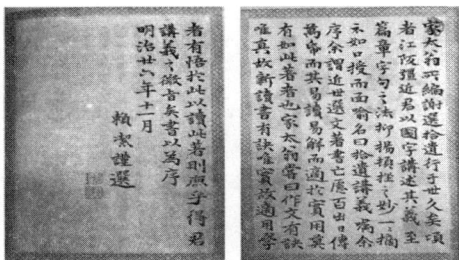

图 23‑2 赖山阳之孙（赖复的养子）赖洁于 1893 年 11 月所撰序言

图 24 何如璋为首的清国驻日公使馆人员合照，右端为黄遵宪

吴振清、吴裕贤编《何如璋集》，天津人民出版社

图 25　《古文辞类纂》编者姚鼐（字姬传）肖像

《中国历代名人图鉴》

图 26　刘声木撰《桐城文学渊源考·撰述考》

黄山书社

图 27　黎庶昌肖像

黎庶昌故居陈列馆藏

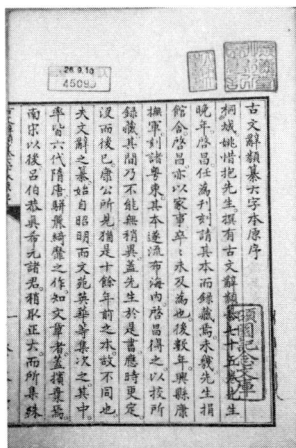

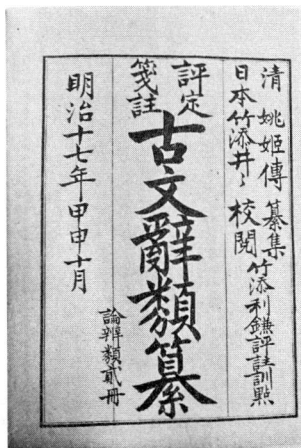

图 28　《评定笺注古文辞类纂》论辩类贰册（竹添井井、竹添利镰，1884 年）

大阪大学图书馆怀德堂文库藏

47

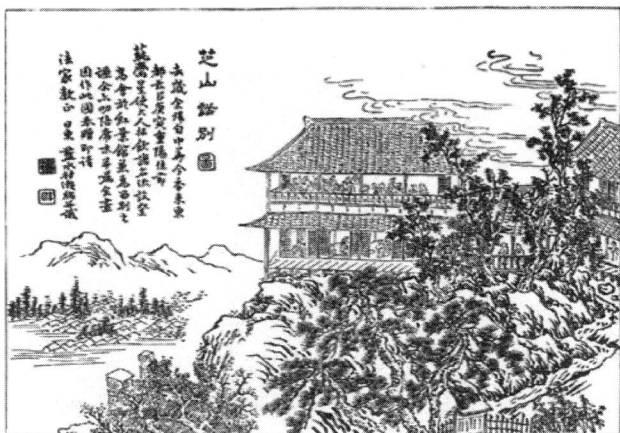

图 29　村濑蓝水作《芝山话别图》

陈捷《明治前期日中学術交流の研究:清朝駐日公使館の文化活動》,汲古書院

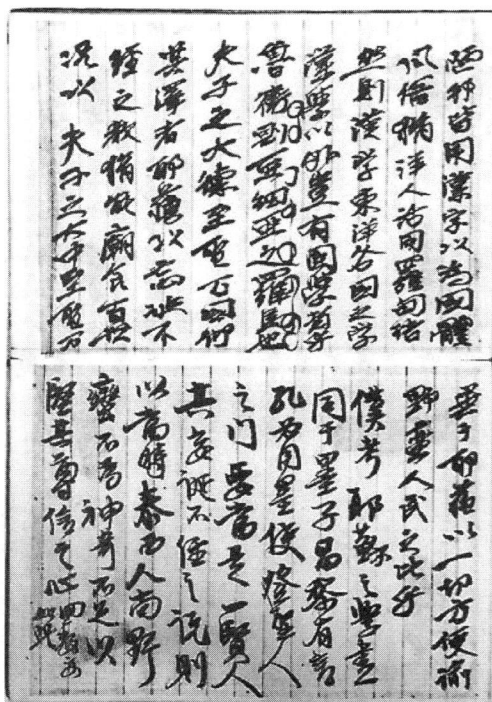

图 30　黄遵宪与冈千仞(号鹿门)的笔谈记录,反映了中日两国汉学家面对西学冲击时的思想。　(出处同上)

图 31-1　藤野海南肖像
《海南遗稿》所收　大阪大学附属图书馆怀德堂文库藏

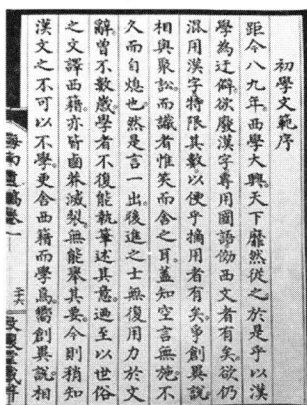

图 31-2　藤野海南《初学文范序》（出处同左）

图 31-3　黎庶昌叙文　（出处同上）

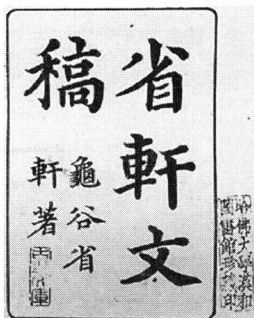

图 32 - 1　龟谷省轩《省轩文稿》
哈佛燕京图书馆藏

图 32 - 2　龟谷省轩肖像

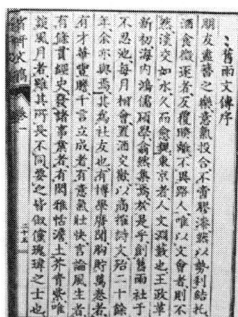

图 32 - 3　龟谷《旧雨文传序》

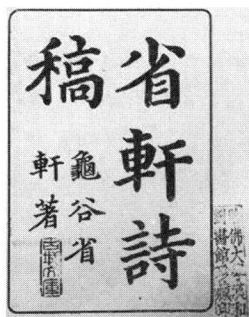

图 33 - 1　龟谷省轩《省轩诗稿》
哈佛燕京图书馆藏

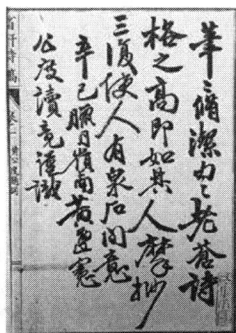

图 33 - 2　黄遵宪（字公度）的题辞

图 34　星野恒（号丰城）《丽泽文社记》（1883 年），《丰城存稿》所收。大阪大学附属图书馆怀德堂文库藏

图35　宫岛大八在华留学期间所绘保定莲池书院的风景

鱼住和晃《宫岛詠士：人と芸術》（二玄社）

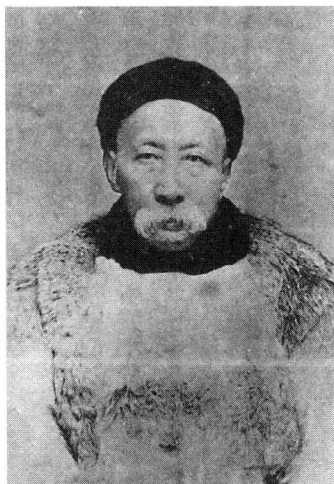

图36　张裕钊肖像　（出处同上）

图37　赴中国留学前夕的宫岛大八　（出处同上）

图38　张裕钊、宫岛大八师生纪念碑，1986 年建于莲池书院内，由启功撰文，上条信山书丹。（出处同前）

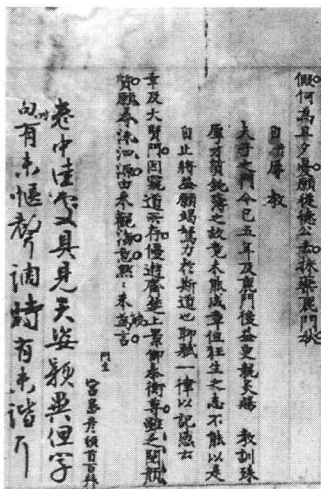

图39　张裕钊主讲于武昌江汉书院后对宫岛大八所作诗文的评语　（出处同前）

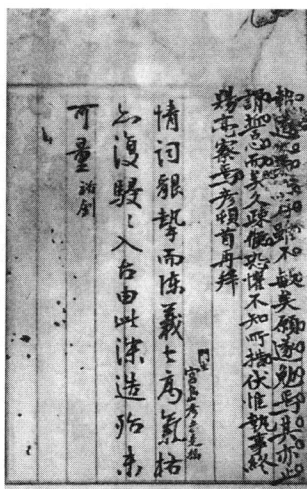

图40　张裕钊对宫岛诗文的又一评语　（出处同前）

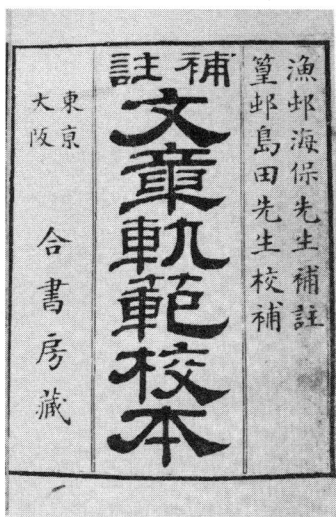

图41　据谢枋得辑《文章轨范》加以补注和校勘的《补注文章轨范校本》(1894)　二松学舍大学《三島中洲と近代》

图42　《谢选拾遗讲义》(1894)　日本国立国会图书馆电子书库收藏

后,因有同治中兴之功的曾国藩对此派的复兴,其势力较之前增加。此外,其门下所出的名士有张裕钊(濂卿)、吴汝纶(挚甫),以此为掉尾,之后桐城派渐次步入衰途。但因其曾盛极一时,至今在各地仍有余脉残存。因此,说到古文流派,首屈一指的就是桐城派。①

---

① 今关天彭《近代支那の学芸》(民友社,1931年),102—103页。今关为日本近代中国文艺研究者,汉诗人。出生于千叶县,本名寿麿,师从祖父琴美、石川鸿斋、森槐南、国分青厓等人。青年时期曾担任《国民新闻》《国民杂志》的记者,后应朝鲜总督府委托前往朝鲜半岛调查。1918年在北京成立今关研究室,专门研究中国相关问题,其后担任了南京大学讲师,战后在东京发行汉诗杂志《雅友》。其著作有《东洋画论集成》《天彭诗集》等。今关在对桐城学派的整体性研究中,没有论及刘大櫆,也没有涉及以刘大櫆为媒介的桐城派与阳湖派的关系,以及以姚姬传为纽带的桐城派与湘乡派的关系。已故复旦大学教授刘季高(1911—2007)在其点校的《方苞集》(上海古籍出版社,1983年)的"前言"中指出:在中国文学史上,无论　(转下页)

　　不过,关于桐城派究竟对明治、大正时期的日本汉学界产生
过多大影响这一问题,学界并未达成一致的见解。

　　例如,早稻田大学教授牧野谦次郎(1862—1937)在其遗作
《日本汉学史》(1938)中这样论述道:"由于受到与张裕钊、吴汝
纶、薛福成并称'曾门四弟子'的驻日公使黎庶昌的影响,以重野
安绎、川田甕江为代表,接受桐城派文论,并模仿其文风的汉学家
决不在少数。"①对此,千叶大学绪方惟成教授在其著作《日本汉
文学史讲义》(1961)中认为:黎庶昌的影响仅限于藤野海南、龟谷
省轩等人,重野安绎、川田甕江等人虽然钦佩桐城派文论,但实际
受其影响并不太大。此外,与重野、川田不属于同一派别的依田
学海(1834—1909),则主要将以侯方域为代表的清初古文家的文
章视为模范。②

　　1989年,中国文论研究大家佐藤一郎教授,在基于数年
前出版的猪口笃志《日本汉学史》(1984)中所提示的概观之
上,凭借自身厚重的积累,发表了题为《江户、明治时期的桐城
派》(《江戸・明治期における桐城派》,以下简称"佐藤论
文")的论文。此文是富有卓见的实证性论文,文中分为"江户
的桐城派""清国驻日公使与明治的桐城派""重野安绎、藤野

　　(接上页)是从持续时间抑或是影响程度而言,仅有宋代的"江西诗派"可与桐城派
　　相匹敌。在对桐城派的历史定位上,这一观点颇具代表性。其原文如下:"方苞的
　　文统,一传为刘大櫆,再传至姚鼐而桐城派始形成。在刘大櫆的间接影响下,产生
　　了阳湖派;在姚鼐的间接影响下,产生了湘乡派;其实都是桐城派的支流。曾国藩
　　在政治上虽不可取,而对桐城派古文的发展,却起了振敝起衰的作用。在其政治地
　　位的影响下,桐城派风靡一时。其余波直至清末其昶以降而未已,虽严复、梁启
　　超亦不免受其熏染。桐城派自方苞至马其昶,绵历二百余年,其传世之久,除宋之
　　江西诗派外,殆无堪与之颉颃者。"
① 牧野谦次郎《日本漢学史》(世界堂书店,1983年),317—318页。
② 绪方惟成《日本漢文史講義》(评论社,1961年),201页。

海南、宫岛大八"等小节。①

　　然而，在考察明治、大正时期的桐城派影响时，我们不能忽略另一位重要人物。他就是毕业于东京大学古典讲习科汉书课专业，大正时期在京都帝国大学讲授桐城派代表性文集《古文辞类纂》的西村天囚（1985—1924，字子俊，名时彦，晚年号硕园）。西村将桐城派文章论正式带入最高学府的讲堂，可以说这是一极具象征意义的现象。

　　本章将基于重野安绎、藤野海南、西村天囚、龟谷省轩、宫岛大八等人的相关论述，对明治、大正时期的桐城派文论的影响进行具体追踪，探讨日本汉学家的桐城派理解的特征。

二、唐船持渡书与驻日外交官所带来的桐城派影响

　　正如上述佐藤论文中指出："江户时期，始祖方苞以后的桐城派人物为日本学界所知，但是方苞、刘大櫆、姚鼐三人的知名度并不太高，而在当时主要的文人学者之间，对被视为桐城派源流的明代归有光的提及却屡见不鲜。"此外，文中列举了江户后期作为文章及文话的代表人物赖山阳（1780—1832）、斋藤拙堂（1797—1865）。而且在赖山阳写给其高足

---

① 佐藤一郎《江戸・明治期における桐城派》（庆应大学《藝文研究》第 54 号，1989年）。笔者在执笔本章之时才注意到佐藤教授这篇探讨桐城派在江户时代的影响的论文。笔者在此之前已有两篇相关研究论文，分别为收录于浙江大学日本文化研究所编《江戸・明治期の日中文化交流》（农山渔村文化协会，2000 年）中的《明治漢文界における清代文章学の受容——星野恒编王韜評『明清八大家文』について》，以及收录在张伯伟编《风起云扬——首届南京大学域外汉籍研究国际学术研讨会》中的《试论桐城派文论在明治汉学界的影响》。与佐藤上述论文的相遇，给了笔者不小的震撼，也令笔者有一种相见恨晚之感。此遗憾在写完这篇最新论文后稍得缓解，在此谨向佐藤教授表示由衷的感谢。

村濑藤城的信中［时间为天保 3 年（1832）2 月 13 日］也提及
了斋藤，此信的主要目的是委托村濑购买侯朝宗（即侯方域，
1618—1655）的《壮悔堂文集》。信中有如下一段颇有意思的
内容：

> 最近听闻新舶来的书籍中有侯朝宗文集，且此书在江户
> 仅存一部。先前承告伊势（津藩）儒者斋藤拙堂曾购获该书，
> 接到来函时吾着实羡慕。清代的古文名家，以魏叔子、侯朝
> 宗为首，其余有方望溪、朱竹垞、汪尧峰等数家而已。亭林、
> 尧峰等以经学为主；竹垞则诗学；望溪则理学；魏、侯二家以
> 文章之学为主。唐宋八大家之后，有明代之方正学、王遵岩、
> 唐荆川、归震川，此外还有所谓"李何王李"等人。明末清初
> 之际，文人多游移于古文辞与唐宋八大家之间，魏、侯二人最
> 为显著也。①

此信显示出赖山阳在逝世半年前左右对清代文坛的认识，以
及对文坛新锐斋藤藏书的羡慕之情。这点先且不谈，从此信中我
们可以清楚地看到，当时的一流文人对唐船持渡书（即通过贸易
由中国商船载入日本的汉文典籍）给予了何等强烈的关注，并争
相购买和借阅。

据大庭脩教授的著作《江户时代唐船持渡书研究》（《江戸
時代における唐船持渡書の研究》，1981 年）可知，桐城派学者
的主要著作传入日本的时间如下：1721 年《归震川别集》、1757
年《归震川集》；1841 年侯朝宗的《壮悔堂全集》《壮悔堂集》；

---

① 佐藤一郎《江戸・明治期における桐城派》（庆应大学《藝文研究》第 54 号，1989
年），178 页。侯方域（1618—1654）为明末清初文学家，字朝宗，号雪苑，壮悔堂为
其书斋名称，其著作 10 卷本的《壮悔堂文集》于顺治年间开始刊印。

1783 年及 1786 年《方望溪全集》；1850 年《刘海峰全集》；1845
年姚姬传的《惜抱轩十种全集》；1845 年、1846 年、1853 年姚姬
传的《古文辞类纂》。① 这些书籍的频繁传入，无疑表明日本文
人对桐城派的关注程度极高，而其中较早传入日本的《方望溪
全集》影响似乎最大。例如，史学家星野恒（1839—1917，为盐
谷宕阴的弟子、重野安绎的同僚）就仿照《唐宋八大家文钞》的
体例编纂了《明清八家文》。这部八卷本文集所收录的作品全
部由星野选定，其中方望溪的作品就有两卷，由此可见星野对
其文章的推崇程度。1879 年星野委托正在日本游历的王韬
（1828—1897）对其选录的《明清八家文》各篇文章进行评点。
王韬归国后，抱病完成此项工作，将文集寄回给星野。但遗憾
的是，此书最终未能出版。②

　　在清朝驻日外交官来日之前，明治初期的汉学界在引入清代
文论的必要性问题上，似乎已经达成了共识。例如，川田刚从《清
名家集》（1876）所收入的侯雪苑、魏勺庭、汪尧峰、朱竹坨等十人
的文章中，每人各选一篇，加以评点，以《文海指针》为书名出版。
重野安绎在为这本广为诵读的文集所作的序言中，有如下一段
内容：

　　　　学书者，不贵刻帖，而贵墨迹。相人者，不于写影，而

---

① 参考大庭脩《江戸時代における唐船持渡書の研究》（关西大学东西学术研究所，
　　1967 年）。大庭教授关于桐城派学者著作传入日本的相关记录如下：《归震川别
　　集》716 页、《归震川集》717 页；《壮悔堂全集》462 页、《壮悔堂集》463 页；《方望溪全
　　集》415、664 页；《刘海峰全集》549、556 页；《惜抱轩十种全集》482、633 页；《古文辞
　　类纂》483、495 页。
② 陶德民《明治漢文界における清代文章学の受容——星野恒編王韜評『明清八大家
　　文』について》（浙江大学日本文化研究所编《江戸・明治期の日中文化交流》，农山
　　渔村文化协会，2000 年）。

于觌面。孔子不梦尧舜禹汤,而梦周公,无他,时世近者,精神易接也。是故学左国史汉,不如学韩柳欧苏;学韩柳欧苏,不如学明清诸家。清之与我,其人或可相及,是犹授受乎几席间也。则其声貌可拟,步骤可循,莫清文若焉。①

重野在此提出了一个重要的观点:时世相近之物,其精神也易于把握。也就是说,清代的文章对于同时代的日本人而言,是容易理解的,因此,重野认为相较于学习《左传》《国语》《史记》《汉书》,或是韩愈、柳宗元、欧阳修、苏东坡等唐宋八大家的文章,从清代文章开始学习更为重要。

上述重野的认识,在明治 10 年(1877)后,随着清朝驻日外交官以及文人的陆续来日,以及面对面交流的增多而进一步深入。藤野海南(1826—1888,名正启)在其《清国公使署重阳宴集序》一文中,这样吐露内心的喜悦之情:

今也龄迫迟暮,遭遇明时。不揣寻千载之旧踪,与大邦名贤会晤于一堂,交觞论文,以遂平昔之愿矣。宁惟兹,往时使至,不过一再会饮。今则驻节在此,得常常而见。非公会而谦私,是又昔人之所未尝梦见也。且夫曩昔之宴,虽诗酒馨欢,而款洽谐和,恐不能如今日也。②

要而言之,藤野认为由于清朝驻日外交官不少是通过科举考试取得功名的进士、举人,擅长古典及文章之学,与这些常驻外交

---

① 参见川田瓮江评点《文海指针》(东京小药昌造、日下宽发行,1876 年)。
② 藤野海南《清国公使署重阳宴集序》(收录于重野安绎编《海南遗稿》,教复堂,1889 年)。文中记叙的"往时使至,不过一再会饮"所指的是江户时代朝鲜通信使来日时的情形,藤野意欲通过与朝鲜通信使的比较,强调与清朝常驻日本使节之间往来交流的便捷性。

官进行频繁的、非正式的接触,在文章作法方面进行切磋,是非常有益的。关于围绕汉学、汉诗文,明治前期中日文人之间所进行的可谓"空前绝后"的笔谈交流,陈捷、王宝平、刘雨珍、张伟雄等学者均有详细研究。① 这种频繁的往来交流,对于促进明治汉学界的清代文章学研究,无疑起到了助燃剂的作用。

三、桐城派"族谱"所收录的藤野海南和宫岛大八

正如前述佐藤论文中所论及的,在 1929 年出版的《桐城文学渊源考》中,著者刘声木将宫岛彦列入"师事"张裕钊、吴汝纶的弟子名单之中,将藤野正启列入"私淑"桐城派文论的名单之中。

刘声木(1876—1959)曾担任清末山东、湖南等地的学务,亦是文史研究学者、藏书家。他从青年时期就开始广泛蒐集桐城派著述,整理出版《桐城文学丛书》,并著有《桐城文学渊源考》《桐城文学撰述考》等。《桐城文学渊源考》一书,是刘氏历时三十余年,潜心阅读 1500 余种桐城派著作之后撰写而成。此书抄录了 1100 位桐城派文人的行状,因此可以说是一部桐城派的"族谱"。

此书第十一卷中关于藤野正启的相关记载,是根据重野安绎编纂的《海南遗稿》及黎庶昌的《拙尊园丛稿》整理而成,文中

---

① 具体著作如下:陈捷《明治前期日中学術交流の研究:清国駐日公使の文化活動》(汲古书院,2003 年);王宝平《清代中日学術交流の研究》(汲古书院,2005 年);刘雨珍编校《清代首届驻日公使馆员笔谈资料汇编》(天津人民出版社,2010 年);张伟雄《文人外交官の明治日本:中国初代駐日公使団の異文化体験》(柏书房,1999 年)。

这样叙述道："藤野正启，字伯迪，号海南，日本伊予松山人。与黎庶昌交好，二人以古文相切磋。其为文醇实有法度，趣响桐城，亦取姚鼐、曾国藩所主张阴阳刚柔之说以自辅。编撰《海南遗集》三卷、附录一卷。"①此段叙述是参照了黎庶昌《海南遗文序》中对藤野的评价："文章颇趣响桐城，亦取曾文正阴柔阳刚之说以自辅。为文醇实有法度。设异日有嗜古好奇之士，欲蒐辑日本古文成一编，如俞曲园编东瀛诗选故事者，则海南其名家也。"只不过，将黎庶昌序文中的后半部分删除，即将来如果有好事之人像俞樾编纂《东瀛诗选》那样，编纂一部《日本古文》（《东瀛文选》）的话，则必定会收录汉文名家藤野海南的作品。②

黎庶昌（1837—1898）为"曾门四弟子"之一，曾以姚姬传的《古文辞类纂》为范本编纂了《续古文辞类纂》（1889）。他前后两次任驻日公使（1881—1884、1887—1890），结识了众多日本汉学家。特别是在第二次担任驻日公使期间，他为在首个任期中结识的亡友藤野海南的遗作题写了上述序文。在此序文中，黎庶昌坦言道：自己之所以与藤野、宫岛诚一郎、元田永孚、重野安绎、冈千仞、中村敬宇、岛田重礼、三岛中洲及川田甕江等当时汉学界出类拔萃的人物进行交流，其原因是高度赞赏这些人的汉文造诣，并希望向他们推荐桐城派的古体散文。

据秋元信英的考证，藤野海南（1826—1888）于明治 2 年（1869）升任大学少博士，明治 5 年（1872）担任东京府权典事，从事东京府志的编纂。明治 9 年（1876）转任太政官修史局御用挂，

---

① 参考朝日新闻社编《朝日日本歴史人物事典》（朝日新闻社，1994 年）。
② 黎庶昌《海南遗文序》（重野安绎编《海南遗稿》，敦复堂，1889 年）。

翌年擢升为四等编修官，隶属于修史馆第二局乙科。明治 19 年
(1886)晋升为临时修史局编修。藤野虽并未写过新式的论文，但
作为年纪小于自己的重野安绎的部下，推进了使用汉文叙述幕末
史的工作。在文坛方面，藤野于明治 5 年成立汉诗文团体"旧雨
社"，是诗社的重要人物。关于学习清代文论的必要性这一问题，
他曾这样表露自身认识的转变过程：

> 当是时，世向治平，天下无事，乃与旧友诸子，议创文会。
> 重野士德、冈千仞、鹫津毅堂、小笠原修之，及坂谷朗庐、横山
> 德溪、小野湖山、鲈松塘、广濑林外，萃吾第议之。卜莲池长
> 舵亭为会席，一月一会。会者渐多，至二三十人。修之以上，
> 昌平旧友，坂谷以下，明治以降之交也。自是专以文辞为乐，
> 不复以世务为念。初予之于文，已不受师授。独于昌平前后
> 二游日，与朋友讲习耳。而前游独有重野可推，再游无复出
> 予上者，故傲然自以为是。在大学日，冈松、川田等不推奖，
> 而予未晓。及创文会，德溪、林外等亦不首肯。然犹不自省，
> 坐众人之上，意气自豪无怍色。已而会屡，阅人之文渐多，闻
> 其论说亦熟。诸子之文，字句雅驯，有根据。论古书句法，若
> 说明清以下近文，予所不知者尤多，不能上下其论也。于是
> 乎自见歉然，而惭愧之心始生矣。①

即藤野第一次游学最高学府昌平黉之时，只是佩服重野一人
的作文能力，但当他第二次重游此学校时，竟无一人能与他相匹
敌，可见藤野对自己的汉文颇为自负。但明治维新之后，他的文
才渐被轻视，以至于他虽然是文会旧雨社的发起人，其盟主地位

---

① 藤野海南《海南手记》(收录于重野安绎编《海南遗稿》中的"附录"，50—51 丁)。

亦日渐难以为继。造成这种困境的原因在于，藤野对当时日益兴起的"明清以降近文"不甚了解，难与崭露头角的年轻汉学者展开讨论。

另一方面，时势的变动也促使汉文文体发生变化。据三浦叶《明治汉文学史》中的研究可知，在幕末维新时期，"天下故多，诸子亦皆年少气锐，竞相放言高论，戛戛乎谈论当世之务。故其作所，虽多为序记碑志，皆以议论行文，而全然不问文章体例何如。老生宿儒，间或指点其优劣得失，辄倦怠思睡。若非苏陈之策论，则不予置评，谓之曰，文以气为主，何必拘泥于体例乎？"①像这样重视议论、将文章视为经世之工具的风气，在明治前期特别是在自由民权运动广泛开展时仍部分残存于文坛。例如，姚姬传在其《古文辞类纂》中列有论辩、序跋、奏议、书说、赠序、诏令、传状、碑志、杂记、箴铭、颂赞、辞赋、哀祭等十三种文体，并认为这些文章是基于神、理、气、味、格、律、声、色这八种要素形成的。明治17年（1884），由竹添井井选录、竹添利镰评注训点的《古文辞类纂》，在东京奎文堂出版；但此书选编范围仅限于原书的"论辩类"文章，由此可以清楚地知道编者的关心所在。②

但是，随着社会逐渐趋于安定和繁荣，人们不再仅满足于文章的"质"，更逐渐追求其"文采"。因此，在剧烈变动的幕末时期曾颇为流行的整齐划一的政论风格文章，行至明治时期变得不再受青睐。当时的汉学家们逐渐认识到，应该讲究文章的体裁和格调，使用不同体裁和格调的文体书写不同用途的文章。藤野海南对桐城派文章论的下列评价，可以说很好地反映了这一新倾向：

---

① 三浦叶《明治漢文学史》（汲古书院，1998年），88页。
② 竹添进一郎编《古文辞類纂》（启文堂，1884年）。

曾氏国藩论文,颇主张姚姬传说。姬传始发文有阳刚阴柔之二派,多取譬山水人物以为谕。曾氏承之,实以古人之某为阳刚阴柔,其意益明。然犹有可疑者,韩文属阳,欧文属阴,固当人心矣。太史公之文,气势雄伟如彼,而以属阴柔。且欧文纡徐低徊,真有阴柔之趣。而如与范司谏,高若讷书,意气轩昂,何曾为柔?于是曾氏又因文体分刚柔,以为建白议论宜阳刚,序记题跋宜阴柔。又云喷薄而出为阳刚,吞吐而出为阴柔。观此而后,二者之辨始明矣。史公之文虽雄伟,非喷薄而吞吐,伯夷屈原诸传可以征。欧文虽纡徐,至论驳则喷薄言之,亦有阳刚之处。曾氏之论可谓备矣。学者以是说存于心,于读古人之文并已属文,必有益焉。①

从上述评论可知,藤野认为相较于提出"阳刚阴柔"之说的姚姬传(1731—1851),进一步发展其学说的曾国藩(1811—1873)的论述更为精致。其原因在于,姚氏将某位古文家的所有作品都笼统地划归为"阳刚"或"阴柔";与此相对,曾国藩则认为即便是同一作家的作品,根据其风格、体裁的不同,既存在"阳刚"之作,也有"阴柔"之文,应该根据文章体裁进行合理的区分。做出如此评论的藤野向当时的汉学界积极推荐道:如果能够熟记曾氏的上述主张,则无论是阅读古人文章,抑或是自己作文,一定会有所裨益。

相较于姚姬传,藤野更为支持及推崇曾国藩的主张,因此,作为曾国藩门生的黎庶昌将藤野视为海外知己,对其大加赞赏道:

---

① 藤野海南《読論文彙纂第五编》(收录于重野安绎编《海南遗稿》卷三,43丁)。

“论海南文，与余平昔论旨相合矣。”①

在《桐城文学渊源考》第十卷中，关于宫岛彦的小传如此记载道：“宫岛彦，字□，日本人，师事张裕钊七年，颖敏好学，尤有远志纯行。”此小传的信息来源于张裕钊的《濂亭诗文》、冈千仞的《观光纪游》以及黎汝谦（黎庶昌之侄）的《夷牢溪庐诗文钞》。②

如前所述，在向日本传播桐城派文论这一过程中，可以说黎庶昌扮演着重要的角色，此外，被誉为“曾门四弟子”之一、与黎庶

① 黎庶昌在自己编纂的《续古文辞类纂》（采用杨家骆编纂的《中国文学名著第六集第三十二册　黎庶昌续古文辞类纂》为底本，世界书局，1964 年）的“叙”中，对继承并超越姚姬传学问的曾国藩大加赞赏，他这样写道：“由是古今之文章，谬悠殽乱，莫能折中一是者，得姚先生而悉归论定，即其所自造述，亦浸淫近复于古。然百余年来，流风相师，传嬗赓续，沿流而莫之止，遂有文敝道丧之患。至湘乡曾文正公出，扩姚氏而大之，并功、德、言为一涂。挈揽众长，轹归掩方，跨越百氏。将遂席两汉而还之三代，使司马迁、班固、韩愈、欧阳修之文，绝而复续。岂非所谓豪杰之士，大雅不群者哉。盖自欧阳氏以来，一人而已。余今所论纂，其品藻次第，一以习闻诸曾氏者，述而录之。曾氏之学，盖出于桐城，故知其与姚先生之旨合，而非广己于不可畔岸也。循姚氏之说，摒弃六朝骈俪之习，以求所谓神理气味、格律声色者，法愈严而体愈尊。循曾氏之说，将尽取儒者之多识格物，博辨训诂，一内诸雄奇万变之中，以矫桐城末流虚车之饰。其道相资，无可偏废。”（注：句读由笔者所加）

关于黎庶昌极力推崇曾国藩的态度，因博闻强识、藏书丰富闻名的清末词人谭献（1832—1901，号复堂）在其 1892 年 4 月 22 日的日记中略带嘲讽地写道：“见黎莼斋《续古文辞类纂》，是扬《经史百家文钞》之波也。”（参见范旭仓、牟晓鹏整理《谭献日记》，中华书局，2013 年，302 页。此书作为“中国近代人物日记丛书”之一出版时将底本的繁体字改为了简体字。）此外，谭献在两年前的 1890 年的日记中写道：“吾辈文字不分骈散，不能就当世古文家范围，亦未必有意决此藩篱也。”（同前书，169 页）可以看出谭献明确地表明要与推崇古文的桐城派划清界限的立场。

曾广泛收集谭献所作文章的古文学家钱基博（1887—1957），对于谭献文章论的特点这样评价道：“谭氏论文章以有用为体，有余为诣，有我为归，不尚桐城方、姚之论，而主张胡承诺、章学诚之书，辅以容甫汪中、定庵龚自珍、于绮丽丰缛之中存简质清刚之制，取华落实、弗落唐以后窠臼，而先不分骈散为粗迹，为回澜。”（同前书，185 页）

② 关于黎汝谦驻日期间与日本人的交流情况，可参考柴田清继、蒋海波的论文《水越耕南と清国外交官との文藝交流——一八八〇年代を中心として》（《武库川女子大学纪要　人文社会科学编》58 号，2010 年）。

昌有着姻亲关系的张裕钊也发挥了重要作用。

张裕钊（1823—1894，字廉卿，号濂亭），因得到曾国藩、李鸿章的赏识，曾担任包括北京周边的莲池书院在内的多家书院的院长。其长子张沆是黎庶昌的女婿，在黎氏初次担任驻日公使时，张沆携带着父亲的文集一同随行。被赠予张裕钊文集的日本学者，有不少人都成了张沆的朋友，冈千仞就是其中的名人之一。

冈千仞（1833—1914，号鹿门）是著名的汉学者、社会活动家，也是为王韬1879年访日提供资金援助者之一。冈氏在五十岁之时，实现了其周密准备的中国旅行计划，在历时约半年的行程中，他游览了上海、余姚、北京、香港等地，其间还携带事先请张沆写的介绍信，拜访了时任莲池书院院长的张裕钊。张氏应冈氏请求，为其文章进行润色修改，并为其即将在日本出版的文集作序，但婉言拒绝了其入门拜师的请求。①

然而，张裕钊却在1887年接纳了日本青年宫岛大八（1867—1943，名彦，字咏士）为其门生。大八的父亲宫岛诚一郎（1839—1911，号栗香），在黎庶昌首次任驻日公使期间，与黎庶昌、张沆等人过从甚密。据说诚一郎不仅珍藏着与黎氏、张氏的笔谈记录，还经常向儿子大八谈起与二人的交往。在黎氏任期结束即将回国之前，诚一郎决定将儿子大八送往中国，拜张裕钊为师。大八曾在兴亚会开设的汉语学校及东京外国语学校学习汉语，具有深厚汉文素养，他在读到父亲珍藏的张裕钊文集和墨迹后为之倾倒，于是愈发坚定了成为张氏弟子的志向。

从1887年至1894年的七年间，大八一直在中国跟随晚年的

---

① 张裕钊《日本冈鹿门千仞藏名山房文钞序》（《濂亭文集》第一卷，苏州查氏慕见斋刊行，1882年），9页。

张裕钊学习。在张氏的指导下,他克服诸多困难,取得了优异的成绩。返回日本之后,大八在汉语教育和书道领域发挥着指导性作用,此外,他还创办了善邻书院,编纂了汉语教科书《官话急就篇》,并因为"故内阁总理大臣犬养公之碑"(即犬养毅)书丹而广为人知。

关于当初接纳大八作为弟子的原委和喜悦之情,张裕钊曾对另一位"曾门四弟子"吴汝纶这样描述道:

> 日本某官有曰宫岛诚一郎者,颇好为诗,前与大小儿(指长子张沇)相善。渠闻黎莼斋及吾中土出使者,暨彼国冈千仞诸人之言,谬相推重。今乃遣其子航海西来,使从游裕钊之门。属书小儿(指次子张浍),情辞肫挚,又求得吾中土诸人之书,并携有译署之护照,使之为介绍,且欲径直与肄业诸生同处院中。弟恐俗间少见多怪,令傲居其外间,仍虑或有浮言,拟属书傅相之时,一并微及之。此子性识乃颇聪颖,年甫十九,甚有向学之志,倘阁下异日至省门,望进而教之可也。[①]

上述引文中的"傅相",指的是时任直隶总督兼北洋通商大臣李鸿章。关于让大八入住莲池书院的宿舍还是让其寄宿在民居一事,张裕钊有所顾虑,拟将此事报告给李鸿章。宫岛大八在结束长达七年的留学生活之后,对自己的恩师如此自豪地评价道:

> 吾师张廉卿先生,湖北武昌人,曾文正公国藩之门弟也。年二十五为其乡举人,因有感于时事,遂绝仕进之志。其后

---

① 鱼住和晃《張廉卿の書法と碑学》(研文出版,2002 年),243 页。亦可参见鱼住和晃的《宫島詠士:人と芸術》(二玄社,1990 年),114—115 页。

事金陵书院山长十余年，后应李鸿章之聘，转任直隶保定府莲池书院。所谓山长者，乃书院总管之称，兼为全省官民之师也。故若非名望极重者，不得当此职，为儒者之中甚名誉之所也。师甫至保定，尽改其校则，别设学古堂，专以古学养成人才，一时俊才直士多出其门。①

从上文的评价可以看出，张氏与大八之间逐渐培育出深厚的师生情谊。那么，留学期间大八的日常生活状况又是如何呢？这可从 1891 年 1 月 25 日大八写给父亲诚一郎的信中窥见一端：

我个人最近身体康健，正潜心修业，请父亲大人安心。目前我每天都在练习古文写作，近来，我私下在模仿姚姬传编纂的《古文辞类纂》及曾国藩选编的《经史百家杂钞》中的文章，并对其中佳作进行摘录，现已誊抄二百余页。摘自上始六经下至桐城派数百篇，预计有一千二三百页，所用纸张皆为恩赐的薄纸。在今后方便之时，望您再寄一些纸张予我。②

据鱼住和晃的研究可知，作为日课，晚年的张裕钊每天都朗读《古文辞类纂》中特别心仪的文章，并将其作为练笔材料书写下来。大八则偷偷地收集恩师写下的这些字纸，同时也像恩师一样，抄录《古文辞类纂》中的作品已达"二百余页"。从其计划誊抄上始六经、下至桐城派的"数百篇，预计有一千二三百页"的规模

① 宫岛彦《在清留学意见》（收录于鱼住和晃《張廉卿の書法と碑学》，研文出版，2002年），252 页。
② 鱼住和晃《張廉亭と宫島詠士における信義について》（收录于张廉卿著，王双启、杉村邦彦、鱼住和晃编《張廉卿先生論學手札》，张裕钊宫岛咏士师弟书法展览实行委员会，覆刻版，1984 年），146 页。

来看，他保持着旺盛的求知欲以及勤勉的学习态度。①

大八不仅受惠于良师的指导，也在与学友的切磋琢磨中获益良多。尤其是恩师张裕钊转任武汉的江汉书院后，大八追随其前往，其间与同窗胡品三频繁往来，受益匪浅。关于这一点，他在写给父亲的信中这样讲述道：

> 胡兄持有方望溪选编的《古文约选》一部，共十二册，他将此书赠予我。虽然很早前，我已对此书有所耳闻，但寻遍各地书肆，均未能发现，颇感遗憾，今日与我交往未深的胡兄将此书相赠。据胡兄云，此书早已绝版，即使花费数十金也不易购得。虽为数年来爱读之书，今日遇到同好之人，将其割爱与我。此书采用大本形式印刷，字迹鲜明，且最为全面地收录了方望溪的批评、论跋等文章，确实是对作文之道有益之书。今日得到擅长文章的胡兄赠送此书，欢喜之余，也为其失去此书而感到惋惜。从此人仪表谈吐来看，颇具儒者风范，毫无半点科举应试者的俗气，对我而言甚是益友，但可惜的是，他半个月之后还要继续北上。这段滞留期间与他密切往来，使我受益良多。我向其展示父亲大人的诗作，他读后极为高兴，说他日定要前去日本，当面向您请教。②

胡品三为四川人，虽然当时他已师从与张裕钊、吴汝纶齐名的进士王树枏，学习桐城派的文章，但还希望能够拜入莲池书院山长吴汝纶的门下，更为深入地钻研古文。其在北上莲池书院的

---

① 鱼住和晃《張廉亭と宮島詠士における信義について》（收录于张廉卿著，王双启、杉村邦彦、鱼住和晃编《張廉卿先生論學手札》，张裕钊宫岛咏士师弟书法展览实行委员会，覆刻版，1984 年），146—147 页。
② 鱼住和晃《宮島詠士：人と芸術》（二玄社，1990 年），186—189 页。

途中,拜访了江汉书院的张裕钊,并在此地进行短期研修。大八在与他短暂的交往过程中,有感于其博雅的学识、高远的志向,向其请教治学经验及当时中国学界的状况。此外,对于胡氏相赠业已绝版的《古文约选》,大八极为感激,这也更为强化了大八对桐城派文章学的重视与推崇。

四、龟谷省轩、重野安绎、西村天囚对桐城派诸大家的评价

龟谷省轩、重野安绎、西村天囚三人均对方望溪、姚姬传、曾国藩等桐城派大家进行了高度评价,但是这些评价中,既有相同之处,亦有不一致的地方。造成这种差异的原因在于,评论者各自具有不同的经历、立场、文学修养以及价值取向。

龟谷省轩(1838—1913),名行,字子省,对马府中(今长崎县对马市)藩士,师从广濑旭庄、安井息轩。明治元年(1868),侍奉岩仓具视;明治 2 年(1869),为大学教官补;明治 3 年(1870),由太政官少史调任修史庶务,后又转任记录局局长;明治 6 年(1873)退休。退休后,创立诗文团体“光风社”,专注于诗文著述,安井息轩盛赞其为“后进晚辈的领袖”。著作有《育英文范》《省轩诗稿》《省轩文稿》等。据其门人菊池武贞的回忆,龟谷与沈文荧、黎庶昌、黄遵宪、王韬等人往来密切,“于古文,喜桐城之说,以简洁为主,其诗文,以真气盘郁、苍老幽玄取胜,有明人风格”①。

---

① 菊池武贞《書省軒先生肖像後》(收录于龟谷行著《省軒文稿》卷首,东京榊原友吉刊行,1902 年)。日本国内收藏此书的图书馆较少,笔者所用的底本是哈佛燕京图书馆中旧“古城文库”收藏的版本。此外,可以参考秋元信英的论文《東洋の学芸　明治七年　亀谷行『国史提要』の書誌と史学》(无穷会《东洋文化》112 号,2015 年)。

龟谷曾在其《读曾文正公文钞》(《曾文正公文鈔を読む》)一文中,这样评价明清时期的大文章家:

> 李王尚古,袁钟尚新,明季之交,流于钩棘,堕于纤佻。清儒尚考证,其文动陷繁冗。于是,桐城方姚诸家,尚典雅简洁,以拯时弊。方以法度胜,姚以风韵优,世推为古文正宗。然至其末流,淳雅有余,气势不足,譬犹清溪萧索,水落石出。余虽淑桐城,亦有慊焉者。夫文有宜简洁者,有宜赡博者,有宜曲折者,有宜直达者,相题命意,未可执一而论也。曾文正之于文,素推崇桐城,而雄伟博大,别开生面,不啻一洗钩棘纤佻之弊,骎骎乎与唐宋名匠并驱。盖文贵气,气若不充,则不能博大。文正拨乱反正,浩气充盈,直发诸文,宜哉其文超绝诸家也。然文正学德崇隆,功烈烜赫,如文抑余事耳。①

从上述评论可知,龟谷认为桐城派的兴起是对李攀龙、王世贞所提倡的拟古主义,袁宏道、钟惺所主张的性灵说,以及清朝考据学的烦琐冗长的反拨而产生,其结果是,重视"义法"的方望溪和强调"丰韵"的姚姬传被视为"古文的正宗",但他们的继承者却缺乏活力。此后曾国藩挽救了颓势,开创了桐城派的新生面。曾氏主张"盖文贵气,气若不充,则不能博大",其文章的宏大气势虽源于自身内心的凛然浩气,但是从中国衡量人物是否成功的传统三个标准——"立德、立功、立言"来看,曾氏将"德"与"功"视为第一要义,而所谓文章的"言",只不过是次于"德""功"的"余事"而已。

---

① 龟谷省轩《読曽文正公文鈔》(收录于《省轩文稿》第4卷,16丁)。

　　此外,笔者在上一节中论述了藤野海南极为推崇曾国藩的原因,即在关于是否将文章笼统分为"阳刚""阴柔"(阳刚阴柔说)的问题上,曾氏的主张较姚姬传更为细致。但从上述龟谷的评论可知,其推崇曾氏的原因,则在于曾氏所秉持的独特文章观——"文运"为"气运"所左右。重野安绎在读完龟谷所作《明文论》之后,以明太祖朱元璋的《御制集》为例,对其大加赞赏道:"文章属气运,非工力之所及,洵然,洵然。"①

　　以上论述了龟谷对桐城派的认识,那么重野又是如何理解桐城派文论的呢?

　　重野安绎(1827—1910,字士德,号成斋),生于萨摩藩鹿儿岛(今鹿儿岛县)的普通乡士家庭。青少年时期就在汉文诗方面崭露头角,年仅 16 岁便成为藩校造士馆的"句读师助寄"(讲解汉文句读的助教)。25 岁时担任昌平坂学问所的诗文挂,代替诸位博士(即教授)批改学生的习作。嘉永 6 年(1853)佩里来航之际,与同窗冈千仞等人巡视房州(今千叶县南部)海岸。此外,还参与萨英战争后的媾和谈判。明治时期,担任修史馆的编修官,积极参加由汉学家发起的旧雨社、丽泽社的文会活动,同时担任东京学士会院会员,并拥有文学博士、元老议员、贵族院敕撰议员等头衔。

　　实藤惠秀在其著作《明治中日文化交涉》中设有"清国公使馆之雅事"("清国公使館ものがたり")一节,文中将重野评价为明

---

① 龟谷省轩《明文論》(《省轩文稿》第 4 卷,7—8 丁)。龟谷所写的原文为:"夫文莫善于周秦,六经姑置之,如左国庄列孟荀韩管,各具机轴,发挥奇妙,如八家则不过得其一端耳。故卓攀之士,欲直越八家而攀先秦,李王徐袁,无不皆然。而其不能接先秦者,盖属气运,非工力能所及也。然徐袁诸家能辟八家所未辟,唐宋之外更有妙处,今之言古文者,专称八家未免拘见。"

治中期与清朝公使馆人员频繁唱酬往来的日本汉学家第一人。在 1889 年重野向明治政府提交的《支那视察案》报告中，其自身亦不无骄傲地写道，"至近世，公使往来，情谊密接"；"安绎自幼从事汉学，于彼之教学、历史、地理均有所涉猎，与彼土人士时时往复缔交，情谊颇通"。① 通过与清朝公使的频繁往来，重野受到了黎庶昌所属的桐城古文学派相当大的影响。1888 年，黎庶昌在结束驻英使节任期后，再度担任驻日公使，在其欢迎宴会的诗集的序言中，重野这样写道：

> 黎君先驻英都数年，谙熟泰西事情。泰西人士，皆称其贤。转来我邦，（中略）闻黎君少壮从曾文正公，受其诱掖。公之事业，出于郭汾阳之右；公之学问文章，殆驾王余姚而上之；而其操行谨笃，终始如一，霍博陆之不能及。绎尝读公书，至鸣原堂集，观公处于兄弟之间，友爱恫挚，无所不至，此盖公之本领。②

此段序言不仅介绍了黎氏对西洋情势的熟稔，还对其青年时期追随的恩师曾国藩大加赞赏。重野称赞曾氏在政治方面的功绩胜于平定"安史之乱"的郭子仪（被封为汾阳王，即上文中的"郭汾阳"）；在学问文章方面，强于明代的王阳明（即上文中的"王余姚"）；在道德操守方面，优于汉代的霍光（即上文中的"霍博陆"）。此外，重野还坦陈被曾氏《鸣原堂集》中所流露的其兄弟间的深情厚谊打动。

---

① 参见笔者论文《重野安繹の中国観：明治二二年「支那視察案」を中心に》（《立教法学》42 号，1995 年）。
② 重野安绎《枕流馆宴集序》（收录于重野安绎著、重野绍一郎编《成斋先生遗稿》卷一，松云堂书店刊行，1926 年，9 丁）。

　　重野于明治初年在大阪开设私塾"成达书院"，后又于明治
20 年代前期在东京开办同名私塾。该私塾主要向学生教授"五
经"素读、《文章轨范》等内容，并始终向学生强调读书时做笔记的
重要性，此外，为提高作文能力，要求学生背诵数十篇名文佳
作。① 汉学家山田准于 1883 年前往东京三岛中洲的二松学舍进
行短暂学习之后，翌年考入东京大学古典讲习科汉书课。他曾这
样回忆当时日本汉学界的情况："当时前辈告诉我，明治的三大文
章名家分别是重野成斋先生、川田瓮江先生，以及指导我的三岛
中洲先生。"此后，山田于 1899 年前往熊本的第五高等学校（今熊
本大学前身之一）赴任，两年后，由于重野故乡的第七高等学校造
士馆（今鹿儿岛大学前身之一）重建，山田转任此学校的教授。②
此外，东京成达书院受业生之一的馆森鸿（1863—1942，号袖海），
作为日据时期台湾总督府文书课职员于 1895 年赴台，并在此后
的两三年间一直活跃于台湾诗文界。他曾这样回顾恩师重野的
文章风格及文章观：

　　　　先生在文章方面，在日本首推弘法大使，其次是荻生
　　徂徕。

　　　　先生最初学习苏东坡作文，直至晚年才读姚姬传的文
　　章，自此文章完全是姚氏风格。川田瓮江也读姚氏文章。赖
　　山阳所处的年代《归震川集》已传入日本，但《姬传集》尚未传
　　入。因此，赖氏的文章中只有对归震川文章的评论，而没有

---

① 参见木场贞长《大阪时代の重野先生》，以及高於菟三《成達書院の顛末》，此二文均
　收录于大久保利谦编《增訂重野博士史学論文集補：重野安繹研究資料集》（名著普
　及会，1989 年），111 页、138—141 页。
② 山田准《重野成斋先生に对する追憶》（大久保利谦编《增訂重野博士史学論文集
　補：重野安繹研究資料集》，名著普及会，1989 年），118—119 页。

对姚氏的论述。（中略）先生晚年读曾国藩的文章之后，大为感佩。曾国藩私淑姚氏的文章，因此先生也开始阅读姚氏的文章，并对其钦佩不已。因此，先生早年为欧阳修、苏东坡的文风，而晚年则转变为姚姬传的风格。①

1898年，重野作为东京帝国大学汉学"支那语"第一讲座教授重返教坛，在此前一年的8月，他在帝国教育会成立后的第一次夏季讲习会上，进行了"汉文讲义"，在其中"汉文名家"这一部分内容中，他向在场听众这样介绍桐城派的诸位大家：

还有一位名为方望溪（名苞）之人，此人是近世清代自成一派的文章名家。方望溪之文最后传至姚鼐（字姬传），于是将此派称为桐城派（桐城为姚姬传的出生地）。因此，现今清人文必称桐城，频频赞赏此文体。阅读方望溪的文章，则可知其为文以极简洁为主，此人主张不用赘余之语，由此观之，

① 馆森鸿《重野成斋先生の逸事》（大久保利谦编《增訂重野博士史学論文集補：重野安繹研究資料集》，名著普及会，1989年），132页。与收录于三浦叶《明治の碩学》（汲古书院，2003年，247页）中的"館森袖海翁談　重野成斋先生"一节，内容上虽大同小异，但在语气表达上存在微妙差别，为慎重起见，现将其摘录如下："先生最初学习苏东坡的文章，直到晚年才开始读姚姬传的作品，此时所写文章完全是姚姬传的风格。川田甕江也读姚姬传的文章。由于赖山阳所处的年代，《惜抱轩文集》《古文辞类纂》等书还未传入日本，传入的只有《归震川集》，所以，赖山阳的文章中只有对归震川文章的论述，而不可见对姚姬传的评价。我们认为姚姬传的文章虽表面华丽，但是内容却略显单薄，可谓华而不实。若文章的鉴赏水平达到一定程度，自然就会认为归震川、姚姬传的文章并非高明。重野先生曾对我说过这么一件事情：有一位名叫谷三山的聋人学者，森田节斋到访其处，谷三山向森田展示姚姬传的文集。当时森田偶然翻到《登泰山记》这篇文章，读后茅塞顿开，遂向谷三山借阅此文集，最终一直未归还此书。因此坊间出现森田就是姚姬传转世的传闻。先生认为姚姬传的文章格调高雅，但是对于《登泰山记》一文涵盖了桐城文论所有精华的观点，却不赞成，认为比此文优秀的文章还有很多，并要求我阅读归震川、姚姬传的其他文章。事实上，我对读过此二人的文章一事，觉得后悔万分，自己动笔作文时，总是无意识地就带有此二人的风格。因此，我私下认为先生晚年的文章水准并非很高。"

此桐城派之文多为简短,意欲尽去花梢,只留果实,故有评论认为桐城派文章失于枯淡。(中略)然而近来桐城一派,出现了一名为曾国藩之人,此人乃大人物,(中略)此人文集有《曾文正公集》,读其文集,可知其不愧为桐城派人物。如上所述,桐城派虽有流于枯淡之弊病,但曾国藩的文章却无此弊端。因此今日桐城派呈现的是辞藻华丽而语意明确的文章。①

从以上内容可知,重野虽然赞成方望溪(1668—1749)、姚姬传所主张的文贵简洁,但关于王韬对此二人"失于枯淡"的负面评价,亦表示认同。要而言之,重野将花梢与果实,即兼具外在修饰和内涵实质的文章视为理想,曾国藩之所以能够写出兼具外在与内涵的文章,是因为其"深谙经学,且尚事功"。

关于重野对于桐城派文章观的理解,则最为集中地反映在其《读惜抱轩文》("惜抱轩"为姚姬传室名)一文中:

> 桐城诸子之文,亦各有所长。方望溪邃于学,故其文精深渟蓄,如源泉出山,流委曲折;刘海峰壮于气,故其文跌宕飘逸,如奇岩怪石,狰狞逼人;姚姬传丰于才,故其文遒秀婉约,如野花幽草,香色可人。比之宋文,望溪似南丰,海峰似老泉,姬传似庐陵。但以拣择出之,则桐城文派第一主义,此其所以异于宋三家也。姬传亲炙海峰,私淑望溪,其初作兼有海峰之气。及晚年,皮毛摆脱,刓方为圆,理义之精,可逐望溪。其言曰,经义考据文章,三者阙一不可。且曰,斯言之

---

① 陶德民编著《重野安繹における外交・漢文と国史:大阪大学懷徳堂文庫西村天囚旧藏写本三種》(关西大学东西学术研究所资料丛刊 37,关西大学出版部,2015年),114—115 页。

行，当期乎五十年之后。其自信如此，后世学者，以文章正宗归之，有以也夫。①

上述评论中，重野将桐城派的方望溪、刘海峰（1698—1779）、姚姬传的学风及文章特点，分别比拟为"唐宋八大家"中的曾巩（籍贯为建昌军南丰，今江西南丰）、苏洵（号老泉）、欧阳修（籍贯为吉州庐陵，今江西吉安），显示出其对于桐城派此三位先驱人物作品和唐宋八大家的理解程度。在此前论及的馆森鸿对恩师重野的回忆文章中，介绍了重野文风的转变过程，即"最初学习苏东坡作文，直至晚年才读姚姬传的文章"。他正是因为青年时期熟读唐宋八大家的文章，他才能巧妙地将桐城派大家与唐宋八大家的文章进行对比。

此外，特别需要注意的是，重野对姚姬传所秉持的"经义考据文章，三者阙一不可"的治学主张推崇备至。究其原因在于：作为明治政府修史馆负责人的重野，提议使用汉文编纂《大日本编年史》，为达成这一目标，姚氏的主张——应在治学过程中将经义、考据、文章三者综合把握，并贯彻始终——对于重野而言，无疑是最具魅力的治学方法论及作文方法论。②

作为东京大学新设立的史学会首任会长，重野继承了中国、日本、西洋三者的考证学传统，为发展近代日本实证史学而不懈努力。1890 年 3 月 9 日，重野在东京学士会院以《学问终将归于考

---

① 重野安绎《読惜抱軒文》（收录于重野安绎著、重野绍一郎编《成斋文二集》卷三，富山房，1911 年），26 丁。
② 关于重野安绎对于考证学的论述，可参见拙文"Shigeno Yasutsugu as an Advocate of Practical Sinology in Meiji Japan"（收录于 *New Directions in the Study of Meiji Japan*, edited by Helen Hardacre with Adam L. Kern. Leiden；E. J. Brill Publishers，1997）。此文亦收录于拙著《日本漢学思想史論考》（关西大学出版部，1999 年）。

证》(《学問は遂に考証に帰す》)为题发表演讲,其主旨内容如下:

> 我曾听闻西洋学问中有演绎和归纳两种方法,考证就相
> 当于归纳法。(中略)因此,我认为世间学问必终将归于归纳
> 法,也就是考证学。从迄今为止的经验也可知之。中国的考
> 证学大约始于二百年前,日本大约始于百年前,而于西洋则
> 是五十年前才开始。虽然时间上略有先后,但全世界的学问
> 终将归于一途,其原因在于,随着世界逐渐开化,任何事物都
> 朝着精微严密的方向发展,空谈臆测都将不为人所接受,且
> 愈发远离实用。倘若对世间万事万物均进行细致考证,纵使
> 其中某一环节出现纰漏,那么也能立即明白问题之所在。①

对于以上重野的治学、教育主张,黎庶昌表示赞同,并评价
道:"成斋之意在于融合中、东、西(即中国、日本、西洋)三者之长
处,使之归于一途,以此著书,以此立教,百变而不离其宗旨。"②

町田三郎则评价道:重野以上的努力与主张,要到明治大
正时期交替之际,在下一代学者——内藤湖南、狩野直喜、服部
宇之吉等人身上才以具体的形式在学界展现出来。因此这一
代学者的崭露头角,宣告了新式日本汉学研究的诞生。重野的
努力是为这一代学者的出现所做的准备,更准确而言,重野的
整个生涯都在为日本式的汉学研究和日本近代中国学的诞生
而奠基铺路。此外,他经常提出开创性的建议。③ 此番评价的

---

① 重野安绎著、萨藩史研究会编纂《增订重野博士史学論文集》上卷(名著普及会,增
订复刻版,1989 年),39—40 页。
② 黎庶昌《成斋文集序》(收录于重野安绎著、重野绍一郎编《成斋文初集》,富山房,
1898 年)。
③ 町田三郎《重野成斋の人と学問》(收录于町田三郎《明治の漢学者たち》,研文出
版,1998 年),98 页。

确是深中肯綮。

在上述提及的 1897 年帝国教育会成立后第一次夏季讲习会上,重野以旧制中学"国语科""汉文科"教师为对象,进行了"汉文讲义"的讲座(第 12、13 次)。如果此次讲座意味着重野使得桐城派的存在为当时汉文教育界所周知,那么,西村天囚于 1916 年至 1921 年在京都帝国大学讲授《古文辞类纂》这一行为,则意味着向日本学术界宣扬桐城派学问传统的重要性。

由于京都大学"支那语学支那文学"讲座的铃木虎雄教授前往中国留学,当时担任大阪朝日新闻社董事的西村天囚,便接替铃木讲授"中国文学"课程。据促成此事的狩野直喜回忆:"大正 5 年(1916)9 月开始,委托其教授特别讲义、作诗作文及《古文辞类纂》课程,时间约为三个小时。"除此之外,狩野在上述回忆当中,还提及了其与西村交游的情形,"忘了确切是哪年,大阪成立了一名为'景社'的文学团体,参加者有已故的籾山衣洲、京都的长尾雨山、内藤湖南、西村和我等人。此外,在京都还有由京大毕业生成立的丽泽社,此团体多次与景社联合举办诗文活动。因为往来频繁,两社成员间的情谊日益加深"。① 此外,在京大执教期间的大正 9 年(1920)5 月 26 日,西村被授予了文学博士学位。②

---

① 狩野直喜《追憶談》(收录于杂志《懷德》第 2 号,此号是由怀德堂堂友会编集的"硕园先生追悼录"特辑,1925 年 2 月),50 页。

② 大约在二十年前的 1997 年 12 月 19 日,笔者曾在京都大学百年史编纂资料室内,向此资料室的助理西山伸询问了有关西村天囚在京大任教时期的情况,得到了如下的回答:关于职务名称,由于学校建制的改变,聘任时是"文科大学讲师",卸任时则变为了"文学部讲师";关于任教时限,受聘为讲师的时间为大正 5 年(1916)9 月 1 日,离职时间为大正 10 年(1921)8 月 31 日;关于担任课程,负责"支那文学"课程。

西村天囚(1865—1924),名时彦,字子俊。天囚为其青年时期使用的号,为时人所熟知,晚年号硕园。西村自少年时期就具有较高的汉学修养,明治13年(1880),考入东京大学古典讲习科汉书课,师从重野安绎和岛田重礼。明治23年(1890),进入大阪朝日新闻社,在此后三十年间一直担任此报社的主笔、编辑顾问等职(其间曾担任东京朝日新闻社的编辑),与同僚内藤湖南等人写下了大量时局、学术、艺术等方面的评论,为提高报社的知名度作出了贡献。1897年之后,西村曾三次前往中国,向张之洞、刘坤一等武昌、南京的地方总督提出改革建议,并与李伯元、董康、汪康年、康广仁、辜鸿铭以及曾国藩之孙曾敬彝等文化名流有过交往。① 1902年春,被誉为"曾门四弟子"之一,曾担任过莲池书院主讲的京师大学堂总教习吴汝纶(1840—1903),前来日本进行教育考察之际,西村发表题为《期望教育家渡清》(《教育家の渡清を望む》)的社论,刊登在6月29日的《朝日新闻》上。其主旨是鉴于清国留学生及考察团频繁来日的现状,希望文部省也派遣教育家和视察员前往清国考察。② 此外,大正时期,西村成功重建了近世大阪的私塾怀德堂(存续时间为1724—1869年),并派遣此私塾讲师

---

① 参见陶德民《西村天囚と张之洞の『劝学篇』》(《怀德》第60号,1991年)。大阪大学附属图书馆的"怀德堂文库"中,藏有名为《鄙稿(剩稿)》的西村手稿集。此手稿集的序文写于1900年1月南京本愿寺,文中讲述了整理此文集的缘由,即为了能够与清朝士大夫进行交往,或者请对方修改自己的文章,有必要整理旧时文章,携之前往中国。此序文全文如下:"予若冠退大学后,奔走风尘,旧稿散佚,十不存一。自主笔报馆以来,所作论说皆系国文,不复修古文。间有应酬之作,随作随散,不必存录。今兹庚子春,将再游清国。窃谓求交于学士大夫,不得不以文字为奴。乃捡筐底,得数十篇,或系十五六时文社席上之作,或系十四五年前大学课题之作。而三两年来近业,不过十数篇。是皆不期存而偶存者,卤莽芜杂,殆欲焚稿矣。而所以不能弃去,编次成卷者,聊主就大雅请斧削之地耳。庚子一月,时彦识于清国金陵本愿寺中。"(注:句读为笔者所加)
② 参见陶德民《西村天囚と刘坤一:清末の教育改革をめぐって》(《关西大学中国文学纪要》第18号,1997年)。

武内义雄前往北京留学。西村晚年受到同为萨摩藩出身、明治维新元勋之一的内大臣松方正义(1835—1924)的举荐,担任宫内省的御用挂,专门为大正天皇起草诏书。在其所起草的诏书当中,最为著名的当属1923年关东大地震后向全体国民颁布的《国民精神振作之诏书》(《国民精神作興の詔書》)。其著述主要有《日本宋学史》《怀德堂考》以及小说《屑屋之笼》等。

曾被吉川幸次郎评价为"清朝风骨的汉文名家"的西村,原本也是重视"词章"的文人。早在1883年,他就与友人一起出版了《邵青门文钞》(青门为清代前期诗人邵长蘅的号)。在东京大学古典讲习科求学时期的舍友冈田正之曾为其重刊的小说《屑屋之笼》题写序文,文中记录了西村青年时期的精神风貌:"西村特别喜爱阅读侯方域的文章,每次都看见他在床上惬意地或拍着手,或敲击着腿,朗朗上口地诵读着《壮悔堂文集》中的文章。"1901年秋季,正在中国留学的西村拜访了在上海留学的狩野直喜,此时狩野对其的印象是:"他的确是酷爱词章之学,厌恶考据之类的文章。说自己不适合学究式的考据,并对此类学问感到厌烦。"①

但是,正是以此次留学中国,特别是结识了首次将甲骨文公诸于世的刘铁云(即刘鹗)为契机,西村开始逐渐对考据学产生兴趣。1909年其著作《日本宋学史》出版,在1951年此书由"朝日文库"再版时,武内义雄对此书进行了解说,文中对西村高度评价道:"此书是西村先生众多著作当中,特别能体现其治学水平的杰作","要而言之,本书细致入微地考证了我国程朱

---

① 狩野直喜《西村天囚氏追憶談》(狩野直喜《読書纂余》,みすず書房,1980年),174页。町田三郎《天囚西村時彦　覚書》(收录于町田三郎《明治の漢学者たち》,研文出版,1998年),162页。

之学的沿革，使用流丽的文笔写就，实为兼具义理、考据、词章三方面的名著。"

　　此外，关于西村喜爱姚鼐的《古文辞类纂》，以及推崇方苞的《古文约选》一事，武内这样回顾道："先生是对桐城派古文极为推崇之人，爱读姚鼐的《古文辞类纂》，收藏有此书的三种刻本，并向我谈起过此三种版本的优劣。此外，先生也极为推崇因选编《古文约选》而被尊为桐城派始祖的方苞的文章。（中略）先生在书中论述道，曾国藩虽曾将姚鼐的《古文辞类纂》奉为圭臬，却对此书未有任何提及，可以说是数典忘祖。"[①]

　　西村对于《古文辞类纂》的喜爱，不仅表现在其收集各种版本进行比较，还体现在他经常向众多友人推荐此书及相关著作。同样出生于鹿儿岛的国语汉文教师田中常宪（1873—1960），担任过福冈县立田川中学首任校长。他曾多次将自己的汉文文章寄给西村修改，并回忆道："原稿寄回来的时候，总是满纸密密麻麻的红色批点。也正是这个时候，先生向我推荐《佩文韵府》《渊鉴类函》，希望我务必将此二书备于书案之上。最近，先生寻获了此书的廉价本，立即买下来寄赠给我，并告诉我书款不必急于归还，先生特意为我购买了此二书。大正4年，我带领学生去大阪之时，顺便前去拜访了先生。当时先生十分高兴，亲自带我参观其刚刚落成的书斋，就在此书斋，先生第一次向我介绍桐城派的学问，并将《惜抱轩诗文集》二帙十六册赠送给我。受到先生盛情款待后，我满载而归。"[②]

[①] 武内义雄《学究生活の思い出》（收录于《武内义雄全集》第十卷杂著编，角川书店，1979年），417页。

[②] 田中常宪《噫　天囚西村先生》（收录于杂志《懷德》第2号中的"硕园先生追悼录"特辑，1925年2月），40页。

　　田中上述回忆中提及的《佩文韵府》是奉康熙谕旨编修的大型词藻典故辞典,是文人作诗时选取词藻和典故的常用工具书;而《渊鉴类函》也是康熙年间官修的大型类书,供诗赋之用。此二书都是阅读古典和汉文写作时不可或缺的工具书。《惜抱轩诗文集》是前述重野曾经读过的姚姬传的诗文集。在西村于新建书斋向田中介绍桐城派学问的一年之后,也即在其担任京大讲师的四个月前,他在与东京大学古典讲习科的同窗萩野由之、冈田正之畅谈之后,意外地在神田的书店发现了曾经一直苦苦寻觅的《古文约选》,喜出望外之余,西村写下了如下一段评论:

　　书古文约选后　丙辰五月

　　右《古文约选》十册,前清果亲王府选刻,其序例望溪方氏所代作,载在望溪。予尝读之,而知其选评亦成于望溪之手,访购日久而未获。大正丙辰首夏东游,与萩野礼卿、冈田君格饮于神田旗亭。归途共过书肆,偶然获之,予之喜可知也。文章总集创自挚虞流别,杜预善文,而二书皆亡,惟昭明文选盛行。厥后或以体汇集,或以代总汇拔粹分类,随时迭兴。而评点之学,兴于宋,盛于明。第明代多坊刻帖括之书,至清初,讲古文义法者,世推桐城为正。桐城以望溪为祖,而斯书为滥觞。刘姚相承之法,盖在于此。曾文正奉姚氏古文辞类纂为圭臬,而不一言及斯书,殆数典忘祖矣。其取三汉(两汉、蜀汉)八家之文,而斥六代骈俪,沿真氏正宗之法。虽多习见之文,而柳欧以下义枝辞冗者,加钩划于旁,则属其创体。学者尤宜留意讲究焉。抑乾嘉诸儒喜六朝,薄八家,故前人编选斥骈体者,四库提要亦有不满意。而如斯书不著录,尤非公论也。①

成书于 1733 年的《古文约选》,名义上是由当时负责最高学府国子监的和硕王(即康熙第十七子爱新觉罗允礼)为选拔入学的八旗子弟而编纂的汉文范本,但实际上,此书的序言及文章的选定均由方苞完成。西村在较早之前就从《方望溪全集》中得知此书的存在,但一直搜寻未果。此次在神田书店不经意的邂逅,让西村感到如获至宝。

据西村上文中介绍,辑录经典古文作为写作范本的传统,起源于西晋时期挚虞编辑的三十卷《文章流别集》,以及同一时代杜预选编的五十卷散文集《善文集》,但此二书早已散佚,现流传于世的最早文章选集只有《昭明文选》,一直为后世所推崇。宋明时期"评点之学"渐次发达,而至清代初期,讲求"义法"的"文章之学"日益兴起,在诸多派别中以桐城派为正宗,桐城派始祖方苞选编的《古文约选》,则被视为此类著作的滥觞。但方苞采取的是选录两汉、唐宋八大家的文章而排斥六朝骈文的原则,可以视为继承了南宋后期真德秀选编《文章正宗》时的方针。值得注意的是,方苞对《古文约选》所选录的柳宗元、欧阳修以后作家的文章,于其行间加注圈点,此种方式在体例上是一大创造。此方式也为刘

---

① 西村硕园《书古文约选后》(收录于西村硕园《硕园先生文集》卷一,怀德堂纪念会,1936 年,50—51 丁)。《硕园先生遗集》由怀德堂于 1936 年出版,其构成为《硕园先生文集》三卷,诗集三卷,以及《屈原赋说》上卷的 12 篇文章,《屈原赋说》下卷的 10 篇文章,因还未完成,故尚未刊行。关于《屈原赋说》上卷,在写于大正 9 年(1920)5 月的"后记"中,西村这样披露道:"以上十二篇,时彦在京都大学为学生讲述,遂缀成册。屈赋继风雅于前,启辞赋于后,为文学之大宗,不可不读。而古今注释,亡虑百家,群言纷淆,疑惑学者。愚因著论,略述大旨,刊误补义,待诸他日焉。"(注:句读为笔者所加)此外,西村所收集的"百种楚辞"具有很高的文献学价值,在《硕园先生遗集》出版的 1936 年,中国清华大学国文系的钱稻孙教授一行特意拜访了怀德堂,对"硕园文库"收藏的"百种楚辞"进行调查研究。

大槻、姚鼐所继承。此外,对于曾国藩将姚姬传的《古文辞类纂》视为圭臬,却只字不提《古文约选》,西村认为曾国藩此举是数祖忘典。①

　　综上可知,西村对桐城文论的理解,是建立在其对中国历代的文章论、文集编纂史以及桐城派内部传承关系深入了解的基础上,所进行的整体性把握,具有很强的说服力。从这点而言,西村对桐城派的理解,可以说达到了近代日本汉学界的最高水准。

---

① 曾国藩在其编修《经史百家杂钞》(上海中华书局《四部备要》集部所收)的《序列》中,批判了姚姬传《古文辞类纂》的编纂方式,即姚姬传虽然主张文章复古,但完全不收录六经的文章。其原文如下:"然溯古文所以立名之始,乃由屏弃六朝骈俪之文,而返于三代两汉。今舍经而降以相求,是犹言孝者敬其父祖而忘其高曾,言忠者曰我家臣耳,焉敢知国,将可乎哉。余抄纂此编,每类必以六经冠其端,涓涓之水以海为归,无所于让也。姚姬传氏撰次古文,不载史传,其说以为史多,不可胜录也。(中略)余今所论次,采辑史传稍多,命之曰《经史百家杂钞》。"(注:句读为笔者所加)由此可见,西村对曾国藩的批判与曾氏批判姚姬传相似,均集中在"忘却先祖"一事之上。

第二章 日本知识人对民国初期文学革命的反应——以吉野作造、青木正儿、西村天囚为例

一、引言

关于民国初期文学革命的特征,曾在鲁迅的上海寓所接受过其指导的增田涉,于 1931 年在著作《中国文学史研究——"文学革命"及其前夜的人们》(《中国文学史研究:「文学革命」と前夜の人々》)中这样论述道:

> 虽然称之为"文学革命",但此"文学"一词的含义,比我们现今的概念要宽泛得多,其所涵盖的领域十分广泛。这是因为中国传统的"文学"概念与现今不同,包括"文章"和作为"宣扬道德之载体的文章(或是文学)"这两层含义。因此,"文学革命"也具有涉及伦理层面的"思想革命"的特征。

> "革命"并非从自身传统中自然地生发出来,它需要外界异质媒介的刺激。"文学革命"的几位中心人物,无一例外都具有海外留学背景。他们在国外直接接触异质的文化、制度,并且受其刺激,在与自己国家进行比较的过程中,发现了更为优秀的价值观。以这种异质文化、制度为媒介,再反观本国传统文化的本质,就能够批判性地审视其存在是否合

图43　陈独秀主编的《新青年》杂志

图44　京都大学同人创刊的《支那学》杂志，弘文堂发行

图45　大正民本主义思想的旗手吉野作造

吉野作造記念館

图46　新文化运动时期先后寓居奉天、北京的清水安三

安三令孙清水贤一先生提供

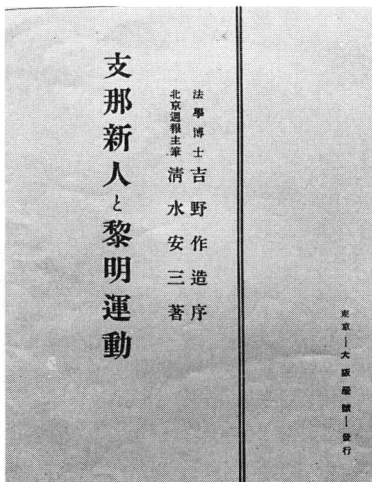

图47　清水安三著《支那新人与黎明运动》（大阪屋号书店，1924年）

陶德民藏

图 48　陈独秀肖像

刘刚编《清两江总督与总督署》，广东人民出版社

图 49　胡适肖像

《胡适全集》第一卷，安徽教育出版社

图 50　鲁迅肖像

鲁迅博物馆编《鲁迅文献图传》，大象出版社

图 51　醉心于道家思想的青木正儿

《青木正兒全集》第八卷所收，春秋社

图 52　吴虞肖像

赵清、郑城编《吴虞集》，四川人民出版社

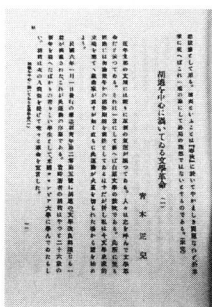

图 53　《支那学》第一期刊登的青木赞扬文学革命的大论文

图 54　在大阪家中"读骚庐"内的西村天囚

后醍院良正撰《西村天囚传》

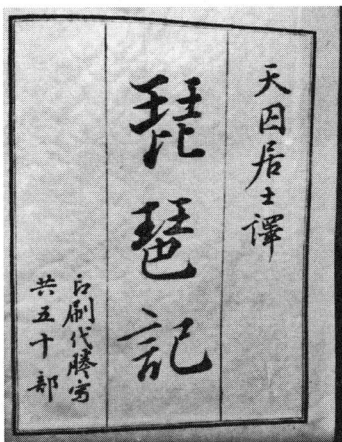

图 55‑1　西村天囚所译《琵琶记》　陶德民藏

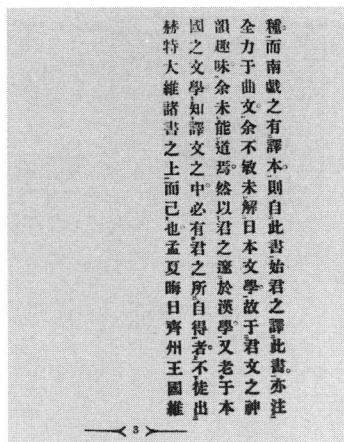

图 55‑2　王国维为西村天囚译本《琵琶记》所作序言的结尾部分

图 56　1936 年清华大学国文系钱稻孙教授一行参观大阪怀德堂楚辞百种文库时的合影　大阪大学怀德堂记念会藏

图57　关西大学前身之一的大阪泊园书院（1825—1948）
关西大学东西学术研究所藏

图58　1877 年创立的私立二松学舍于 1928 年升格为国语汉文专门学校，此后的毕业证书分别视同中等学校国语或汉文教员的资格证书。 二松学舍大学编《二松学舍百十年史》

理，但这种批判对本国文化具有强烈的否定性及破坏性。①

　　诚如此言，民国初期的文学革命是以陈独秀（1879—1942）与胡适（1891—1962，字适之）为中心拉开序幕的，前者曾在日本、法国留学，回国后创办杂志《新青年》并担任编辑，后者当时正在美国留学。颇为有趣的是，二人均为安徽人，而他们的主要批判对象"桐城派"诸大家也是安徽人。民国六年（1917）一月，胡适在《新青年》第二卷第5号上发表论文《文学改良刍议》，文中提出了以下八条关于文学改良的主张：

　　　　一、须言之有物；二、不效仿古人；三、须讲求文法；
　　四、不作无病之呻吟；五、务去滥调套语；六、不用典；
　　七、不讲对仗；八、不避俗字俗语。②

　　受此影响，陈独秀在此杂志的后一期上发表《文学革命论》，将批判矛头对准旧文学，视"前后七子"和归有光、方苞、刘大櫆、姚鼐等人为"十八妖魔"，以更为激烈的言辞表述了其"三大主义"：

---

① 增田涉《中国文学史研究：「文学革命」と前夜の人々》（岩波书店，1967年），5页。本文对于"文学革命"的时间界定依照历史学者周策纵的观点，从1917年至1921年为止。Chow Tse-tsung, *The May Fourth Movment*: *Intellectual in Modern China* (Harvard University Press, 1960, pp. 1–15)；而关于"文学革命"的含义，则依据小野忍的观点，寻求从士大夫文学的古文中解放出来，包括从儒学伦理的束缚及古文文体中解放出来。（小野忍《中国の現代文学》，东京大学出版会，1972年，260页）。此外，关于文学革命的相关研究，可以参见以下著作：Lin Yu-sheng, *The Crisis of Consciousness*: *Radical Antitraditionalism in the May Fourth Era* (University of Wisconsin, 1979)；Vera Schwarcz, *The Chinese Enlightenment*: *Intellectuals and the Legacy of the May Fourth Movement of 1919* (University of California Press, 1986)；村田雄二郎《「文白」の彼方に：近代中国の国語問題》（《思想》第853号，1995年7月）。
② 增田涉《中国文学史研究：「文学革命」と前夜の人々》（岩波书店，1967年），6—7页。

推倒雕琢的、阿谀的贵族文学，建设平易的、抒情的国民
文学；推倒陈腐的、铺张的古典文学，建设新鲜的、立诚的写
实文学；推倒迂晦的、艰涩的山林文学，建设明了的、通俗的
社会文学。①

此后不久，主张全盘废除汉字的北京高等师范学校（今北京
师范大学）教授钱玄同（1887—1939）等人亦加入此运动，使得"文
学革命"的主张更为激进，以至远远超出了持改良主义主张的胡
适的最初设想。因此，1930 年代初期，胡适在建议其学生魏际昌
重新评价"文学革命"时坦言道："桐城派诞生于我们安徽省，迄今
为止虽将其习惯性地评价为'谬种、妖孽'，但似乎应有更为客观
的评价，希望你能够研究一下。"②

上述胡适所说的"谬种、妖孽"，首次见于 1918 年钱玄同写给
陈独秀的信中，此信刊登于上述陈独秀论文的同一期杂志的《通
信》栏，其原话是"选学妖孽，桐城谬种"，将推崇《昭明文选》、醉心
骈文的文人视为"妖怪"，将拘泥于古文义法的桐城派视为"谬
种"。③ 当时黄侃、刘师培等"国学大师"作为"选学派"的代表，在
北京大学教授"词章学""文选学""六朝文学"等课程；而被北大聘
为教授的桐城派重要学者姚永朴，其详述古文源流及作文技巧的

---

① 增田涉《中国文学史研究：「文学革命」と前夜の人々》（岩波书店，1967 年），12 页。

② 1988 年，时任屈原学会副会长的河北大学教授魏际昌，在其八十岁时，将自己五十
余年前在北京大学所写的毕业论文加以整理，以《桐城古文学派小史》（河北教育出
版社，1988 年）为书名出版。在此书的"后记"中，著者披露了进行此研究的契机是
受到了导师胡适的启发。魏氏披露的相关内容如下："这是笔者三十年代的旧作，
学习于北京大学研究院时的毕业论文，导师胡适教授。胡先生说：'桐城派出在我
们安徽，过去吒它，谬种、妖孽，是不是可以有不同的看法呢？希望能够研究一下。'
犹言在耳，算来已经五十多年了。"关于这一点，佐藤一郎在其翌年发表的论文《江
戸・明治期における桐城派》（庆应大学《藝文研究》第 54 号，1989 年）的"追记"中
亦对学界这一最新的研究动向有所关注。

③ 罗成琰等著《二十世纪中国文学的古今之争》（百花洲文艺出版社，2008 年），56 页。

著作《文学研究法》（1914）也出版问世。此外，在一般社会层面使得桐城派名声大振的，当推严复和林纾。严复以简洁的古文体翻译了《天演论》《国富论》《法意》《群己权界论》等介绍西方社会及其政治经济思想的著作；以桐城派古文传人自居的林纾，亦用古文体翻译了小仲马的《巴黎茶花女遗事》、莎士比亚的《凯撒遗事》等经典文学作品。[1]

从当时的各方情势来看，"选学派"特别是"桐城派"，无论在学术界或是一般社会层面都具有相当大的影响，其核心人物大多是通过姻亲关系联系在一起。[2] 在此背景之下，胡适、陈独秀、钱玄同等人所提倡的文学革命，实际上其矛头所指是曾经掌握着社会话语权的士大夫群体。

---

[1] 罗成琰等著《二十世纪中国文学的古今之争》（百花洲文艺出版社，2008 年），53—54 页。

[2] 在本书第一章的开篇处论及的今关天彭，在其研究桐城派文论的过程中，对当时供职于清史馆的柯劭忞（字凤孙，1848—1933）、马其昶（字通伯，1855—1930）、姚永朴（字仲实，1861—1939）等几位桐城派代表性人物也有关注。今关将其研究成果集结为著作《近代支那の学芸》（民友社，1931 年）一书出版，此书中对柯劭忞的描述是：柯氏师从山东聊城的望族杨绍和，此人为桐城派名士梅曾亮的弟子。杨绍和的夫人则是桐城派殿军人物吴汝纶的长女，由此可知柯氏在当今桐城派占据的地位。虽然柯氏的文章尚未被时人关注，但是其以一人之力编纂长达 257 卷的《新元史》，文章雄浑超逸，遒劲有力，从这一点就可以窥知其笔力。（中略）此外，柯氏还是中国北方学界的领袖人物，与南方的沈子培齐名，被称为"南沈北柯"。其《新元史》得到北洋政府总统徐世昌的肯定，徐下令将其列为正史，并以私费出版。因此，原先的"二十四史"就变为"二十五史"。对马其昶的描述则是：马氏的学术文章，完全遵守桐城派旧有的义法，而未有半点超出规范。正是因为这一特点，马氏执笔《清史稿》中的《儒林传》及《文苑传》中的序，完全是从桐城派儒者的角度进行立论，将叙述重点置于德行高尚之士，而对汉唐经学研究者采取贬斥的态度。关于马其昶的这一主张，从《清史稿》问世之日起便备受争议。此外，对于姚永朴的描述则是：安徽桐城一派的文章名家中还有姚永朴、姚永节兄弟二人，此二人为姚莹之孙，相当于姚姬传玄孙之辈。长兄永朴，字仲实，曾任北京大学教授，讲授文章义法，其讲稿曾结集为《文章研究法》出版。（中略）其妹妹为马永昶的夫人。除了此兄弟二人外，当今还有一桐城派文章名家，他就是吴汝纶之子闿生，字辟疆，现担任总督府秘书科长一职，作为文章家也颇有名气。（以上内容参见今关天彭《近代支那の学芸》，102—108 页）

　　那么，同时代的日本汉学家、"支那学者"以及进步知识分子对中国的文学革命又作何反应呢？

　　本章以民本主义者吉野作造、文学革命礼赞者青木正儿以及桐城派文论的推崇者西村天囚三人的文学革命相关言论为中心，对这一近代中日文化交涉史及大正思想史不可或缺的侧面进行考察。此外，将在文末以附录的形式论述基督教徒、慈善教育家清水安三滞留中国期间对文学革命的观察与理解。

二、民本主义者吉野作造的中国文学革命观

　　1919 年 6 月，吉野作造（1878—1933）在杂志《中央公论》和《新人》上，分别刊登了题为《勃兴于北京大学的新思潮》（《北京大学に於ける新思潮の勃興》）的时评和《关于北京大学学生骚乱事件》（《北京大学学生骚擾事件に就て》）的社论。《中央公论》在当时是月发行量超过十二万册的综合性杂志，而《新人》作为有着悠久历史的本乡教会的机关杂志，拥有大批的信众读者。与本章第二节将要论述的青木介绍文学革命的论文相比，这两篇时评所产生的社会影响更为广泛。

　　纵观当时日本的国内外形势，伴随着第一次世界大战的结束，日本迎来了一大发展良机，在米价暴涨引发全国性骚乱的 1918 年末，吉野联合当时的一些学者和思想家成立了"黎明会"，并通过多次讲演向民众宣扬民本主义及国际平等主义的思想。与此同时，在其指导之下，东京大学的学生也在校内结成"新人会"，旨在对现代日本进行合理改造，以期与作为世界文化大势的

人类解放新趋势保持协调。① 另一方面，朝鲜于 1919 年爆发了寻求民族独立的"三一运动"；同年中国国内因巴黎和会失败及日本强占山东等问题，要求恢复国家主权的"五四运动"蔓延至全国各地。北京大学等学校的学生抗议团体强烈要求惩办签订"二十一条"的责任人曹汝霖（早稻田大学毕业，时任交通总长），以及负责西原借款谈判的章宗祥（东京大学毕业，时任驻日公使）等亲日派高官，并号召抵制日货。对此，日本国内舆论充斥着对"北京大学学生骚乱事件"的反感与责难。当时的情形可以从吉野发表在《中央公论》上的时事评论的标题《切勿谩骂北京学生团的行动》（《北京学生団の行動を漫罵する勿れ》）和《狂乱的支那膺惩论》（《狂乱する支那膺懲論》）中窥见一斑。吉野认为学生的言行虽有过激之处，却不能无视"五四运动"的真正价值，并向日本民众呼吁，应该对中国的民族主义运动予以理解："吾辈多年以来一直致力于将自己所深爱的日本从官僚军阀手中解放出来，在这一点上，北京学生团的运动与我们的目标是一致的。"②

此外，吉野认为比起"攻击曹章一派的事件"，更应该关注"勃兴于北京大学的新思潮"这一中国的新动向，对此，他极力地主张道：

> 近两三年以来，北京大学蓬勃兴起的新思潮十分显著，在总长蔡元培的领导下，整个校园都充盈着浓厚的欧美新思

---

① 小山仁示《黎明会の活動》（收录于桥川文三等著《近代日本思想史の基礎知識》，有斐阁，1971 年），246—247 页。

② 吉野作造《北京学生団の行動を漫罵する勿れ》（此文刊登在大正 8 年［1919］6 月号的《中央公論》上，此文后收录于吉野作造著、松尾尊兊编《中国·朝鮮論》（平凡社，1970 年），207 页。吉野的另一篇评论文章《北京大学学生騷擾事件に就て》则刊登在大正 8 年 6 月号的《新人》上，此文亦收录在上述《中国·朝鮮論》之中，201—202 页。

想。而且最近陆续发行的《新潮》《新青年》等各种杂志,都极
力鼓吹新思想、新文学。他们将之称为"文学革命",站在此
次运动头阵隆重登场的战将有陈独秀、胡适之、钱玄同、傅斯
年等人,他们或主张孔孟之道已不适用于当今社会;或鼓吹
使用言文一致的文体;更有甚者,宣传应将世界语作为中国
的通用语言。面对这一局势,旧派学者愕然失色,今年春季
以来,对以上主张进行了强烈反击。此派所持主张为保存国
粹、维持礼教。最近,据说林琴南致信蔡元培,猛烈地抨击文
学革命。此外,张元奇威胁教育部总长,要求其免去蔡元培
的北大总长职务,不然将在议会上提出弹劾议案,此事成了
棘手的难题,所谓新旧思想的是非之论甚嚣尘上。而就在不
久之前,事态发展到了前述四位站在新文化运动头阵的战将
均被免职,此事使得学生的愤慨达到顶点。当学生们听闻此
免职是北京的旧派政治家所为时,更是群情激奋,誓言不发
动思想上的革命决不罢休。要而言之,虽然此次运动受到国
际思潮的影响,但是通过北大教授、学生们的言行,我们看到
了中国显著的思想进步,这是我们不能忽视的现象。

　　此外,与以往一样,有为青年觉醒之后,其结果必然会体
现在各个方面。中国会在诸如政治、文学、宗教、哲学等方面
迅速展开新的局面吧。虽然使用世界语的主张过于激进,但
由北京大学发行的相关杂志几乎都采用口语,甚至寄给我们
的书信都是口语体,且是横向书写,此外还十分用心地使用
",。!?"等标点符号。在小说等作品中的言辞则尤为激进,倘
若是针对孔孟之教的评论,其中就有像陈独秀这样的人,进
行了最肆无忌惮的抨击,使得旧派学者愕然失色,亦在情理

之中。①

如上所述，关于北京大学最新思想动向的两篇吉野时评，不仅准确地把握了当时中国的政治动向，并且作为日本国内最初介绍文学革命的文章，也具有较高价值。之所以这么说，是因为这两篇时评向读者简明扼要地描绘了文学革命的轮廓：欧美新思想的影响，批判孔孟思想与提倡言文一致的杂志《新青年》《新潮》等媒介，蔡元培、陈独秀、胡适、钱玄同、傅斯年等活跃在文学革命最前线的学者的观点，以及主张保存国粹、维持礼教的林琴南（林纾）等保守派的抗争。此外，文中吉野所做出的预言——中国青年的觉醒必定会使中国学术文化别开生面——也被之后的历史证实。

吉野能够如此敏锐地对文学革命做出迅速积极的反应绝非偶然之事。明治 37 年（1906）之后三年间，毕业于东京帝国大学的吉野担任过北洋法政专门学堂（中国最早的政法学校，位于天津，后并入南开大学）教习，同时还做过袁世凯长子袁克定的家庭教师。据他本人回忆，当时无论是公立学校还是私立学堂都供奉孔子，行三拜九叩之礼，比对一国之君的行礼似乎更为庄重。因此吉野认为"在中国反对孔孟之教，就如同在日本妄议国体尊严一样"，"直到最近仍将文章作为选拔高级文官的唯一资格的国家"，提倡言文一致或是推行世界语，这是件多么"令人匪夷所思"之事啊！由此可见，吉野清楚地认识到文学革命在思想、文艺方面的激进性。尽管如此，吉野仍然认为应该支持"脱去旧衣，施以新妆，即将登上现代舞台"的少年中国的动向，这一信念并未动摇。②

---

① 吉野作造《北京大学に於ける新思潮の勃興》（收录于大正 8 年 6 月号的杂志《中央公论》），94—95 页。

② 吉野作造《支那問題に就て》（此文为大正 8 年 4 月 30 日吉野在黎明会第四回演讲会的内容，收录在上述的《中国・朝鮮論》之中），199—201 页。

　　以上吉野的立场与其对中国革命进行的研究是密不可分的。
1910 年，吉野以东大助理教授的身份前往欧洲留学，此后三年
间，信仰基督教的吉野经常出入当地的基督教青年会，十分仰慕
在此会中小有名气的中国籍基督徒王正廷（1882—1961），并对王
氏所参加的革命运动有所关注。王正廷毕业于耶鲁大学，曾担任
基督教青年会万国大会的中国代表，并作为中方代表之一参加过
巴黎和会，后担任中华民国外交总长。结束欧洲留学的吉野返回
东大，升任教授，讲授政治史课程，同时负责杂志《中央公论》的政
论，为完成著作《中国革命史》，其视线一直未离开过瞬息万变的
中国政局。吉野虽曾赞成"对华二十一条要求"等由日本政府制
定的帝国主义外交政策，但从大正 5 年（1916）起，其立场转向民
本主义，关注视线也从亚洲逐渐转向国际平等主义。特别是通过
与流亡日本的戴季陶等革命党人，以及东京大学学生基督教青年
会中的中国留学生的接触，他愈发感觉到"振兴国家的新精神，如
今正在中国蓬勃涌现"。①

　　在"五四运动"爆发前夕，吉野以当时为维护奥斯曼帝国统一
与进步而四处奔走的"青年土耳其党"为例，对中国的前景进行了
如下预测：

　　　　而今日中国与之（指青年土耳其党）同系统之青年颇多，
　　其中坚者多是曾经留学外国的青年，以他们为中心，此类爱国
　　者分散在全国各地。他们之间未必有组织性联络，但不约而
　　同地反抗旧来弊习，欲通过一大革命而救祖国于衰亡之祸，蹈
　　肉涌血。（中略）革命不只是武力战争，亦实为思想战争。唯

---

① 吉野作造《中国革命小史》（收录于吉野的《中国革命史论》，此后收录于吉野的文集
　《吉野作造博士民主主義論集》第七卷，新纪元社，1947 年），201—202 页。

此思想不废,则中国之结局归于青年支那党之手也。①

正因如此,吉野对日本官僚政治家的错误认识——总是将中国的官僚作为首位评价因素,而将被隐藏的国民力量视为第二、三位评价因素——进行了严厉批评。对此,他比喻道:中国国民所孕育的"新兴精神"正犹如一个古老且庞大的建筑,它现已颓废不堪,大厦将倾;但与此同时,它已腐烂的部分正作为肥料,滋养着其下方刚破土而出的新芽,而这一点为多数人所忽略。②

要之,作为民本主义者的吉野,以宏大的视野,将文学革命与"五四运动"视为中国适应世界潮流的产物,与要求实现普通选举、言论自由以及实行政党政治的日本大正时期的政治民主化趋势一致,是中国政治文化近代化的重要一环。正是由于秉持以上立场,黎明会与北京大学的学者之间得以保持交流。如黎明会通过李大钊(吉野担任北洋法政专门学堂教习时期的学生)从中斡旋,实现了宫崎龙介(宫崎滔天之子、吉野的弟子)在上海学生联合大会上的演讲;促成了北京大学高一涵教授(与李大钊同为北京大学教授,且为杂志《新青年》的编委)等一行的成功访日。③

三、"道家之徒"青木正儿的中国文学革命观

1920 年秋,在京都"支那学派"的同人杂志《支那学》的创刊号至第三号上,连载了青木正儿(1887—1964)的论文《以胡适为

---

① 吉野作造《支那問題に就て》(收录于吉野作造著、松尾尊兊编《中国·朝鲜論》),201 页。
② 吉野作造著、松尾尊兊编《中国·朝鲜論》(平凡社,1970 年),201 页。
③ 松尾尊兊《解説》(收录于上述吉野作造著、松尾尊兊编《中国·朝鲜論》),373—374 页。

中心形成的文学革命旋涡》,此文向来被视为最早向日本介绍中国文学革命的文章,例如,增田涉在其回忆文章《青木先生与鲁迅》中就这样讲道:

> 杂志《支那学》上刊登的青木先生的此篇论文,我认为是将中国的"文学革命"运动介绍到我国最早的,也几乎是唯一的文章。就我自身而言,虽然当时还是旧制高中的学生,但从《支那学》上读到这篇文章,第一次具体地了解到中国的"文学革命",知道了鲁迅、胡适等人的名字。可以说,正是因为这篇论文和当时桥川时雄翻译的胡适《五十年来中国之文学》一书,我才开始逐渐关注中国的新文学运动。①

可以说以上增田的证言,如实地描述了青木论文对当时文学青年产生的影响,但是青木此论文确实如增田所讲是"最早的,也几乎是唯一的文章"吗?

实际上,在此论文发表前一年,即大正 8 年(1919)12 月,青木就已经在刚创刊不久的大阪报纸《大正日日新闻》上,发表了题为《即将觉醒的中国文学》(《觉醒せんとする支那文学》)的文章,这是他介绍文学革命的处女作。他在此文中,对同年创刊的杂志《北京大学月刊》以及《新潮》使用白话文体的叙述方式、讴歌新文学的立场表示赞赏,同时对中国新文学的未来进行了乐观的展

---

① 增田涉《青木さんと鲁迅》(此文收录于《青木正儿全集月報Ⅱ》,春秋社,1969 年 12 月)。文中增田澄清了自己与青木并不相识这一误解,并回忆了青木在其介绍文学革命的文章中关于鲁迅的叙述,自己在上海着手准备《鲁迅传》写作期间的经历。文中这样写道:"昭和 6 年(1931),当时我身处上海,在鲁迅先生身边聆听其过往的各种经历,同时准备着手写《鲁迅传》,向日本人介绍其思想。在写到鲁迅先生的文学革命经历之时,突然想起了曾经读过青木介绍文学革命的文章,想将其作为参考材料。我把此事向鲁迅先生说起,没想到先生立即从书架上取下收录有此文章的青木著作《支那文艺论薮》,并借给我阅读,我对此事记忆深刻。"

望。因此，如上所述，从时间上而言，吉野于 1919 年 6 月发表的关于北京大学思想动向的两篇时评，才是当时日本介绍中国文学革命的最早文章。

就二人的身份而言，吉野是基督信徒，研究领域为西洋政治史；而青木自称为"道家之徒"，是从事中国文学研究的学者。同样作为文学革命礼赞者的青木，其对文学革命的理解是建立在对相关文学作品的品鉴玩味，以及对文学运动内在逻辑的准确把握基础之上的，与从政治学角度进行观察的吉野的论述显然具有不同特点。也正因如此，青木的论文《以胡适为中心形成的文学革命旋涡》能够吸引像增田这样的文学青年，这亦在情理之中。

例如，对于陈独秀《文学革命论》中的"三大主义"与胡适的《文学改良刍议》中的"八不主义"二者之间的关系，青木如此评论道：

> 从结果而言，陈独秀的主张与胡适相同，都是排斥雕琢粉饰的骈文体，而意欲使用达意白描的散文体。具体而言，陈氏主张舍弃南北朝时期的四六体，而采用古文运动时韩愈、柳宗元所提倡的散体；排斥丰辞缛藻的汉赋韵体，回归不拘长短的楚辞散体，但陈氏绝非仅满足于此。他对韩愈的文章亦有微词，即其文犹以古为师，并被"文以载道"的谬见误导。毋庸赘言，陈氏也不可能满意宋明时期的拟古派和清代桐城派的主张，于是陈氏的归结点与胡适相同，均将元明以降的戏曲小说视为最具文学价值的作品。
>
> 比较陈氏与胡氏二人的主张，则可以发现：胡氏之论仅仅止于列举细目，而缺乏统括大纲的要点，陈氏则善于总结要目，将要点明示读者。胡氏所谓的"不模仿古人""不用典"

"务去滥调套语"即为陈氏"推倒贵族文学"的一部分,胡氏的"不避俗字俗语"与陈氏的"建设国民文学"相当,胡氏的"不讲对仗"为陈氏"推倒贵族文学"的一方面,胡氏的"不作无病之呻吟"则类似于陈氏的"推倒山林文学"。但是陈氏不赞同胡氏所总结八条要目中的"须言之有物""须讲求文法"。其理由有二:第一,汉语文字没有词尾的变化,如果强行将之套入所谓的西洋语法,则有流于牵强附会之弊;第二,追求"言之有物"的弊病往往易陷于"文以载道"的陋习,文学与美术均有其自身独立存在的价值,应用于载道的手段工具并非其原本目的,陈氏以文学至上论,即纯文学的立场对此加以否认。此外,陈氏还主张文学应具备写实性、社会性,这一点是胡氏想说却无暇论及的内容上的文学革命,但陈氏并未对此展开具体阐述,让人略感美中不足,恐怕是由于陈氏缺少对此进行准确论述的文学知识上的储备。要而言之,陈氏主张的文学革命摆脱了古典主义、理想主义,而着眼于写实主义,这一点与我国某一时期极力讴歌从西洋输入,并使文坛为之一振的自然主义颇有相似之处。①

陈、胡二人都意欲通过对以往各历史时期的文学样式进行比较取舍,从而建设崭新的白话文学,青木对二人的努力表示了明确的支持态度。但胡氏在文法论问题上所表现出的西洋一边倒的倾向,青木对此进行了批判,同时陈氏在文章论上对胡氏的因循守旧态度进行批判,青木则对此表示赞同。此外,他还指出,陈氏的文学革命主张与日俄战争后日本文坛极度盛行的自然主义

① 青木正儿《胡適を中心に渦いてゐる文学革命 中》(收录于杂志《支那学》第一卷第 2 号,1920 年 10 月),33—35 页。

倾向具有相似性。

青木不仅关注文学革命的相关主张,还对新体白话诗、白话小说以及话剧等进行了具体分析。其中,他这样评价道:"在小说方面,鲁迅是一位有前途的作家,例如其《狂人日记》,刻画了一个患有迫害恐惧症的狂人形象,其艺术水准达到了迄今为止中国小说家都未达到的境界。"①十余年后鲁迅的成功,印证了他的预言。对此,大为欣喜的青木这样评论道:"相较于胡适,作为文学家的鲁迅是极有天分的,一直在新小说方面引领着文学界。白话文学运动以破竹之势在青年人之间迅速扩散,其间古文小说家林纾虽提出反对意见,但终究难以抵挡大势,白话体最终成为被大家公认的文体。"②

青木对中国文学革命的介绍,不仅止于上述文学领域,对思想方面的变化也颇为留意。其在论文《以胡适为中心形成的文学革命旋涡》中指出:"陈氏在文学革命之前,就企图进行一次思想上的大革命,在其评论文章《宪法与孔教》《孔子之道与现代生活》《再论孔教问题》中提出的主张,给头脑僵化的旧派学者们以沉痛一击,并对穿着过时洋装、爱好历史的新人康有为等人进行猛烈抨击,惊醒了其尊孔复古的迷梦。"③在此论文刊登后的翌年(1921),青木发表了论文《吴虞的儒教破坏论》(《吴虞の儒教破壊論》),向日本学界介绍吴虞,赞扬其开出的用老庄思想改造社会的处方:

① 青木正儿《胡適を中心に渦いてゐる文学革命 下》(收录于杂志《支那学》第一卷第3号,1920年11月),58—59页。
② 青木正儿《支那文学思想史》(岩波书店,1943年),200页。
③ 青木正儿《胡適を中心に渦いてゐる文学革命 下》(收录于杂志《支那学》第一卷第3号,1920年11月),32页。

现代中国的年轻学者都十分反感被儒教伦理束缚的旧道德，然而还没有人像吴虞那样酣畅淋漓地痛陈非儒之论。那些意欲打破现今旧道德之人，或倾向社会主义，或走向过激思想之人不在少数，亦有不少人高举中国固有的墨家思想旗号。然而在这些人当中，仅有吴虞一人倾向于用老庄思想改造旧社会。①

以这篇论文为契机，青木开始与吴虞进行往来。1924 年春，在北京留学的青木与吴氏"数次来往，亲炙其激昂的非儒气焰"②。此后，青木曾得到日本"孔子会"的演讲邀请，虽再三拒绝，但因盛情难却只好应邀前往。于是青木以"尧舜抹杀论"为题

---

① 青木正儿《吴虞の儒教破壊論》（收录于《支那文芸論数》，弘文堂，1926 年），410—411 页。坂出祥伸在其著作《東西シノロジー事情》（东方书店，1994 年，53 页）的"中国哲学研究の回顧と展望——通史を中心として"一章中，将青木在杂志《支那学》上对吴虞的赞赏与小柳司气太在杂志《斯文》上对吴虞的非难进行对比，对二者对于儒教完全相反的态度进行了如下评论：

大正 9 年（1920）9 月，"支那学社"的小岛祐马、青木正儿、本田成之等人创办了杂志《支那学》。此三人是分别从京都大学的"支那哲学"、"支那文学"、东洋史毕业至多七八年的新进研究者。《支那学》上不断地介绍撼动中国思想界的新文化运动。他们对胡适的哲学史研究、吴虞的儒教破坏论报以掌声欢迎。以青木正儿的《以胡适为中心形成的文学革命旋涡》（创刊号）、迷阳山人（青木正儿）的《吴虞的儒教破坏论》（第二卷第 3 号）等文章为代表，还刊登了吴虞本人的学术论文。他们的中国认识，与杂志《斯文》上刊登的下列文章进行比较时，可以发现这二者之间存在巨大的差异。

小柳司气太在《斯文》第四编第四号（1922 年）的论文《支那现代学界一斑》中评论道："吴虞等人认为儒教是前代的遗物，认为其使中国疲弊，走向末路。"

《支那学》杂志的年轻学者们，他们是以怎么的立场来构筑中国思想史研究的呢？他们否定旧汉学派的儒学以及其对儒学经典的笃信态度，将儒学视为客观研究对象进行社会史式的分析，在此基础上产生了极为重视经典文本批判的研究态度。此外，在明治 30 年代逐渐兴起的"支那哲学史"，即模仿西洋哲学史研究，认为寻找东西洋共通处或相似处就足矣的态度（实际上仅仅是用西洋哲学的这一词语来装饰旧汉学的内容，其中护教主义仍然占据大部分内容），"支那学者"对此也持批判态度。青木正儿对安冈正笃著作《中国思想及人物讲话》（《支那思想及び人物講話》）的批判，最为明确地显示出上述"支那学者"的态度。

② 青木正儿《吴虞の儒教破壊論》（收录于《支那文芸論数》，弘文堂，1926 年），411 页。

发表演说,从那以后再也没有收到"孔子会"的邀请。①

从上述事实可知,青木礼赞文学革命包含两方面思想内容:其一是对儒家思想的批判;其二则是对道家思想的倾心。

青木的学生时代处于明治后期,此时明治政府通过教育敕语(1890 年)及戊申诏书(1908 年)对国民进行忠孝道德的伦理教育。此社会风潮以及自身所处的儒教式家庭氛围,使得青木感到一种强烈的压抑感。其父亲为汉方医生,"抱有浓厚的中国趣味,且具有很高的汉学修养",青木从小就耳濡目染中国乐曲,父亲向其教授《孝经》《论语》《唐诗选》等儒家经典,但不知何时起青木渐渐对父亲强制性的教育方式心生不满。②

> 父亲训斥我时,总是引用《孝经》或《论语》中的词句,当我受伤之时,便会教导道"身体发肤,受之父母";当我外出游玩而晚归之时,则会训诫道"父母在,不远游",从父亲责备中学到的知识比书本更多。于是,久而久之逐渐对《孝经》《论语》之类的儒家著作产生厌恶。进入中学后,虽被父亲要求写汉诗,但我私下却喜爱新体诗,还沉迷于小说。对此毫不知情的父亲,仍然十年如一日地用《孝经》来训诫我,直至某天我终于忍无可忍,对父亲大声吼道:《孝经》是为子女而写,不是为父母写的,父母光是爱护子女就可以,子女再爱护其下一代子女。父母要求子女行孝,这是在寻求爱的回报,而不是绝对无私的爱。就在被父亲厉声斥责之时,姐夫为我调解,解释说这是一种新旧思想的差异,使争吵得以平息。那

① 青木正儿《支那学者の囈語》(收录于《青木正儿全集》第七卷,春秋社,1970 年),43 页。
② 佐佐木愿三《仙台时代の青木先生》(收录于《青木正儿全集》月报 V,春秋社,1970 年)。

时的我正是意气风发的大学生。①

此外，在考入京都大学之后，青木向学校宿舍提交了住宿申请，在参加入住面试时，面对东京大学汉学科出身的督导员所提出的入住目的为何的问题时，他的回答是"为方便晚上进出图书馆"，而没有提及今后与舍友"共同生活的心理准备"，因此，督导员给出了不合格的判定。这件事情无疑给年轻的青木巨大的打击，直到1930年代中期，他仍对此耿耿于怀，并回顾道："并非督导员的思想落后于时代，恰恰相反，其思想代表着当时主流，即便今日似乎仍有大批有识之士沉醉于此美梦之中，认为经书为善导思想之物，汉诗有鼓舞士气之效，应大兴儒教之风，力行吟诗之尚。这在当时本该是无可厚非之事，发表这种言论完全不必担心，但现如今倘若汉学研究者如此宣传的话，肯定是要遭受责难的。"②因此，厌恶儒家伦理道德的青木刻意与政治保持距离，喜欢过悠然自得的学究生活。战争期间，尽管其作为京都大学教授，被推选为日本学术振兴委员会委员，却经常不参加会议，晚年也经常缺席日本学士院的会议。此外，宫内省曾委托他参加在皇宫举行的新年惯例"御讲书始之仪"，为天皇讲授汉学，也被其婉言拒绝。③

另一方面，青木从学生时代起便醉心于道家思想，他从第五高等学校（今熊本大学前身之一）毕业前夕，购买了《陶渊明诗集》《楚辞灯》，京大入学伊始，便早早地从旧书店购买了《李太白诗

① 青木正儿《支那学者の囈語》（收录于《青木正儿全集》第七卷，春秋社，1970年），44页。
② 青木正儿《支那かぶれ》（收录于《青木正儿全集》第七卷，春秋社，1970年），40页。
③ 参见青木艳子（青木正儿夫人）《思い出のままを》（收录于《青木正儿全集》月报Ⅴ，春秋社，1970年）。

集》《西厢记》等书,这些都是他在京都大学"支那文学专业初始"时期的读物。关于这些读物,他曾这样回忆道:"这些书中最爱读的要数李白的诗集,深秋时节挑灯夜读,不禁令人口齿生津,便想以酒助兴,于是飞奔出去买来四合酒。一边用煎茶大碗开怀畅饮,一边读诗仙的诗集,更添几分乐趣。杜甫的诗则艰深晦涩,给人一种嘤嘤啜泣之感。(中略)总之,要论助酒兴之物,无论如何当首推李白之诗。"①此外,青木对陶渊明的诗亦情有独钟,晚年时借用其诗"守拙归园田",将自己京都的住宅命名为"守拙蓬庐",由此可见一斑。② 除此之外,青木对老庄的自由主义推崇备至,自认为"吾乃道家之徒,欲聊拜庄夫子之后尘而继其长啸"。③

因此,在面对某编辑部提出的"何为中国文学之精神"的问题时,青木这样回答道:

> 我认为儒家思想为流淌于中国文明表面之物,而道家思想则构成其底流。儒家道德对文学有牵制性,反之,文学对其亦有抗争性。汉武帝以来的大多数时代,中国文化处于儒家思想支配之下,因此,文学也无疑受其影响不少。其中既有善意的指导,亦有令人生厌的关照。(中略)而当进入《诗经》这一文学宝库时,则可发现超然物外、自由放任的道家思想。因此,文学这个"浪荡儿",曾经不仅无须对此进行抗争,反而在受到儒家道德牵制之时,还往往在此避难。诚如吾辈幼时起就被灌输了《孝经》《论语》的头脑,而因一读《庄子》,

---

① 青木正儿《赘言(酒と私)》(此文为青木选编诗集《中華飲酒詩選》的附录,收录于《青木正儿全集》第九卷,春秋社,1970 年),417—418 页。

② 小川环树《解説》(此文为小川对于青木的中国游记《江南春》的解说,收录于《小川環樹著作集》第五卷,筑摩书房,1997 年),291 页。

③ 佐佐木愿三《仙台時代の青木先生》(收录于《青木正儿全集》月报 V,春秋社,1970 年)。

忽觉为之一振,以至气势激昂地与父亲发生冲突,总而言之,《庄子》是一部让人内心豁然开朗之作。诚如明人《诗薮》所言"三代以上之文,庄、列最近诗",《庄子》确为无韵之诗,中国文学的精神就蕴积于此。如此说来,道家思想虽趣味盎然,但要达到此境界实非易事。①

在上述的回答中,青木虽然似乎试图避免做出"中国文学精神在于道家精神"这样过于简单片面的判断,但明确地主张应重视构成中国文明底流的道家思想的巨大影响。

由此可知,相较于儒家的道德主义,青木对道家的自由主义产生共鸣,此思想立场是其礼赞文学革命的原因之一。但最为重要的原因在于,他能够融会贯通地理解中国文化,并对其未来确信不疑。在上述青木介绍文学革命的处女作《即将觉醒的中国文学》中,他对文学革命的将来做过如下预言:

> 毫无疑问,中国人是尚古的民族。在西方文明的推动下而寻求急速进步的同时,也不曾忘却钻研古代文明。既有幽深玄妙的思想,亦有丰饶艳丽的辞藻。如欲探究思想的深奥玄妙,则有老庄之书;若要追求文体的自由无羁,则有古文、骈文和白话文;若想找寻诗形的变化,则有填词。中国人在这些遗产的基础上构筑新文学,实非难事。现今是吸收新思想的时期,是为新学问进行准备的时期。因此,可以期待在不久的将来,光彩照人的新文学便会展现在我们面前。②

换言之,从深奥的老庄思想,到文学上的各种体裁,都为新文

---

① 青木正儿《支那学者の囈語》(收录于《青木正儿全集》第七卷,春秋社,1970 年),45 页。
② 青木正儿《覚醒せんとする支那文学》(《支那文芸論薮》,弘文堂,1927 年),344 页。

学的建设提供了多种资源和选项，因此，倘若钻研古文明与吸收西方思想齐头并进的话，那么，在不远的将来光彩夺目的中国文学必定会出现。

以上青木的观点，在其大正 11 年（1922）初次游学中国时再次重申。在他目睹了西湖周边一些中国风格的西洋建筑后，他便以唐代吸收西域文明而使自身文运昌隆为例，如此理解道："我认为中华民族的伟大之处在于能够兼容并包外来文化而使自身强大，所谓泰山不择土壤，故能成其大。毋庸赘言，晚清的中国文化已经日暮穷途。现今我们亲爱的中国青年诸君正在企图转换前进方向，这才是最终能将这个令人敬重的大国文化从衰老状态中解救出来的长生不老的仙术。"①

四、"桐城派文章论的推崇者"西村天囚的文学革命观

在前两节中我们探讨了吉野、青木二人的文学革命观，可以发现二人的共通之处在于对所谓"少年中国"的同情与期待。

但是，在大正时期的日本汉学界或"支那学界"，与二人秉持不同中国观的学者并不在少数，准确地说是占大多数。例如，据小岛祐马回忆，作为京都"支那学派"开创者的狩野直喜"先生最为喜欢清代的中国，对少年中国是反感的"。关于其中原因，丸山升曾这样鞭辟入里地分析道：

> 他们（指狩野与内藤等京都"支那学派"的开创者）中的大多数，对少年中国即辛亥革命之后的中国，尤其是对文学革命之后的新文化没有表露出关心和兴趣，这其中的缘由是

---

① 青木正儿《杭州花信》（收录于《青木正儿全集》第七卷，春秋社，1970 年），7—8 页。

复杂的：由于他们继承的是较为成熟的清代考证学传统，在批判东京"汉学"的同时，内心亦难以接受中国"新文化"运动领袖们秉持的主张，及其粗糙而不成熟的理论；他们与因辛亥革命寓居京都的清末遗臣罗振玉、王国维等人频繁往来，内心是排斥现代中国的。对于他们这些成长于明治时期的"明治人"而言，"革命"仍然是难以接受的举措。此外，辛亥革命特别是文学革命之后兴起的强烈批判以儒家思想为代表的传统文化的风潮，也使得他们对当时的中国产生了生疏感和某种失落感。①

青木曾在其一篇题为《迷恋中国》(《支那かぶれ》)的随笔中，回顾了当时日本的文学革命礼赞者所处的孤立无援的境地：

　　我在时常光顾京都汇文堂书店的过程中，不知不觉地对中国变得迷恋起来。大正 8 年，《大正日日新闻》在大阪开始发行，朋友建议我在此报纸上发表文章，介绍中国的现代文学，于是我乘兴写了两三篇此类文章，但没想到其间报社就倒闭了。翌年，我们自己创办了《支那学》杂志，于是我在第一号上就介绍了文学革命的情形。那是我最为热衷中国现代文学的时期，就像现在中国文学会的诸位一样带着活力和迷恋向前迈进。然而当时的我却是形单影只、茕茕孑立地行走在旷野之中。②

在这篇随笔中，青木还讲述了一段令汇文堂书店店主颇为得意的事情。当时的汇文堂积极订购与中国文学相关的书籍和杂

---

① 丸山升《日本の中国研究》(收录于北京大学、樱美林大学编《新しい日中関係への提言：環境・新人文主義・共生》，はる書房，2004 年)，323—324 页。
② 青木正儿《支那かぶれ》(收录于《青木正儿全集》第七卷，春秋社，1970 年)，43 页。

志,因而"大阪的西村天囚半开玩笑地对我说,一段时间不来你书店的话,就要落后于时代了"。① 从以上西村的这句话可知,西村与青木的恩师狩野直喜一样,也不是文学革命的礼赞者,而是刻意与其保持距离,静观其变。此外,正如本书第一章所介绍的,在1916 年 9 月之后的五年间,西村受狩野委托,在京都大学讲授《楚辞》《古文辞类纂》等内容,而这段时间正好与文学革命的蓬勃发展时期相重合。

西村这一人物的有趣之处在于,他接受的是萨摩藩以及东京汉学派的教育,同时又与京都的"支那学者"频繁交流;此外,其青年时期还作为小说家鼓吹过言文一致,中年之后不遗余力地从事国民道德推广运动,向文部大臣建言重建昌平黉。因此,他具有文学家和儒家道统的捍卫者的双重身份。② 要而言之,比吉野、青木分别年长 13 岁、22 岁的西村,与狩野等人一样,相较于"大正人"的时代背景,称其为"明治人"更为准确。比起革命尤其是文学革命之后的"少年中国"而言,他对以明治日本为改革模式、温存传统文化的晚清中国更有亲近感。

毕业于东京大学古典讲习科汉书课的西村,熟稔中国小说的文体变迁,他曾经这样论述道:"小说的文体可分为散文和韵文两类,而散文体中又有雅文和平话两种,雅文小说以短篇居多,章回体较少,其历史远可追溯到《五朝小说》中所载的'说部',近可见

---

① 青木正儿《支那かぶれ》(收录于《青木正儿全集》第七卷,春秋社,1970 年),42 页。

② 1899 年,西村向萨摩藩出身、时任文部大臣的桦山资纪提出建议书《上文部大臣请复兴昌平学书》,文中有以下一段内容:"汉土之学与我皇祖皇宗之道相符融而化成,(中略)明治维新取长补短之说起,以为非泰西之学则不可启发知能,一世靡然趋之,以汉学为空疏迂阔而不讲焉,(中略)之赴于厌旧竞新,僻于弃我从彼,而功利之说日炽而道德之学月晦。"从中可以看出西村对当时西学一边倒世风的反对态度;重振汉学的抱负;反对功利主义,重视道德之学的立场。上述内容可参见梅溪升的论文《懷徳堂と西村時彦(天囚)》(《季刊日本思想史》,第 20 号)。

于采集清人游戏文字的《虞初新志》《聊斋志异》《剪灯新话》等，皆属于此类作品。虽然章回体小说中并非没有使用雅文，但难以称为纯粹的雅文，大抵是叙事部分为雅文，对话部分使用俗语。（中略）清代的语言当中，既有文言也有俗语，有些文人学者甚至在日常交谈中使用文言，而没有学识的商人农夫的谈话中，多有令人不知所云的'焉哉乎也'等文言，平话小说里掺杂雅文亦不足为奇。""遗憾的是，我国将中国小说的研究置之度外，因此，近来的作品中出现大量生硬的、令人难解其义的译词、新造词。如若研究中国文学、阅读中国小说，可知其中有许多有趣的词，绝不能因词汇贫乏而用生硬难解的自制语加以描述。中国小说不仅有助于理解中国文学，在了解中国的风俗习惯方面，也没有比这更好的材料。因此，即使不是有志于成为小说家的人，阅读中国小说也能获益良多。况且我国文学的渊源在于中国，即便现今文化渐开，也不应该将中国小说研究置之度外。"①此外，作为接受过明治时期文言一致运动洗礼的记者，西村对《大阪公论》提出过改善建议："社论、报道中的汉字全都附上假名，使妇人幼童皆明了易懂。此外，我认为社论应保持现今样式，并将其作为重点，而仅使新闻报道的文字平易化，甚至可以全部使用假名。如此这般则报刊的整体风格未必会有粗鄙庸俗之嫌。"②

　　从以上西村的主张来看，其对民国初期的文学革命抱有"同情的理解"。他晚年时因受到内大臣松方正义（1835—1924）的举荐，离开长期居住的大阪，担任宫内省御用挂一职，负责为大正天皇起草诏书。大正 11 年（1922）8 月，被誉为"有清朝风骨的汉文

---

① 西村天囚《縱臥横談》（参见 1902 年 8 月 25 日《大阪朝日新闻》第六面）。
② 西村天囚《大阪公論改良私見》（参见后醍醐院良正执笔，朝日新闻社社史编修室《西村天囚伝》上卷，非卖品），108 页。

名家"的西村,在杂志《斯文》上发表了题为《修辞学的将来》(《修辞学の将来》)的卷首论文,文中表明了自己对文学革命的态度。其各部分的标题如下：

> 一、文章的衰落；二、中国的白话派；三、胡适的八大主张；四、当今的文章；五、古文辞；六、十八妖魔；七、白话文言各有公用；八、文章家宜使用修辞。

概而言之,此文第一节叙述了日本汉文衰落的现状,第二节介绍了胡适的"八不主义"和陈独秀的"三大主义",第三节至第六节则是对陈氏、胡氏二人文学革命主张的分析与批判。最后的第七、八节则从正面阐述了自己对修辞学前途的忧虑。此文最为核心的观点是：白话文和文言文早已有之,各有功能,不能强行将二者统一到其中任何一个之内。例如,在介绍完陈氏、胡氏二人各自的主张之后,西村进行了如下的评述：

> 支那学界斯说（使用白话文的主张）一出,经年已久,其所言并非全无见解,宜哉新进作家翕然相和。然语录及传奇、小说、歌曲之属白话体,前人已开辟蹊径,不足为奇。而胡陈二氏之意不止于此,如欲举一切应用之文,皆使用白话者,与此辞章之学大有关系。余未能心服,今陈鄙见以加批评,亦学者之责也。[①]
>
> 文非一体,仅顾用处如何。白话文本非全无用处。若只以白话文论学、叙事及制作书牍,则卑弱冗漫,不得其用。若夫立私人一家之条例,以白话作一切应用之文,则非吾人之

---

① 西村时彦《修辞学の将来》(《斯文》第四编第 4 号,1922 年 8 月),3 页。

所问。今以之强加他人,为文章之正体,则为不通之论也。①

基于上述观点,西村全面否定了陈独秀的"三大主义",提倡新旧文学共存、新旧文体并用,其具体论述如下:

> 学者宜作学者之文,新闻记者宜作新闻记者之文。何必用一定文体,并将之强加于他人焉。所谓国民文学、写实文学、社会文学固可,皆有用处。世不可无之。而所谓贵族文学即台阁文字、古典文学、山林文学亦可,亦有用处,何必推倒湮灭。好饼者恶人之饮酒,好酒者恶人之食饼。呜呼,不亦惑焉。余故谓文章体、口语宜两存并用,以全其效也。要之,只在于随题目、随用处而异其体制。②

> 桐城派有长处亦有短处。推旧派方(望溪)、刘(大櫆)、姚(姬传)之文章为正宗,犹如尊新派《水浒》《西游》为文学正宗,均仅为一家之言。道学先生斥《水浒》《西游》为煽乱荒诞,犹如骂新派归(震川)、方(望溪)、刘(大魁)、姚(姬传)为妖魔,亦仅是一家之言,均非笃论也。文章之道,大也;文章之体,多也。天下无妨有《水浒》《西游》,亦无妨有归、方、刘、姚之文。③

此外,关于胡适的"八不主义",西村则逐一指出其出典与背景,并进行了如下反驳:

> 其一,"须言之有物"本于《周易·家人·象传》,"君子以言有物,而行有恒"之语,古今文章之正法,又为古今文人之常谈。毋待胡氏而知也。(后略)

---

① 西村时彦《修辞学の将来》(《斯文》第四编第 4 号,1922 年 8 月),7—8 页。
② 西村时彦《修辞学の将来》(《斯文》第四编第 4 号,1922 年 8 月),13 页。
③ 西村时彦《修辞学の将来》(《斯文》第四编第 4 号,1922 年 8 月),12 页。

其二，不模仿古人，（中略）故曾国藩剿窃前言，摹句拟字，以此为古文之禁约。则应知不摹仿古人，尤应知不特以新派为然。（中略）姚姬传与门人管异之书云："近世人习闻钱受之偏论，轻讥明人之摹仿文，不经摹仿，亦安能脱化，观前人之学前古，摹仿而浑妙者，自可法，摹仿而钝滞者，自可弃。"自是正论也。

其三，须讲求文法。此亦通古今，亘雅俗，必不可阙之事也。（后略）

其四，不作无病之呻吟。朱子已于《楚辞辩证》阐发之，若言能有物，则庶无此弊矣。

其五，务去烂调套语。此为韩愈《进学解》中所谓"惟陈言之务去"者。（中略）凡此五事皆习闻之说也。余亦左袒之。

其六，不用典。此为前人未能道破之处。典雅、典要乃文之则，且胡氏之八事亦多出典，而今谓不用典何为耶。盖胡氏意谓，用典则旧派之所长，易陷陈腐，不免熟套。故摆脱旧习，而后应以作新体之文。

其七，不讲对仗，忌偶语骈文，以之为无用，此与八家文派同一见解，非自胡氏始也。然支那民间书吉语于红纸，以之贴门上者，谓之春联，皆由对偶成。支那人不分贵贱皆好对子，非独以贵族式文学为然也。（中略）余乃谓，斯一体未必汲汲然讲求之，然亦未必断然废弃之，散文中插一二偶句，若自然成者，何妨有之。谢贺应酬之文与叙事议论异撰，道情致意，骈文为妙，则时或作之，亦游刃之余技。况修文学者，若不辨斯体，则不可知古书之至味也。

其八，不避俗字俗语，是古文与时文相歧之缘由，不可不详论也。①

此外，西村在读完所谓的"新派"，即文学改良派或文学革命派的文章后，认为文中除了一些指示词、指示代词、表达时态的词语等之外，与文章内容相关的主要词语仍使用文言表达，若非读书人，普通民众则很难看懂这些文章，对此他这样评论道：

> 余尝读新派所作白话体之文，绝非平易，又非通俗，文中虽用"这个、那个、的、了"等俗语，然其中所用之语，则仍是文言，若非有学问知识者，则恐不能理解，往往有如艰涩难解之古书者。②

> 李穆堂（据西村研究，所谓的"桐城义法"，实际上是方望溪从其好友李穆堂处继承而来，方氏本人的文章论亦有得益于他之处）之秋山论文，"禁古文用儒先语录"条云："彼此字自可用，乃必用这那字。之字自可用，乃必用的字。矣字自可用，乃必用了字。无论背理与否，其鄙亦甚矣。"可移此语以评支那白话体与我邦口语体矣。③

西村还进一步以姚姬传《古文辞类纂》中的名言"文无古今，惟其当而已"为论据，对以"雅驯、雅洁"为特色的古文展开以下评论：

> 姚姬传曰：文无古今，惟其当而已（见其《古文辞类纂·序》）。姚氏为桐城古文家，而其言如此。可知古文之名不妥，今姑且假以为汉文之异名而已。姚氏所谓当者，谓当书则书，不当书则不书矣。（中略）雅驯雅洁为古文之本色也。

① 西村时彦《修辞学の将来》（《斯文》第四编第 4 号，1922 年 8 月），3—6 页。
② 西村时彦《修辞学の将来》（《斯文》第四编第 4 号，1922 年 8 月），3—6 页。
③ 西村时彦《修辞学の将来》（《斯文》第四编第 4 号，1922 年 8 月），3—6 页。

是为雅驯,故不为艰涩;是为雅洁,故美而不鄙,驯与洁均不
失雅。此即古文所以为古文矣。欲不失雅,故忌俗语,应知
用俗语者之不雅。而且驯或有之,简洁则失之。此二者所以
歧也。[1]

以上西村的评论不仅反映了他对中国传统的文章之学具有
较高造诣,也充分显示了其在清末各地游历及留学所获得的丰富
知识,如关于对联的习俗。

不仅如此,西村还基于对传统汉文功用的深厚信任,殷切期
待旧派能够复兴,并培养出新一代的汉学家。

东京各新闻皆用口语体。唯独《时事新报》之论文用文
言体,孤行风尚之外。可谓有特见。支那总统府及各省公文
皆用文言。北京、上海等地各报,除白话报之外,亦仍用文言
体,何况学者乎? 余谓支那文化界新派尚未能推倒旧派,则
旧派必有复兴之日矣。[2]

汉文虽衰,其行犹广。支那学界有复古之兆,可待文章
之复兴期。闻泰西诸国研究支那学者颇多,吾支那学者若欲
以立言著说问世,则不可不以支那人、泰西人为对手。支那
人、泰西人若欲读我书,则不若用汉文,其所作汉文,若非古
文辞,则恐不能行广传远。愿各大学修支那学者必修汉文,
此并非仅专家得其益。若修汉文,则作邦文亦自畅达雅驯。
若邦文作家彬彬辈出,则时尚亦自一变。擅长口语体而不误
其用,唯汉文不行,故邦文作家亦不出,其举世滔滔用口语

---

① 西村时彦《修辞学の将来》(《斯文》第四编第 4 号,1922 年 8 月),3—6 页。
② 西村时彦《修辞学の将来》(《斯文》第四编第 4 号,1922 年 8 月),8 页。

体，盖不得已也。①

　　曾担任斯文会理事的西村所写的《修辞学的将来》一文，与其在 1923 年关东大地震发生后不久写就的《国民精神振作之诏书》（《国民精神作興の詔書》），均充分体现了大正后期其自身在文学及思想上的立场，即意欲通过维护传统，振兴国学与汉学，和当时日益高涨的自由主义、社会主义等思潮分庭抗礼而采取的保守主义立场。1922 年，松方正义捐赠了部分从财界得到的米寿贺仪，充当帝国学士院汉学研究部门的奖助经费。② 1923 年，帝国议会通过决议，从国库拨付专款设立大东文化学院（现今为大东文化大学，小柳司气太曾担任校长），旨在振兴以汉学为中心的东方文化事业。这两大事件充分佐证了当时依旧强劲的保守派思潮。

　　此外，值得一提的是，1924 年应大东文化学院邀请，辜鸿铭前来日本讲学。1897 年除夕，西村与张之洞在位于武昌的湖广总督衙门内实现第一次会谈，数日后即翌年年初，西村通过时任张之洞外交秘书的辜鸿铭，向张氏递交了《联交私议》的建言书。

① 西村时彦《修辞学の将来》（《斯文》第四编第 4 号，1922 年 8 月），14 页。
② 1922 年 3 月，松方正义迎来了米寿，在此稍早前，由于山县有朋、大隈重信等元老已相继离世，所以当时财界的涩泽荣一、岩崎久弥、三井八郎右卫门等人作为发起人，以松方侯爵米寿祝贺会的名义开始募集奖学金，并决定将筹集到的大笔资金捐赠给帝国学士院，将财政、经济的相关研究作为主要资助对象。但后来根据松方本人的意愿，追加了两个研究领域，一是农业研究，另一个是汉学研究。对于将汉学研究作为奖励对象的理由，松方有如下一段说明：侯（指松方）常语人曰："我日本国民道德之根底多有待汉学，人伦五常忠信孝义之道，皆出于此。故我国民之精神修养，汉学之不可或缺固毋庸赘言。然近时，世人动辄唱汉学不必要论，或有叫嚣汉字全废之说者，而青年者流深惑于泰西文明之皮相，不顾古来我国固有之道德。放掷多年驯致之良习美风，致有采彼短而失我长之倾向。若至见世道人心日益颓废，即由不知磨炼其心胆，应求根源于汉学，洵可叹之至矣。余自幼少至今日迄，幸得无大过，毕竟负汉学之教故也。曩余孙儿一人，当入学英国剑桥大学之时，于其入学考试，本应课罗典（拉丁文）、希腊语，因为是日本人，故亦课汉学。即适于士风教养，可得知英国人如何重汉学。我国民岂得忸怩乎?"

毋庸赘言,西村为对辜鸿铭的访日表示感谢,特意将其讲演《日本与中国文明》(《日本と支那文明》)刊载在怀德堂会志之上。①

以西村天囚、狩野直喜、内藤湖南(内藤在其 1924 年出版著作《新支那论》的第六章中设有"支那的文化问题——新人的改革论并无价值"["支那の文化問題——新人の改革論の無価値"]一节,参见本书第三章的第三节)等人为代表的"反新文化运动"的立场与动向,可以说与 1922 年 1 月在南京创刊的杂志《学衡》的立场遥相呼应。②"学衡派"的代表人物有在美国留学期间曾与胡适就文学改良问题展开辩论的梅光迪(1890—1945),与梅氏同在哈佛大学留学、归国后担任清华大学国学院首任主任的吴宓(1894—1978)等人。他们都强烈地批判新文化运动旗手们所鼓吹的价值观和文学观,坚守中国文化、文章的传统,试图开创中国文化新局面,构建新的语言使用方案。他们的立场与西村、狩野、内藤的"反新文化运动"之间有何异同,还有待于今后进一步发掘。

---

① 参见陶德民《西村天囚と張之洞の『勧学篇』》(《懷徳》第 60 号,1991 年)。
② 关于反对新文化运动的声音,可以参见沈松侨著,叶庆炳、蒋孝璃编《学衡派与五四时期的反新文化运动》(台湾大学出版委员会,1984 年);郑师渠《在欧化与国粹之间——学衡派文化思想研究》(北京师范大学出版社,2001 年);以及罗成琰等著《二十世纪中国文学的古今之争》(百花洲文艺出版社,2008 年)等书。

【附录】　在华"慈善教育家"清水安三的文学革命观

　　吉野作造的文学革命观,充分体现在其 1919 年 6 月发表的关于北京大学思想动向的上述两篇论文之中,而基督教牧师清水安三(1891—1988)的文学革命观,则在其著作《中国新人与黎明运动》(《支那新人と黎明運動》)一书中得以清晰呈现。吉野在为此书所写的序言中,给予清水极高的评价:

　　　　清水君对中国事物秉持极为公允的态度。现今我们之间保持着密切往来,我结识清水君,实际上是始于大正 9 年(1920)春,在读到某报上他的论文后深受感动,遂向其请教。自此以来,清水君陆续在各大杂志、报纸公开发表意见,无一不让我辈受到启发。在今日的中国通之中,清水君作为最为公正的评论家,我认为无人能出其右。

　　　　清水君所论之处,其材料均来源于第一手资料。他从不参考他人已写过的内容来分析人物思想,书中所出现的人物均与其长年密切交往。故此书只有清水君才能完成。为何做如此论断呢? 因为他与中国的新人密切接触,达到能够推心置腹的信任程度,特别是在目前状况下,这对一般的日本人而言几乎是不可能的事情,而清水君是把这种不可能变为可能的唯一之人。①

　　的确,清水滞留中国期间的部分经历颇具传奇色彩。据说他在 1916 年即将从同志社大学神学部毕业之际,在参观唐招提寺

---

① 吉野作造《序》(收录于清水安三著《支那新人と黎明運動》,大阪屋号书店,1924 年)。

的鉴真坐像后决意前往中国,翌年来到中国之后,以北京为中心进行传教活动,如1919年参与饥荒救济活动,1921年,在朝阳门外创办面向贫困家庭孩子的崇贞平民工读女学校(1938年改名为崇贞学园),此后还开展基督教社会服务事业,在天桥附近的贫民窟经营了救济院爱邻馆。滞留中国的二十八年间,清水一直秉持着"为中国人服务"的信条。①

据清水在其著作《朝阳门外》(1939)中回忆,他是在加入了以武内义雄为主要负责人的北京"大日本支那语同学会"之后才开始学习汉语的。关于当时的情形,他有如下描述:

> 即使现在回想起当时同学会内热火朝天的学习场景,仍感到窒息。因为我是主动申请入会,所以必须要努力学习。但由于我缺乏必要的汉学素养,无论从哪个时代着手研究,都像手无锄锹而耕田一样,感到非常困难。
>
> 因此,在不得已的情况下,我开始了中国现代思潮的研究。于是我研究陈独秀,阅读胡适的文章,浏览周作人的随笔,沉湎于鲁迅的小说,还对钱玄同的文字革命等进行了一番调查。因而才有《中国新人与黎明运动》一书的问世。此外,还对康有为、孙中山等人的思想进行了研究。虽然并不值得夸耀,实际上我还是将鲁迅的小说译为日文的第一人,虽然其中相当部分是请鲁迅先生亲自翻译的。(后略)②

上述回忆中所提到的,清水仰仗鲁迅将其小说翻译为日文,恐怕是吉野在此书序言中的评价——"与中国的新人密切接触,

---

① 参见朝日新闻社编《现代人物事典》(朝日新闻社,1977年)中由笠原芳光编辑的词条"清水安三"。
② 清水安三《朝陽門外》(朝日新闻社,1939年),100—101页。

达到能够推心置腹的信任程度"——的依据。但近年来的相关研究表明，清水的记忆错误导致此段内容与事实存在某些出入。①

那么，清水的著作《中国新人与黎明运动》中，所呈现的文学革命观有何特点呢？

首先，他从近代世界所产生的言文一致潮流中，清楚地看到中国发生白话文运动的必然性。

> 然而过去的权威已经毁灭，理想即将照亮未来，交通渐开，缩短了空间距离，科举制度已被废除，阶级之间的界限被打破。因此，使用古文的贵族文学，已经完全没有存在的理由。那么，还有何必要使用难学难解的古文呢？再加上世界各国皆有言文一致的趋势。日本在近五六十年以来，意大利在近六百年来，英国在近五百年来，德国自马丁·路德以来（译者注：指其倡导的宗教改革），法国自十五世纪的文学以来，均有言文一致的倾向，此世界大势也使得中国发生变化，最终断然实行倡导白话文的运动。②

> 因反对古文而产生的，就是众所周知的文学革命，严复、林纾二人虽然接受了西方思想及文学观念，但是其表达的工具仍是古文。因此，其所付出的努力和辛苦与取得的效果并不成正比。尽管为翻译一词，可能需要数十天绞尽脑汁的思考，但译文最终仍不免晦涩难解，不能充分地传达原文的含义。

> 有鉴于此，胡适尝试将与西方的文章语言完全相同的表

---

① 太田哲男《清水安三と中国》（花传社，2011 年），82—83 页。
② 吉野作造《序》（收录于清水安三著《支那新人と黎明運動》，大阪屋号书店，1924年），78—79 页。

达方式运用于汉语之中,即提倡白话文,进而开创了国语文学。他不仅向西方寻求思想文学,其所主张的"表现工具"亦为西洋风格,这不就是其文学革命的动机、精神所在吗?严复、林纾二人的译作虽然巧妙,但表达方式复古,相比之下,胡适才使得其文章与思想文学同时实现了"西化"。民国八年(1919),北大学生罗家伦、傅斯年等人创办杂志《新潮》,其英文名字为 *The Renaissance*(文艺复兴),可视为中国的文艺复兴、思想启蒙的黎明已经到来。毋庸赘言,一个崭新的中国、年轻的中国已经诞生,而作为此文艺复兴"标志"的,无疑是称为"文学革命"的运动。①

其次,清水从社会运动的力学角度,对文学革命取得成功的过程进行分析,如实地评价了作为"摇旗呐喊角色"的胡适,以及陈独秀、钱玄同、古文家及军阀、学生运动、报纸杂志等所发挥的作用。以下逐一摘录其评论要点:

【关于胡适与陈独秀所发挥的作用】

与胡氏具体而不厌其烦的论述相反,陈独秀以三大主义强调改革,这是其强有力之处。胡适以其三寸不烂之舌,极其烦琐地陈述具体内容之后,才举起鲜红的文学革命大旗,这让人难以忍受。(中略)试想一下,如果非要判断孰是孰非,则胡适过于谨小慎微,陈独秀过于急躁冒进,但正是由于二人的努力,文学革命才取得了成功。然而,世人大多数将文学革命的成功归于胡适一人,往往忽略了陈独秀的功绩。其实是陈氏发掘了当时尚无名气的胡适,录用了其投稿论文,所谓"因君之力而赢得了胜于百万支持者的声援",此赫

---

① 清水安三《支那新人と黎明運動》(大阪屋号书店,1924年),14—15页。

赫功绩是任何人都无法掩盖的。①

【关于钱玄同的作用】

　　民国六年(1917)的《新青年》杂志上,刊登了多篇关于胡适《文学改良刍议》的评论文章,其中对胡适的主张做了最多补正的,是钱玄同的文章。(中略)胡适对其评价为:"只有北大国文学教授钱玄同先生才有资格提出废除汉字的主张",钱氏对胡适的支持及建言与陈独秀对胡适的声援,在不同意义上均是对胡适莫大的鼓励。(中略)在世间往往容易出现极端激进主张之时,不过于偏激但相当进步的观点往往容易被接受。汉字废除论的出现,使得并非一蹴而就的白话文主张显得较为中庸,易为世人所接受。于是,介于废除汉字主张与固守文言传统两个极端之间的文学革命得以风靡全国。就这点而言,钱玄同的汉字废除主张也不失为文学革命的一大助力。②

【关于古文家及军阀所扮演的角色】

　　除了林纾之外,北京还有两股力量攻击白话文。其一是《公言报》,刊登了大量或真实或捏造的文章,对陈独秀、胡适二人进行人身攻击。其二是安福俱乐部内以徐树铮为首的军阀,他们受古文派唆使,恫吓北大的学者,校长蔡元培最终也不得不逃离北京。实际上,促使文学革命获得成功,让胡适名满天下,古文家与军阀功不可没。正是因为此两股力量的攻击迫害,文学革命才趋于白热化;正是由于顽固保守派的负隅顽抗,激进的进步力量才得以出现;也正是由于与知

① 清水安三《支那新人と黎明運動》(大阪屋号书店,1924年),88—89页。
② 清水安三《支那新人と黎明運動》(大阪屋号书店,1924年),89、91页。

名的古文大家展开论战,胡适才能作为白话派第一人而闻名于世。世上如何才能获得成功,实在颇为令人费解。①

【关于学生运动的作用】

文学革命以来,白话文就成了学生运动的"工具",被用于"五四运动"的宣传标语中,用于反日运动的通电文字中,以至在全国传播开来。因此,文学革命在引发学生运动的同时,学生运动也使文学革命得到最广泛的宣传。正是通过两者的相互作用,白话与文化、爱国融为一体而进入国民的视线。古文派时常叫嚣白话派为"中国文化的破坏者""儒家道德的反叛者",而另一方面,白话派亦被国粹论者敌视。所谓的国粹论者,在任何国家都是爱国主义者。因此,古文派就可与国粹主义者等量齐观。然而,民国八年(1919)五月以来,学生们使用白话文,发起了文化运动、反日运动,白话文一跃成为新文化、新爱国主义运动的工具。因此,对白话文的恣意妄评被一扫而空,国民对其印象良好。如此看来,白话文中似乎含有爱国之意,拥有踢飞卖国贼的力量,且人们可以看到从白话文中折射出的黎明之光。②

【关于著作、杂志、报纸的作用】

促使文学革命取得成功的原因之中,还不应忘记著作、杂志、报纸所发挥的作用。《新青年》杂志从民国八年开始直至停刊为止,只刊登白话文章,陈独秀、钱玄同、沈尹默、李大钊、刘半农、胡适六人依次担任编辑,均可谓白话运动的先驱。此外,陈独秀于民国七年(1918)冬季和民国十二年

---

① 清水安三《支那新人と黎明運動》(大阪屋号书店,1924年),102—103页。
② 清水安三《支那新人と黎明運動》(大阪屋号书店,1924年),103—104页。

（1923），分别创办《每周评论》《响导》，此二刊物也仅使用白话文。同时，民国八年，北大学生罗家伦、王静熙、傅斯年共同创办了月刊杂志《新潮》。

　　由于民国八年的学生运动以"白话"作为工具，全国的进步性报纸、新思想的杂志全部使用白话文，甚至各军阀、各政党的机关报也不得不开设白话文专栏。据说民国八年发行的白话报纸、杂志多达四百余种，如杂志有《星期评论》《努力》《少年中国》《解放与改造》《新人》《学校学艺》等，报纸副刊有《晨报副镌》《民国日报》《觉悟》《时事报》《学灯》等。而创刊较早的《东方杂志》《学生杂志》《妇女杂志》等刊物也已逐渐使用白话文，现已几乎全部使用白话文。令人感到滑稽的是，甚至连刊登林纾小说的《小说世界》，过半内容也使用白话文。①

如上所述，清水的"文学革命"论，的确如吉野所评价的那样"清水君所论之处，其材料均来源于第一手资料"，是在文学革命现场的目击者所观察到的第一手珍贵记录。由于这些原汁原味的记录中含有其本人的现场体验及传闻，与之相比，主要依赖同时代中国文献的吉野、青木、西村三人的论述，从某种意义而言，确有不及之处。

---

① 清水安三《支那新人と黎明運動》（大阪屋号书店，1924 年），105—106 页。

第三章 近代日本"汉文直读"论的来龙去脉——重野安绎、青木正儿与仓石武四郎所处的思想环境

一、引言

学术上和教育上的"汉文直读"主张曾经在政治上被视为危险的言论,在现今日本的中国学界,知晓这段历史的人恐怕已为数不多,但这确实是严峻的事实,而且此事就发生在自由思想盛行的大正时期(1912—1926)。关于这个问题,青木正儿(1887—1964)刊登在杂志《支那学》上的论文《我国支那学革新的第一步》(《本邦支那学革新の第一步》,此论文在收入其论文集《支那文藝論薮》时改题为《漢文直讀論》)进行了专门探讨,仓石武四郎(1897—1975)也不止一次向我们提及此问题。

1941 年,仓石在其著作《汉语教育的理论与实际》(《支那語教育の理論と実際》)中这样回顾道:青木的论文《我国支那学革新的第一步》在杂志《支那学》第 5 号刊登之后,"当时此类问题逐渐被拿来讨论,在东京召开的某次学会上,教育学领域的某位教授曾论及汉文直读,虽是不温不火地主张直接用汉音阅读汉文,但会场上我被某位前辈提醒莫要发言。前辈或许将我视为破坏传统的危险人物,出于爱护之心,才会对我有如此一番善意的提醒,因此我只好静静地听完其他人的报告。现在回忆起来恍如隔

图59 平长孺题辞的荻生徂徕肖像

关西大学图书馆内藤文库藏

图60 1891年重野安绎肖像，时年65岁。近代日本第一号文学博士，东京大学史学会创始人。

《增订重野博士史学论文集》上卷（名著普及会）

图61 东京学士会院于1879年1月设立，最初的三任会长为福泽谕吉、西周、加藤弘之。1906年改组为帝国学士院后，仍沿用此会馆，战后改名为日本学士院。《日本学士院小史》(1980)

127

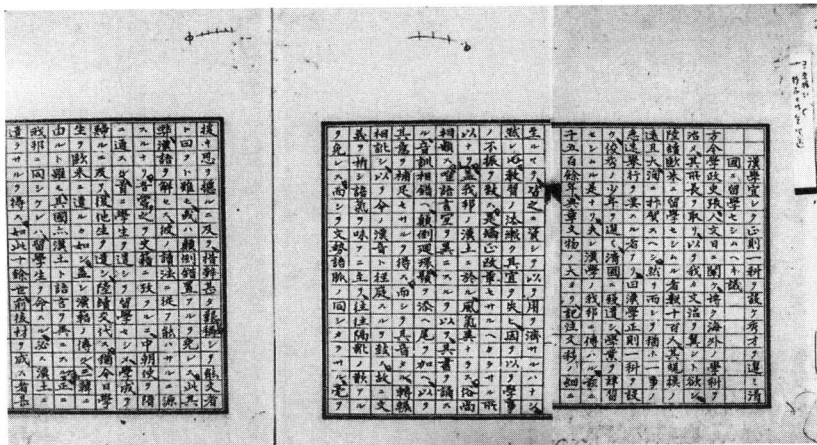

图 62‐1　1879 年 6 月 15 日,重野安绎在东京学士会院讲演,主张选派少年秀才赴清国留学以革新传统的日本汉学。此为讲演稿的第 1—3 页。
东京大学史料编纂所藏

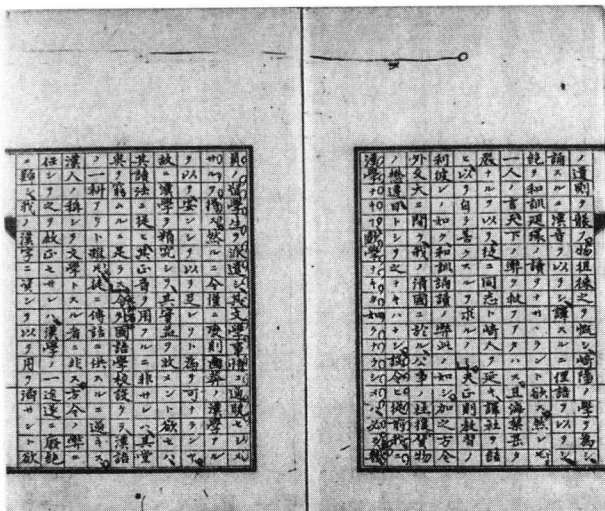

图 62‐2　讲演稿的第 5—6 页

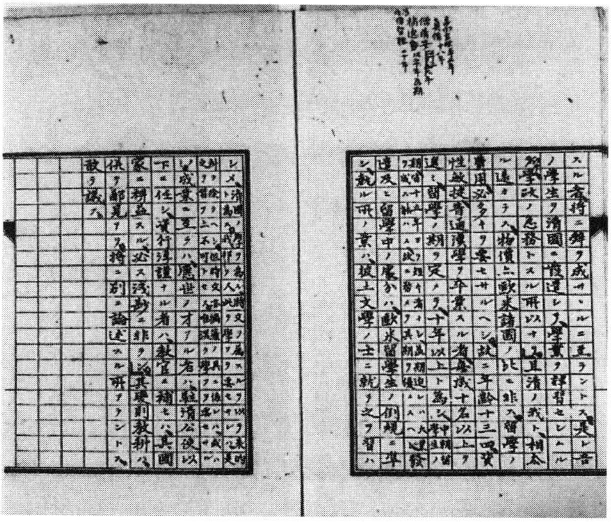

图 62－3　讲演稿的第 6—7 页

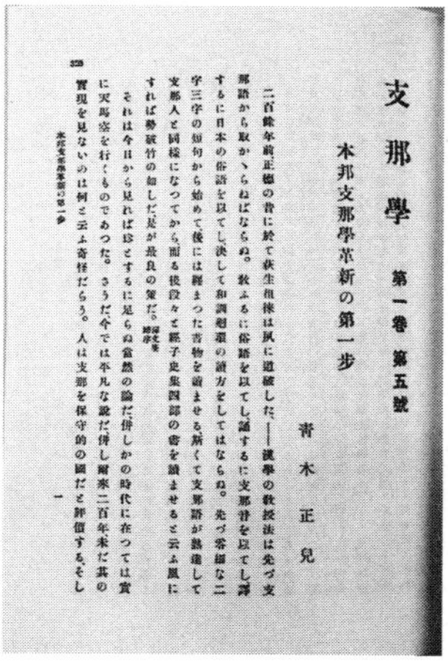

支那學　第一卷　第五號

本邦支那學革新の第一步

青木正兒

二百餘年前正德の昔に於て荻生徂徠は夙に道破した、——漢學の教授法は先づ支那語から取かゝらねばならぬ。教ふるに俗語を以てし誦するに支那音を以てし譯するに日本の俗語を以てし決して和訓廻環の讀方をしてはならぬ。先づ零細な二字三字の短句から始めて後には緩まつた書物を讀ませる、斯くて支那語が熟達して支那人と同様になつてから而る後段々と經子史集四部の書を讀ませると云ふ風にすれば勢破竹の如しだ、是が最良の策だ。（譯文筌蹄題言）

それは今日から見れば珍とするに足らぬ當然の論だ、併しかの時代に在つては實に天馬空を行くものであつた。さうだ今では平凡な說だ併し爾來二百年未だ其の實現を見ないのは何と云ふ奇怪だらう。人は支那を保守的の國だと評價する、そし

328　本邦支那學革新の第一步

图 63　青木正儿关于革新日本“支那学”的倡言，发表于《支那学》杂志。

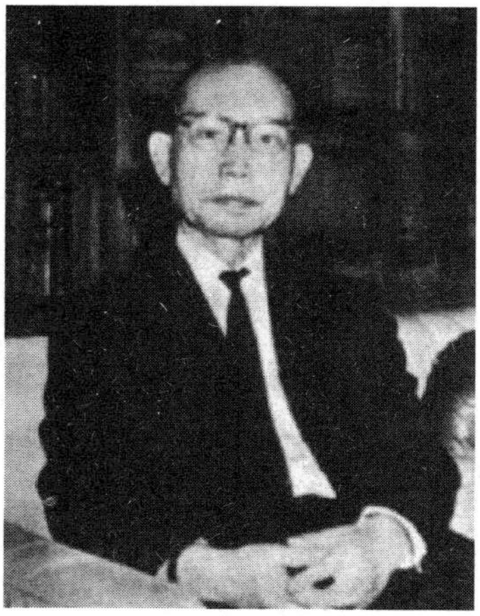

图 64　仓石武四郎肖像

东方学会编《东方学回想》第六卷，刀水书房

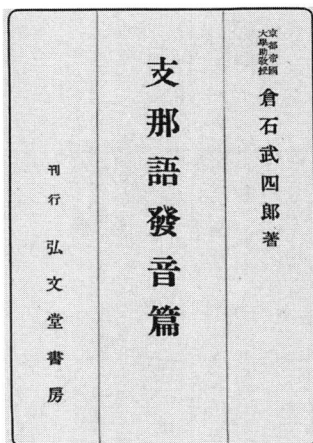

图 65　仓石武四郎著《支那语发音篇》(弘文堂,1938 年)

关西大学图书馆藏

图 66　盐谷温肖像

王逸明、李璞编著《叶德辉年谱》,学苑出版社

世,但实际上只是距今不到二十年前的事情".①

　　1969 年,仓石又这样回顾道:"我年轻的时候如饥似渴地反复研读登载在《支那学》创刊号至第 3 号上青木先生的论文《以胡适为中心形成的文学革命旋涡》(《胡適を中心に渦いてゐる文学革命》),及其在第 5 号上发表的《我国支那学革新的第一步》。后来我从小岛祐马先生处得知,'刊登在第 5 号上的青木先生论文,原本是预计在《支那学》创刊号上发表,但即便是京都也要考虑到当时的社会氛围,因此将其延期至第 5 号'。当时我身处东京,内心也暗自思考过这一问题,这一主张在东京更容易被视为危险思想,所以有教授提醒我不要在

――――――――――

① 仓石武四郎《支那語教育の理論と実際》(岩波书店,1941 年),190—191 页。引文中的"教育学领域的某位教授"指的是春山作树教授,关于这一点,在后文中将详细阐述。

130

公开场合发表类似言论。就在如此氛围之中,我读到了《支那学》杂志,自然而然地对京都心驰神往。更何况这篇论文中大量引用了我全然未知的江户时代的文献。总而言之,我对青木先生的文章感佩不已。"①

那么,近代日本的"汉文直读"论因何契机而形成? 后来又发展到何种程度? 而发端于明治前期的"汉文直读"主张,在大正后期被再度提起时,为何在政治上会被视为危险思想? 本章以上述的青木、仓石,以及提出这一问题的先驱人物重野安绎(1827—1910)等人的论述为中心,以期阐明上述问题。②

_____

① 仓石武四郎《青木さんのおもいで》(收录于《青木正儿全集》月报Ⅰ,春秋社,1969年11月)。文中小岛祐马对于青木论文《我国支那学革新的第一步》的刊登时间延期到杂志《支那学》第5号的回忆可能存在偏差。因为此论文在改名为《汉文直读论》,收录到论文集《支那文艺论薮》之际,青木在此书的"自序"(作于1926年3月)中明确写到此篇论文的完成时间为1920年10月(参见《青木正儿全集》第二卷,6页)。由于杂志《支那学》创刊号的发行时间为1920年9月,所以完成于10月的论文似乎不太可能在9月刊登。但不能否认的是,该杂志的编辑们肯定预估到此文会引起学界争议,因此将此论文的刊登时间进行延后处理。现在对此事已难以考证,本文暂且采纳小岛的意见。

② 有的学者误以为青木是明治以来日本最早提出反对汉文训读的学者,实际上重野安绎才是探讨此问题的先驱人物。例如门胁广文在论文《学会展望(文学)》(《日本中国文学会报》第五十七集,2005年,337页)中这样回顾道:1997年松浦友久先生发表了论文《「訓読古典学」と「音韻古典学」——その意義と相補性について》(《新しい漢文教育》第25号,全国汉文教育学会),此文论述了汉文直读对于研究古典著作的重要性。青木正儿也曾经提出过汉文直读,这是明治以来最早反对训读的主张,时间是1921年。松浦先生的主张距青木的此主张已经过了七十六年。而继青木之后的仓石武四郎在1941年提出"汉文训读盐鲑论",倘若从这一时间算起的话,也经过了五十六年的岁月,尽管如此,在1997年仍然有必要再次提出"汉文训读法"或是"现代汉语直读法"这样的问题,这是距现今不到十年发生的事情,充分说明了此问题由来已久,而且汉文训读的阅读方式已根深蒂固。门胁的上述回顾很好地把握了此问题的发展脉络及当时汉文直读的现状,但遗憾的是,其中并未提到重野安绎的相关主张。关于重野的生平及思想,可以参考拙文《重野安繹の中国观:明治二二年「支那视察案」を中心に》(《立教法学》42号,1995年)。

二、重野安绎提出的"正则汉学"构想

近代日本形成"汉文直读"论，抑或"训读排斥"论的主要原因有：受到江户中期以来徂徕学的影响；明治维新之后中日人士直接面对面交流的时代要求；近代西方治学方法这一新参照系的出现。其中，明治政府打开国门推行文明开化政策并吸收西方文明，以及与清朝建立外交关系这两大划时代的变化，无疑是最重要的因素。例如明治 12 年（1879），重野安绎在东京学士会院发表的题为《汉学宜设正则一科，选少年秀才留学清国之论说》（《漢学宜しく正則一科を設け少年秀才を選み清国に留学せしむべき論説》）的讲演中，有如下一番主张：

> 凡学艺，以学语言文字为先。专修一国之学者，岂有不通其国语言文字之理哉。我邦汉学者，以讲其义理为主，文字语言次之，以至于语言则全不讲习，故论说常失之高尚，乏于实用。实用者何谓也，达意辨言是也。今不能十分摅其文字意思，且迟缓不应事。与汉人对晤，不能交一语处一事。抗颜之际，岂可自称汉学者焉。纵令通达经义，工于文章，亦所谓根基不稳之学问也。况其经义文章，若不由正则入，不能诣其堂奥，予欲设正则一科者，乃为此也。
>
> 今方外交大开，就中清国位切近之地，同文同俗之国情，自公事往复至货物懋迁等，日趋繁多乃必然之事也。设令从前我无汉学无欧学，必急派遣几员留学生，必得使之通晓其文字事情。然今仅以变则鲁莽之汉学，自恃为足，而其所恃

者,却不敷目前之用。(后略)

　　言语不及之处文字通之,文字不至之处言语达之,二者
常相资为用。今我与支那邻国相接,军国重事,如往岁台湾
役者,不可保后来必无。当争其曲直,决其和战等之时,幸以
同文同俗之国,援古证今,或引经据典,纵横论辩,言文并用,
可奏汉学之实效。是岂今之汉学者所能焉。又岂长崎译官
所能焉。若从事正则,通达熟谙经史之法以至今日俗语,则
所施之处无不可也。①

　　换言之,既然明治政府与邻邦清国缔结了外交关系,那么无
论是平时的贸易往来,抑或是争端之时的议和谈判,都有必要使
用汉语直接进行意见沟通、当面辩论,而以往的长崎唐通事及汉
学家的能力已经不能应对。鉴于此,重野认为当务之急是通过向
清国派遣少年留学生,将其培养为具有高水平汉语会话和汉文解
读能力的"专门汉学家"。② 上述重野的主张中有三点特别值得
注意:一是主张从语言文字的讲习入手研究外国的方法;二是强
调所培养的人才不仅应精通经史之学,更需要通晓俚言俗语,以
具备"言文并用"的能力;三是提出了与汉文教育相关的"正则"
"变则"的概念。

---

① 重野安绎著、萨藩史研究会编纂《增訂重野博士史学論文集》下卷(名著普及会,增
　訂复刻版,1989年),349—350页。
② 在当时,重野提出的学习汉语、向清朝派遣语言留学生的主张并不是孤立的,如重
　野所加入的兴亚会的干事草野时福,曾在《朝野新闻》上发表题为《论中国语学的必
　要》(《支那語学の要用なるを論ず》)的文章,文中这样主张道:"若是详尽了解我国
　与中国之间的密切往来的历史,那么就不难理解今日学习汉语的必要性的原因。
　如果希望了解中国,与中国人进行交往,却不学习其语言,则犹如无楫行舟、无路行
　车。(中略)倘若世人感到亚洲各国有相互联合的必要性,则必须要知晓中国国势,
　而如欲知晓中国国势,首先就应该从汉语学习入门。但汉语岂是一天之内就能够
　轻易掌握的?"以上内容参见芝原拓自等编《对外観》(岩波书店,1988年),273页。

所谓的"正则英语""变则英语""正则教授法""变则教授法"等概念是明治初期英语学习热潮的产物。在重野上述讲演的九年前，即 1870 年制定的《大学南校规则》中就有如下一项规定："分诸生徒为正则变则二类，正则生从教师自韵学会话始，变则生以训读解意为主，均应受教官之教授。"此外，该校的毕业生也这样证实道："正则生由外国教师担任，教授正确发音及读法。变则生由邦人教师担任，不以发音为重，充分说明外文的意味便可。"①

此外，在重野上述讲演七年之后的 1886 年，时任帝国大学文科大学讲师的英国人钱伯伦（Basil Hall Chamberlain，1850—1935）在《东洋学艺杂志》第 61 号上发表论文《希望改良汉语读法》（《支那語読法ノ改良ヲ望ム》），文中这样论述道："日本人的支那语诵读陋习实为可疑也，变前为后，自下溯上，附本文不见之语于尾，虚辞置之不理，或将之再用等，此非诵读汉文。勿宁谓之破碎汉文，以其片块随意增加别类之一科奇物也。""众所周知，毕竟日本语有日本之言序，英语存英之语次。何以唯支那语不许治外法权而置于权内乎？""汉文学习之目的在于会得汉籍之要意，或自身创作汉文，无论自何方向推考，愿求落得同一好结果。则应脱离以往杂种读法，必须按支那语法则读支那文章，此乃自明之理。"②通过上述诸多的记录资料可知，重野在新时代潮流中顺势而为，使用"正则""变则"的概念来倡导汉文教育的革新。

但是，作为明治汉学大家的重野，不仅仅是时势的追随者，也

---

① 日本西学百年编集部编《日本の英学一百年・明治篇》（研究社，1968 年），347 页。大学南校为东京大学前身之一。
② 六角恒广《近代日本の中国语教育》（播磨书房，1961 年），219—222 页。

是与此时代潮流暗合的江户汉学优良传统的发现者。① 关于这一点,从其上述讲演中对徂徕学的重新评价可窥一斑。

荻生徂徕在其著作《译文筌蹄》的凡例中,这样阐述自身的读书要领及教育方法:

> 余尝为蒙生定学问之法,先为崎阳之学,教以俗语,通以华音,译以此方语,绝不作和训廻环之读。始以零细者,二字三字为句,后使读成书者。崎阳之学既成,乃始得为中华人。而后读经、子、史、集四部书,势如破竹,是最上乘也。

徂徕所倡导的"崎阳之学",虽在江户中期引起了巨大反响,但因之后宽政年间(1789—1801)实施的"异学之禁",逐渐步入衰途。② 重野在此讲演中,再次提及徂徕的主张,"音读之便与译读之不便,物茂卿详晰辨之",称赞其主张为"古今之卓识",具体论述如下:

> 德川氏虽奖励文事,未及定学制,故教习之法,一袭浮图氏之遗则。物茂卿慨之,一变读法,诵以汉音,译以俚语,欲绝不为和训廻环之读。实古今之卓识,可谓看破阿(直岐)、王(仁)以来之陋习也。然一人之言,不能救天下之弊。仅与同志结译社,延崎阳之人,以求自善而已。茂

---

① De-min Tao, "Shigeno Yasutsugu as an Advocate of Practical Sinology in Meiji Japan"(收录于 *New Directions in the study of Meiji Japan*, edited by Helen Hardacre with Adam L. Kern. Leiden ; New York : Brill, 1997)。此文亦收录于拙著《日本漢学思想史論考》(关西大学出版部,1999 年)。
② 参见陶德民《「清板二弁」を祝う泊園の賀宴——幕末における徂徕学の動向》(收录于关西大学东西学术研究所编《関西大学東西学術研究所創立五十周年記念論文集》,2001 年)。

卿之持论，散见其译社记及《译文筌蹄》凡例以及其他文中，可就而见之。①

那么，重野对徂徕进行重新评价是为了实现何种理想化的汉学世界呢？

> 及生徒（指向清国派遣的长期少年留学生）业成归国，入官校，以正则教授中学以上生徒，若以和文解读汉文，便利变则以下诵读，则数十年之后海内汉籍将止于原本与和解二种，可使所谓添髭加尾之书断绝刊行。然后与欧美各国之书籍归于同一，废非和非汉之读法，专门与通常之区别亦随之画然一定。唯其专门通常之区别未定，故以至主张汉学者欲使全国皆为汉学者，排斥汉学者欲并废汉书、汉字。此虽陷于各其一偏之见，抑亦由不得教习其法所致也。②

据此可知，重野希望通过派遣少年留学生在清国长期留学，使其掌握与中国人同等的读解能力，进而依靠这些新型汉学家，对传统汉学进行根本性改革。首先将汉文教育的内容及对象分为正则、变则两类。③ 与之相对应的是将出版的汉籍也限于原本和日文翻译版本两类。以此摆脱旧有的"非和非汉"的训读习惯，

---

① 重野安绎著、萨藩史研究会编纂《增訂重野博士史学論文集》下卷（名著普及会，增订复刻版，1989 年），348 页。

② 重野安绎著、萨藩史研究会编纂《增訂重野博士史学論文集》下卷（名著普及会，增订复刻版，1989 年），351 页。

③ 重野提出向清国派遣长期汉语留学生以及将汉语授课分为正则、变则两种的主张的同时，一直关注着学界的动向，例如他在上述讲演中提道："闻驻清公使馆有少壮之人数辈，学习彼国之读法及官话。又文部省语言学校现设汉语一科。此等皆为闻其端绪，为企望者，为扩充之而制定全国汉学章程，以实践先哲主张，复兴吾国文学。关于教授变则汉语，我亦有一些建议，将另外展开论述。"概观重野演讲内容，其构想极为宏大，希望在全国范围内建立培养"专门汉学者"的学科制度，而非仅停留在派遣长期留学生，分正则、变则教授汉语这样的应急举措。

使汉语教育及出版的模式均可与欧美各国为伍。

　　试想一下,在当时西学一边倒的时代潮流之下,重野敢于提出复兴汉学,呼吁向清国派遣少年留学生的必要性,这无疑需要相当大的勇气。对于秉持多元主义文明观的重野而言,谋求汉学的起死回生是其义不容辞的责任。[①] 由于重野事先预想到主张"汉学无用"论者会对自己的演讲题目提出批判,所以在讲演的开篇就明确指出:"汉学之实用,于我邦终无尽期,自今以后成为尤其切实之用具,乃事所当然。"他在此讲演最后的总结部分强调道:"抑我国体,取他善,聚众美,是以成立。国初以来,资汉学,建教科政法,近年又采用洋学,更张诸多事业。凡国之隆美乃由诸学之兴盛,诸学之兴盛乃由专门家之众多。专门家如水源树根,宜浚治培养,勿竭流委,可求枝叶之益蓄。予切恐世人或以汉学为已陈刍狗,不思所以养成其专门家之术,故特意如此缕缕絮言也。"[②]重野于 1879 年在帝国学士院前身的东京学士院,掷地有声地表明作为汉学者的上述稀有主张,这一史实本身生动地反映了明治前期自由开放的思想和兼容并包的学风。

三、青木正儿与仓石武四郎的"训读排斥"主张

　　如上所述,荻生徂徕在《译文筌蹄》中所宣扬的"崎阳之学"引起了明治汉学大家重野的共鸣。而比重野小一甲子的青木,以及小七十岁的仓石也完全赞同此主张,这从以下二人对荻生主张的

---

① 参见陶德民《明治漢学者の多元主義的文明観——中村敬宇·重野安繹の場合》
　（收录于藤田正胜等编《東アジアと哲学》,ナカニシヤ出版,2003 年）。
② 重野安绎著、萨藩史研究会编纂《增訂重野博士史学论文集》下卷（名著普及会,增
　订复刻版,1989 年）,345、352 页。

译述及评价中可窥见一斑。

青木的相关论述:

> 二百余年前,于昔之正德,夙为荻生徂徕道破,汉学教授法须先取自支那语。教以俗语,诵以支那音,译以日本俗语,绝不作和训廻环之读法。先自零碎二字三字之短句始,后使之读完整书物。如此犹如支那人熟达支那语之后,若渐使之读经史子集四部之书,则势如破竹。此为最良之策也。[1]

仓石的相关论述:

> 荻生徂徕并不满足于掌握汉语发音,而主张汉文学习必须先从发音入手,使其以汉语读音来背诵中国的俗语,并将其翻译为日本的俗语,绝不使用颠倒上下语序的日本汉文训读法。先从零碎的二字三字词语入手,之后再阅读完整的书籍,倘若等到其水平达到中国人的熟稔程度时,再使其阅读古籍,则其进步有如破竹之势。若从现今成熟的外语教育理念来看,没有任何不可思议之处,但在二百余年前的当时,能提出如此的观点,实为旷绝一世的见识。[2]

由此看来,相较于重野的主张,青木、仓石二人的理解似乎更为切实。原因在于他们的上述主张是基于各自切身的外语学习体验及中国留学经历。譬如仓石曾这样讲述其对从少年时代就耳濡目染的"训读"方法弊病的反思过程:

> 我家原本是汉学门第,少年时代对仓库内存放着的祖父遗留下来的汉籍司空见惯,这或许是我涉足支那学的缘由

---

[1] 青木正儿《漢文直読論》(《青木正儿全集》第二卷,春秋社,1970年),334页。
[2] 仓石武四郎《支那語教育の理論と実際》(岩波书店,1941年),72页。

吧。在东京求学期间也曾在汉学塾学习数年,接受了相当多的旧式教育,对于其特长,我反倒有十二分的理解,同时对其也抱有同情之心。

在这样的环境之下,如果要说是什么改变了我,归根结底还是时代的影响。我在高中期间接受了西方语言学的训练,尤其是在英语学习方面,跟随英国教师学习语音学入门,从某位教授那里学习了英国诗的韵律,这让我感到一个崭新的世界在眼前展开。因此,在为准备去中国旅行而开始自学汉语时,我对汉籍读法的疑虑就如同火上浇油一般,日渐熊熊燃烧起来。这种德川时代汉学者穷尽其一生都不能获得的体验,强烈地刺激着生活在大正年代的我。①

概而言之,从重视语音的英语学习开始,之后进入英文诗歌鉴赏,仓石在第一高等学校这样的学习经历成为其反思汉文训读的契机,使他开始确信唯有按此顺序学习外语,才是有效的治学之道。

此后,这一信念因其对国内外的学问常识的把握而渐次强化,因此他进一步指出:

在研究中国的语言及文字方面,世界上只有日本将其划分为"汉文"(指古典作品中使用的文言文——译者注)和"支那语"(指戏曲小说中的俗语及近代兴起的白话文——译者注)。在中国自不待言,在欧美的"支那学"研究中,学者们连做梦都难以想象还有如此毫无意义的区分。西方人在研究中国问题之际,最先开始学习现代的中国语言,阅读现代人

---

① 仓石武四郎《支那語教育の理論と実際》(岩波书店,1941 年),189 页。

所写的文章,然后再循序渐进,阅读用文言写就的典籍,进而理解中国文化的渊源。据说在美国的大学从事中国问题研究的学生,最初一年学习现代语言学、现代文学,翌年开始阅读历史书籍,第三年后研习经书。此顺序也恰好与日本人研究欧洲文化的方法相同。再以身边事情为例,即使是我们日本人在研究日本问题时,也是按照此顺序展开的,先在小学阶段学习现代日语,阅读现代的文章,再逐渐扩展至古典作品。由此观之,并无理由仅把中国的语言视为例外。①

那么,从仓石上述论及的世界共通的学问方法来看,"训读"的弊害在于何处呢? 关于这一问题,青木在其论文《我国支那学革新的第一步》中,有如下详尽的指摘:

(一)采用训读法读书费时,不能像中国人那样快速阅读。关于这一点,或许有的学者会反驳道:按照"音读"(指汉语发音——译者注)方式阅读,如果像小和尚不解其意地念经那样,即使读得再快也没有任何意义。这不是"音读"的罪过,责任在于读者自身。我们从现今的西语学习经验及中国俗文学的阅读体验中可知,像上述这样的主张早已不成问题。

(二)训读会对了解汉语的固有语法产生妨害。为何如此呢? 由于囿于日本文法,训读的结果往往是陷入欲以此束缚汉文的弊病。(中略)(广池千九郎的《支那文典》和儿岛献吉郎的《汉文典》中出现的)错误都是受到训读的牵连,成为最悲哀的牺牲品。此外,吾辈也常常从学生口中听到与此类

---

① 仓石武四郎《支那語教育の理論と実際》(岩波书店,1941 年),88—89 页。

似而更令人喷饭的谬误。

（三）训读导致不能正确理解含义。毋庸赘言，训读总有一种隔靴搔痒之感，更有甚者，有时会引起读者对自己实际上不理解的事物产生貌似已理解的幻觉。其原因在于，所谓训读之词多为古语，尽管其中有不少难以通行于现代一般社会，但因为其属于日语，所以感觉似乎能够理解。（中略）类似这样的误用随处可见，不胜枚举。要而言之，将晦涩难解的古文用训读翻译一次，再将其转译为现代日语，与其如此麻烦地进行二次翻译，不如从音读直接翻译为现代日语更为明智。①

以上青木的论述，鞭辟入里地指出了因训读而导致的事倍功半、以己度人、模棱两可、似是而非等弊病。

为了解决这些问题，青木在此论文的结尾部分对所谓的"支那学专家"直谏诤言道："从我们的经验可以推测，现今大多数的'支那学专家'在阅读汉文时，仍动辄就颠倒视线，无意识地采用自上而下的默读方式。如果再进一步，将之推及至音读，养成不颠倒眼睛、嘴巴、大脑的习惯，其阅读能力无疑会大为增进。"②青木的此番建议，或许也部分反映了其自身的惨痛经历和体验吧。③

另一方面，仓石在其著作《汉语教育的理论与实际》中则有意识地使用各种比喻，痛陈训读的弊端并剖析训读偏好者的心理。

---

① 青木正儿《漢文直読論》(《青木正儿全集》第二卷，春秋社，1970 年)，338—340 页。
② 青木正儿《漢文直読論》(《青木正儿全集》第二卷，春秋社，1970 年)，341 页。
③ 青木正儿对于自己 1925 年的第二次中国之行，在 1964 年 7 月 14 日由东方学会召开的座谈会上，这样回顾道："当时是一个人的旅行，在游览上海周边之时，拜托中国人翻译带领我前往，此人似乎是借宿友人家的管家，我跟随他游玩，由于两个人可以交流，还比较轻松。我不擅长说汉语，因此整个旅途感到极为不便。"（参见《学問の思い出——青木正児博士》，收录于东方学会编《東方学回想Ⅲ·学問の思い出(1)》，刀水书房，2000 年，170 页。）

时至今日,日本的支那学者在阅读中国书籍时,如果不特意将句子的语序颠倒,调整为日语的语序,就总觉得无法心满意足,如果不按照这样的顺序重新思考,就无法记住,被如此的习惯所束缚。此外,由于汉文训读法并不完全,一些巧妙地连接概念与概念的重要汉字,如"即""乃""矣""也"等表达语气的词,几乎常常被忽略。这就像切断了汉语的运动神经,置换其手足或是躯干,将其改装成貌似国语之物。但同样是外语书籍,在阅读西方书籍之时,则完全是按照西方人的行文来理解文意,这一点也不奇怪,但为什么偏偏在阅读中国书籍时就有如此大费周章的理由呢?

倘若说如此花费工夫总是有其益处的,这也不失是一种办法,但实际上此方法无助于获得阅读中国书籍的能力,也不能成为理解学问的工具。尤其是关于中国人或别具匠心,或轻描淡写的内容中,最为微妙的,事关呼吸的重要部分全都省略殆尽,说来就像是在阅读没有灵魂的躯壳般的汉籍了。①

显然,上述仓石论述中所使用的切断运动神经、置换手足或是躯干、没有灵魂的躯壳等,均是为凸显因训读所导致的对汉语要领和文章脉络的误解,是极为精彩的比喻。但所谓"汉文训读盐鲑论"是仓石主张中表现得最为淋漓尽致的部分,其内容如下:

无论是《论语》还是《孟子》,总有人觉得如果不用训读就没有感觉,这种想法与如若不把孔子、孟子变为日本人就难以称心如意一样,这是将汉籍视为日本书籍,将汉语视为日本国语的旧时代遗风。用平易的日语译出中国典籍,这本是

---

① 仓石武四郎《支那語教育の理論と実際》(岩波书店,1941 年),38—39 页。

最为理想的事情,但实际上翻译的结果都不免或多或少地失去原书的风味,将立体化的内容平面化,这点可以想象。如果习惯于这种丢失原有风味,进行平面化处理的翻译,逐渐对其产生偏好,则将是最可怕的麻痹。这一想法类似于认为腌制的信州鲑鱼比新鲜鲑鱼更为美味。①

那么应该采取什么措施,才不会沦为画地为牢、坐井观天的"汉文训读盐鲑论"的囚徒呢?仓石对研究者提出了以下的逆耳忠言:

> 在处理外语文献之时,语言学是捕捉思想及史实最为重要的工具。毫无疑问,训读也是一种语言学,前面提到的"盐鲑语言学",不仅不能品鉴原文的风味,其中还因夹杂着日语导致了很多错误的概念。毋庸置疑,在思想研究领域,因混入相关不纯物质而蒙受的损失,会产生多么致命性的后果。在史实研究方面,由于研究方法的不完善而导致黑白混淆的事例也屡见不鲜。捕鱼之人,一定要修好渔网。用漏洞百出的渔网来捕捞思想或历史之物,其结果一定是漏了吞舟之鱼,而仅收获小鱼小虾而已。②

不难看出,青木、仓石二人对"汉文直读"论均提出极为辛辣的批判,且青木还毫不留情地将批判的矛头直接指向了当时仍活跃在"支那学"研究领域的前辈[例如三岛中洲的弟子儿岛献吉郎(1864—1931),在青木的论文《我国支那学革新的第一步》刊登五个月后,因其斐然的"支那文学"研究成果被授予文学博士,之后

---

① 仓石武四郎《支那語教育の理論と実際》(岩波书店,1941 年),44—45 页。
② 仓石武四郎《支那語教育の理論と実際》(岩波书店,1941 年),48 页。

前往新设立的京城帝国大学赴任]。或许此二人的论调会给部分人留下"过激"的印象，但其观点本身毕竟是基于学术上和教育上的主张。

四、青木论文的刊登延期及标题更改的背景

倘若要比较"训读排斥"论的尖锐程度，作为先驱者的重野的言辞绝不亚于青木、仓石二人。关于这一点，从重野的以下论述中可见一斑：

> 盖我邦无异于汉土风气，俗尚相类，唯以语言相异，诵其书，不得不音训相错，颠倒廻环，添髭加尾，以补足其意。而其音转辗相讹，以致与今之汉音大相径庭。故至分析文义，品味语气，往往不免有隔靴之叹。而文势语脉相异，及援毫撼思，措辞甚艰。虽曰称能文者，或不免有颠倒错置。此其弊，乃源于不解汉语，不能遵从彼之读法。①

以上论述中，重野不仅犀利地指出汉文训读法已落后于时代，虽未明确道出"能文者"之名，但对其使用"音训相错，颠倒廻环"方法中存在的问题进行了严厉批判。而且在上述评论之后，他对汉学家们提出忠告："故欲精究汉学，收其实益，若非从其读法，用其正音，则不足究其堂奥也。"②

---

① 重野安绎《漢学宜しく正則一科を設け少年秀才を選み清国に留学せしむべき論説》(重野安绎著、薩藩史研究会编纂《增訂重野博士史学論文集》下卷，名著普及会，增订复刻版，1989年)，353页。
② 重野安绎《漢学宜しく正則一科を設け少年秀才を選み清国に留学せしむべき論説》(重野安绎著、薩藩史研究会编纂《增訂重野博士史学論文集》下卷，名著普及会，增订复刻版，1989年)，354页。

那么,为什么在明治初期一度被重野提倡的直读汉文、排斥训读的主张,在大正后期由青木、仓石再次提起时,却在政治上被视为危险思想呢?要解答这个问题,就有必要从第一次世界大战后中日两国思想界的整体状况,以及日本汉学、"支那学"界的状况这两方面进行把握。

首先,就当时日本社会及思想界的整体状况而言,在大正 7 年(1918)夏天爆发的"米骚动"前后,工人运动、农民运动、女权运动、被歧视部落解放运动、民本主义运动、社会主义运动、共产主义运动等形式多样的反对强权、反对藩阀政治的社会运动如火如荼地展开。针对这些动向,政府当局与体制派采取了各样对策,其中最具代表性的就是在 1923 年关东大地震发生后不久,以大正天皇名义颁布的《关于振奋国民精神之诏书》(《国民精神作興ニ関スル詔書》)。此诏书这样写道:"挽近学术益开,人智日进。然浮华放纵之习渐萌,轻佻诡激之风亦生。及今若不革时弊,或恐失坠前绪。"此诏书目的在于继续向民众推行明治天皇颁布的"教育敕语"的精神,"教导民众不要参与反对强权、反对藩阀政治的社会运动"①。

另一方面,关于发生于 1919 年"五四运动"前后中国思想界的动向,以及此运动对日本产生的影响,时任京都帝国大学东洋史教授的内藤湖南(1866—1934)在其《新支那论》(1924)中拉响警钟,如此评论道:

> 近年来支那的所谓"新人"发起了新文化运动,其主张或为破坏旧道德之论,或进行文学革命。旧道德破坏论的主要目的

---

① 副田义也《教育勅語の社会史:ナショナリズムの創出と挫折》(有信堂,1997 年),257—264 页。

在于破坏儒教，持此论调之人中，或希望全部采用从西方新舶来
的个人主义、社会主义、共产主义等思想；或采用旧有的墨子、老
子的思想，但诸多此等议论之人都忘却了承认儒教历史的价值。
（中略）支那人自不待言，就连最近屡屡迷恋支那"新人"论调的
日本人也是如此。如果不能注意到支那人的逻辑中存在严重缺
陷，不能从根本上理解儒教的真正价值，那么其轻率的结论稍有
不慎就将给日本的现代思想带来恶劣影响。①

诚然，青木在京大求学期间受惠于恩师狩野直喜，刚一入学，
就被狩野教导道：既然以"支那文学"作为专业，就必须"迷恋支
那"。此后经过十余年的摸索，青木终于在1920年9月与小岛祐
马、本田成之等创办同人杂志《支那学》，作为介绍中国文学革命
的第一人，秉持批判儒家、推崇道家的立场。

正如本书第二章所做的分析，青木形成此立场的原因主要
有：对幼年时期儒家式的家庭教育的逆反；对教条式的大学宿舍
管理的反感；以及受到胡适、陈独秀、鲁迅、吴虞等"支那新人"反
传统主义的影响。②

从以上原因来看，青木与狩野二人的"迷恋支那"意趣迥然相

---

① 内藤湖南《支那の文化問題——新人の改革論の無価値》（此评论文章后收录在内
藤的评论集《新支那論》的第六章，参见《内藤湖南全集》第五卷，筑摩书房，1972
年），540—541 页。

② 在上述1964年由东方学会召开的座谈会上，与会的吉川幸次郎向青木询问了他和
内藤之间的关系，对此，青木这样回答道："我与内藤先生，说不上有很深的交情。
仅仅是因为喜爱字画，我大学毕业之后，经常前往内藤先生处旁听关于字画之类的
事情。此外，偶尔有人拿着中国画来找我，希望我将画作转交内藤先生鉴定，因此，
我就作为中间人将画拿去先生的住所。我与先生之间的交流大多集中在字画方
面。但是关于中国绘画的观点，内藤先生与我的想法有很大的不同，我并未深入地
向先生询问其主张的根据。"由此可知，青木与内藤二人对中国绘画理解上存在较
大分歧。（参见《学問の思い出——青木正児博士》，收录于东方学会编《東方学回
想Ⅲ・学問の思い出（1）》，刀水书房，2000年，172 页。）

异(即二人对"支那"的内涵理解有所差异),因为当时的中国既有以杂志《新青年》同人为代表的进步的(甚至是极为激进的)知识分子,也有以杂志《学衡》同人(以及为躲避辛亥革命战乱而寓居日本的罗振玉、王国维等人)为代表的保守的知识分子。

那么,原本计划刊登在《支那学》创刊号上的青木论文《我国支那学革新的第一步》为何被推迟至第 5 号(1921 年 1 月)上发表呢? 此外,该论文在日后被收录于论文集《支那文艺论薮》中时为何改题为《汉文直读论》呢?

1970 年 4 月,小川环树(1910—1993)作为收录此篇论文的《青木正儿全集》第二卷的编辑,在此卷的末尾附上了题为《自由不羁之精神》的编后记,其中有如下一段说明:

> 置于《支那文艺论薮》最后的第三十篇论文《汉文直读论》,简明直接地悉数指出了此问题的要点。 此论在四十余年前听上去无疑是矫激之论,且时至今日,此论仍未得到我国支那学者的全面支持。 虽然此问题早已无须讨论,但今日仍难以实行,存在诸多障碍,这点必须承认。 此文原来的题目是《我国支那学革新的第一步》,在将其收录于《支那文艺论薮》时青木博士将其改为此题目。 关于其理由,我觉得似乎是可想而知的。[1]

---

[1] 小川环树《自由不羁の精神》(此文为《青木正儿全集》第二卷的《解说》,605 页)。关于青木的性格,吉川幸次郎曾做过如下正面的评价:青木博士的性格往往被人评为狷介,甚至不羁。在学问方面,此狷介表现在由读书经验而产生的对于实证的尊重;不羁则表现在不易被传统见解束缚,根据自己的深思熟虑加以批判,即独创。博士厌恶的是传统汉学者非实证的见解,非逻辑性的表达方式,更为深恶痛绝的是道学,以及鼓吹道学的文学观。参见吉川幸次郎《青木正儿博士業績大要》(收录于《吉川幸次郎全集》第十七卷,筑摩书房,1969 年,338 页)。此外,关于当时京大文科大学的文史哲三个专业的学生构成情况,青木亦有所谈:文史哲三个专业的学生总数大约是四十五六名,其中从高等师范升入的学生占大多数,由于他(转下页)

　　小川认为在四十年前的 1920 年代,青木的论文《我国支那学革新的第一步》被视为"矫激之论",这应是正确的论断。而此文在收录到《支那文艺论薮》时更改题目,是青木考虑到当时学界氛围的结果。关于当时汉学界的动向,从大正后期围绕斯文会的各种变化便可一目了然,现将其简略整理如下表①:

大正中后期日本汉学界动向表

时间	事件
1918 年 1 月	上田万年在杂志上提出废除中等学校汉文科的建议
6 月	汉文会会长金子坚太郎,基于在东京举办的汉学科教育大会的决议,向文部大臣提出宜从中等学校第一年开始设置汉文科的建议书
9 月	斯文学会、研经会、东亚学术研究会、汉文学会等四个汉学团体合并,组建斯文会
1919 年 3 月	斯文会研究部提出《关于中等学校的汉文科》的建议书,主张废止直接将汉文翻译为现代日语,并有必要以汉文原文教授
9 月	斯文会合并孔子祭典会,将其设立为斯文会祭典部

(接上页)们已经取得了国语、汉文的教师资格证,所以不必选修类似于国语、教育学这种为获取教师资格证所必修的课程,可以自由选修自己喜欢的课程。因此,他们反倒像是大学生,而我们这些从高等学校升入的学生却像是旁系学生。于是青木就向时任"支那文学"讲座教授的狩野直喜提出不满,但是狩野似乎也爱莫能助。起初狩野似乎也不太喜欢从高等师范升入的学生,但之后逐渐产生好感。因为高等师范出身的学生会好好地听狩野的话,但是从高等学校升入的学生却经常偷懒耍滑,不如高等师范升入的学生谦卑。青木认为高等师范出身的学生大多较为谦卑,从初等师范学校升入高等师范学校的学生尤为谦卑,因为他们一直接受的就是谦卑的教育,他们去老师那里,也绝不会讲一些让老师不高兴的话。从以上青木的回忆中可以窥知其敢怒敢言、自由不羁的性格。(参见《学問の思い出——青木正児博士》,收录于东方学会编《東方学回想Ⅲ・学問の思い出(1)》,刀水书房,2000年,178 页。)

① 参见斯文会编《日本漢学年表》(大修馆书店,1977 年)。

时间	事件
10 月	斯文会会长小松原英太郎向文部大臣提出关于振兴汉学的建议书
1920 年 4 月	斯文会祭典部在汤岛圣堂举行第一次释奠
9 月	小岛祐马、青木正儿等人成立"支那学社",并创办杂志《支那学》
	文部省颁布《汉字整理方案》
1921 年 1 月	松平康国、牧野谦次郎等人成立汉学振兴会(后改称为东洋文化协会)
3 月	众议院全场一致表决通过关于振兴汉学的建议案
	斯文会的诸位大家编写《对于中等教育中的汉学科的意见》,并以特辑《中等教育与汉文》形式出版
1922 年 3 月	众议院全场一致表决通过成立东洋文化研究所的议案
4 月	春山作树发表演讲《中等教育与汉文科》
5 月	在全国中等学校校长会议上提出废止汉文的问题
7 月	上田万年担任临时国语调查会会长
10 月	斯文会在汤岛圣堂举行孔子二千四百年追远纪念祭典
1923 年 2 月	大东文化协会成立
3 月	斯文会向众议院提交《关于汉学振兴的建议案》
5 月	文部省临时国语调查总会选定 1963 个常用汉字
	针对文部省的咨问,全国中等学校校长会议做出《废除汉文科名称,并入国语科,且从第三年课以汉文》的答复
8 月	盐谷温发表论文《现代教育与汉文》
1924 年 1 月	大东文化学院开校

　　从以上年表中可窥知当时教育界内部国语派、汉文派双方的攻防与争论的焦点。从某种意义而言,大正后期斯文会的动

态,可视为明治 30 年代国语、汉文两派围绕"中等学校汉文科废止问题"产生内斗的延续。① 青木绝非站在国语派的立场上挑战汉文派,这从其论文中多次提及荻生徂徕与雨森芳洲便可得到证明。但青木的主张在当时曲高和寡,其论文中对汉学大家儿岛献吉郎指名批评,且对执着于汉文训读的汉学家多有戏谑揶揄之语,甚至借用苏联革命派作家高尔基《海燕之歌》中的诗句,不惜笔墨地赞美"少年中国"的蓬勃朝气和进取精神,因此其主张听上去当然像是"矫激之论"。②

　　青木论文《我国支那学革新的第一步》刊登仅两个月后的 1921年 3 月,斯文会就邀请涩泽荣一、阪谷芳郎、高田早苗、杉浦重刚、幸田露伴等当时较有影响力的三十一位汉学大家,发表关于中等教育中的汉文科的意见,并以特辑的形式出版。此特辑中还包括

---

① 长志珠绘《漢文科廃止問題》(长志珠绘《近代日本と国語ナショナリズム》,吉川弘文馆,1998 年),119—124 页。

② 关于荻生徂徕在《译文筌蹄》中提出的以"华音"阅读中国古典作品的主张,青木这样评论道:"现在看来此主张似乎已不足为奇,是理所当然的主张,但是在其所处的时代,实为天马行空之见。诚然,在当今虽是平凡之见,但是荻生提出此主张已经过了两百余年,其主张却仍未得以实现,着实让人觉得奇怪。有人将中国视为因循守旧之国,那么我国又如何呢? 虽不能说我国所有人都是保守之人,但那些在所谓汉学教育之下培养出来的人的头脑如何呢? 就像是退潮之后被冲上海岸的光头章鱼那样惨淡,与其说是可笑,倒不如用滑稽来形容更为贴切。我曾经写过一篇关于中国文学革命的文章,长篇大论地介绍了中国国民并不保守的一面。现在反观我国的'光头章鱼',就好像在试探其极为保守的内心深处。傻瓜,这多么具有讽刺意味啊! 难道你会让潮汐去问岸边的海鸥吗?"(参见青木正儿《漢文直読論》,《青木正儿全集》第二卷,春秋社,1970 年,334 页。)
　　关于主张汉文直读的论文刊登后引起的反应,青木这样回忆道:"汉文直读论的文章刊载之后,受到了内藤先生的批评。他说文章的后半部分虽然不错,但前半部分却不行。现在回想起来,我好像在前半部分写道,现在的汉学家都落后于时代,居然还使用训读方式阅读,他们就像潮水拍打岸边之后留下的光头章鱼。这可把内藤先生气坏了。其实这段话并非针对内藤先生,但是先生却对我说,不能写那样的内容。我至今仍不明白先生为什么会如此大动肝火。"(参见《学問の思い出——青木正児博士》,收录于东方学会编《東方学回想Ⅲ・学問の思い出(1)》,刀水书房,2000年,169 页。)

1916 年获得"帝国学士院恩赐赏"的林泰辅（1854—1922）的文章，文中阐述了作者自身的时局认识："近时因欧洲大战，世界局势随之动摇，受此不良影响，思想界渐失安定，或曰社会主义，或曰无政府主义，或曰马尔萨斯之人口论，或曰克鲁泡特金之无政府主义等，这些都是没有经过深入思考其是否符合我国国体而妄加倡导的言论，有使社会几近陷入混乱状态的倾向，尤其是此次国汉两派的论争，如果被卷入国际上摇摆不定的思想风波，与明治初期的状态相比，不得不让人产生更为危险之感。（中略）我们决不能袖手旁观，这也是我们斯文会在这狂涛骇浪中不懈努力之缘由。"①

　　另一方面，信奉国家主义的宪法学者上杉慎吉（1878—1929）在其《汉文与国民精神》（《漢文と国民精神》）一文中这样主张道："近来在报纸、杂志上经常可以看见关于废止中等学校汉学科的议论，这是最令人担忧的事情。我本人坚决反对废止的主张，其理由主要是担忧废止汉文科会使国民精神松弛颓废，今日如若废止汉文，那么凭借何物来维持纲常，期待国民精神坚实挺立？如滔滔江水般一味趋从于浮华轻薄的思想风俗，实为令人不堪深忧之事。"②

　　此外，东京帝国大学教授盐谷温（1878—1962）的论文《教授汉文原形的价值》（《漢文原形教授の価値》）亦值得特别关注。此文由五部分构成，其标题分别是：一、训读具有千余年的历史；二、涵养刚健雄大之精神；三、锻炼头脑；四、使国语知识精确；五、现在邻邦中国仍使用汉文。其中第一部分这样阐述道："学者或排斥训读，主张直接音读。虽犹如授英佛独语者，但此论乃全然无视训读之历史，视汉文为外国语之谬见也（专家将汉文与支那语同等对待

---

① 林泰辅《国語漢文二科の提携に就て》（《漢文と中等教育》，斯文会，1921 年 3 月），56 页。
② 上杉慎吉《漢文と国民精神》（《漢文と中等教育》，斯文会，1921 年 3 月），45 页。

则另当别论)。(中略)要之,源于训读法之汉文即为日本之汉文,应将之视为国文。"①盐谷的述论未必是对青木论文的直接反驳,但是即使他没有读过青木的论文,也一定从其学生仓石的言行中察觉到他有向传统汉学举起反旗的倾向。

如上所述,在汉学、"支那学"界的论战持续高涨的背景之下,青木论文作为"无视传统"的典型,确实容易成为众矢之的。论文改题发生在此文刊登的六年之后,此时他已执教于东北帝国大学(值得一提的是曾被青木揶揄的儿岛献吉郎,亦是在此时前往京城帝国大学任职),虽然他不愿意对自己一贯的主张做出让步,但考虑到自己已不是论文登刊时的在野文人立场,比起使用《我国支那学革新的第一步》这样一个会引起世人注意的标题,不如借此机会重新取个较为稳妥的标题《汉文直读论》,这应该是出于他对自己当时处境的考量。

五、被劝诫"莫要发言"的仓石的后来境遇

青木发表《我国支那学革新的第一步》之后,决非陷入完全孤立无援的境地。此文刊登后不久,斯文会研究部的研讨会上出现了与青木主张相同之人,时为东京帝国大学日本教育史教授的春山作树(1876—1935)。据说春山"因特立独行的言行而名噪一时,是东大知名教授之一。与吉野作造等人也过从甚密,是大正时期的民本主义者"②。

春山在上述斯文会研讨会上宣读的论文《中等教育与汉文

---

① 盐谷温《漢文原形教授の価値》(《漢文と中等教育》,斯文会,1921 年 3 月),60—61 页。
② 朝日新闻社编《「現代日本」朝日人物事典》(朝日新闻社,1990 年),1331 页。

科》,于翌年(1922年)4月刊载在杂志《斯文》第四篇第2号上,在此文的最后,杂志编辑特意附上了一段补充说明:"右边论文为在本会研究部会上宣读的论文,仅是春山博士个人的观点,未必与本会趣旨完全一致,望读者谅解。"其中所提到的"本会趣旨"即上述年表中1919年3月斯文会研究部提出的《关于中等学校的汉文科》(《中学校に於ける漢文科について》)建议书,此建议书中明确主张"废直译汉文"以及"原形教授之必要"。

那么,与斯文会趣旨有所背离的春山论文中究竟提出了何种观点?在某种意义上而言,其所论是针对上述盐谷的论文《教授汉文原形的价值》的三个主要论点进行反驳及修正。盐谷提出的三个主要论点分别是:一、因自古以来中国就对日本产生了巨大影响,故在理解日本文学、语言、文物、制度等方面,必须具备汉文素养;二、学习汉文可以使头脑得到训练;三、如果期望凭借儒教挽救混乱的思想界,就应该奖励汉文。对于以上三点主张,春山否定了第二、三点,对第一点附加条件后表示赞同,并在此基础上总结道:

> 最后就汉文教授法再赘言几句。在保存汉文原形方面,不能忘记词语的排列、读音的抑扬缓急。然而日本的汉文仍仅限于手与眼睛,忽略了嘴和耳朵两大要素,这就难以唤起学习者的感情。如此一来,几乎失去了保存汉文原形的意义,因此需要通过真正地保存汉文原形来挽救它。所谓真正地保存就是使用音读。日本寺院自古就并用音、训两种读法,且在考试汉文音读时聘请大学的音韵博士作为评判者。但此后儒学者主要采用训读,音读仅在寺院内保存下来。近世以降,雨森芳洲、荻生徂徕、江村北海等人所主张的都不外乎是音读。(中略)关于使用何种发音,应主要考虑到与国

语、国文的关系，因此可使用旧有的汉音、吴音。在使用中国现代官话时，不仅存在发音的困难，还需要区别古语被记录时期的发音与现今发音的差异。要而言之，在教授汉文之时，应以古代发音来进行直读，再通过直读养成理解汉文的习惯。这样才能体会到原文的妙味，才可谓达到了完备地保存汉文原形的意义。①

上述春山的主张虽然部分是从教育学角度进行阐述，但与青木的音读主张是一致的②，而对盐谷的"教授汉文原形"主张进行了根本性修正。

针对春山提出的尖锐批判，盐谷翌年发表论文《现代教育与汉文》(《現代教育と漢文》)，予以反驳。此文由七部分组成：国民精神的缺失；古典教育之必要；汉文为我国固有古典；汉文学习绝非困难；应大兴朗读之风；应对小学生课以汉文素读；诘难中等学校校长会议之回答。文中这样回应道：

> 汉文自传入我国殆近二千年，为文明之渊源，德教之根本，若征国史之成绩，则可明白其涵养我国民道德，发挥我国体精华之效用。且传其原文之形状，施以训点，加以送假名，便可自由自在地以邦训读破，故以此为我国之古典，何人会有异议乎？（中略）然我国教育家中动辄非难汉文原形，有主

---

① 春山作树《中等教育と漢文科》(《斯文》第四编第 2 号，1922 年 4 月)，58—59 页。
② 关于使用音读汉字的方法阅读汉文，青木在其论文《漢文直読論》中这样写道：我们可以按照自古就传入日本的汉音抑或是吴音来阅读中国的古文，这并无大碍，只不过此法与直接用现代汉语发音阅读相比，稍显逊色而已，其原因就在于不能明确地体现出四声的区别。（中略）除去这一缺点，倘若使用传统的汉音、吴音音读法多加练习的话，可能也会收到与用现代汉语发音相近的效果。而且为了保持与国语之间的联系，以汉音为主，兼用吴音的方法，反而会有意想不到的收获。[参见青木正儿《漢文直読論》(《青木正儿全集》第二卷，春秋社，1970 年)，341 页。]

张应课以汉文训读即译文者。虽多有国语学者赞成之，此毕
竟是无视训读历史之发展，且出于视汉文为外国语之谬见。
均可谓知其一而不知其二。（中略）若以日本语试读之，便可
见其发扬国家主义之日本精神。如若不然，舍大和词，不依
训读，仅一心学音读，或奉隋唐为正朔，甚至如清人，以至不
保灭却自己之国语。①

　　盐谷在此论文中，高度评价汉文的功能，称赞其在语言文化
上能够成为"教育敕语"精神的旗手，同时将反对"教授汉文原形"
的教育家，特别是"支那语学者"视为反传统主义者及中华崇拜主
义者。争论一旦到如此地步，其言论中的政治色彩愈发明显增
强，进而态度变得强横傲慢。过去曾贴在徂徕身上的"中华崇拜
主义者"的标签，如今也被贴到了青木、仓石二人身上。

　　在春山口头宣读论文的斯文会研究部会的会场，毕业于东京
帝国大学、之后作为文部省"特选给费生"并兼任东大文学部研究
助手的仓石应该也在现场。②（仓石大学期间受教于盐谷温，毕
业论文是关于东亚古代天文学方面的内容，毕业后曾气宇轩昂地
前往中国沿海地区进行了为期一个月的游学。③）关于这一点，从
本章开篇部分提及的《汉语教育的理论与实际》一书可以得到证

---

① 盐谷温《现代教育と漢文》(《斯文》第五编第 4 号，1923 年 8 月)，34—35 页。
② 户川芳郎《はじめに》(本文为仓石武四郎讲稿《本邦における支那学の発達》整理
　出版之际，户川写的序言，汲古书院，2007 年)，Ⅲ—Ⅳ页。
③ 关于仓石大学期间的思想状况，其自身这样坦露道："由于幼时接受传统教育，我对
　汉学有一定的理解，在此背景之下，我难以转向西洋文学，因此最终我将支那文学
　确定为自己的专业。三年大学学习期间，我挣扎在传统的汉文训练与新奇的欲望之
　间，一直到毕业为止，我表面上都是一个中规中矩的学生。毕业后我尝试着前往
　中国进行了一次短暂的游学，其间的经历发表在某杂志之上，文中表达了改革汉学
　的抱负。现在回想起来，尽管这样的抱负十分幼稚，但对我而言却是一种纪念。"
　(参见仓石武四郎《支那語教育の理論と実際》，岩波书店，1941 年，190 页。)

实，书中这样回忆道："在东京召开的某次学会上，教育学领域的某位教授曾论及汉文直读，虽是不温不火地主张直接用汉音阅读汉文，但会场上我被某位前辈提醒莫要发言。前辈或许将我视为破坏传统的危险人物，出于爱护之心，才会对我有如此一番善意的提醒。"

那么，敦促仓石"莫要发言"的这位"前辈"究竟是谁呢？有一种假说认为很有可能是盐谷周围与东大有关的学者。出现这种假说的原因就在于，仓石在东大求学期间（1918—1921）就已经表露出对传统汉学的"反骨精神"。据仓石本人回忆，在战后不久，他与时任文学部研究室主任的服部宇之吉（1867—1937）教授之间有过如下一段交谈①：

> 那是我在东京大学读书时的事情，我曾对当时的研究室主任服部教授提出疑问，为什么必须要保留原有的汉文教育方式。但不幸的是，平时以思维敏捷著称的教授，并未做出化解我疑问的回答，这让血气方刚的我觉得非常不满。其实即使作为教授，其自身也会抱有许多疑问吧。据说服部教授曾私下向交情较好的朋友预言道：中国在不久的将来会成为共产主义国家。这样的教授，不可能没有洞悉到汉文教育的将

---

① 1970 年 2 月 9 日，在与后学小野忍、户川芳郎、丸山升、石田一郎座谈之时，仓石这样回忆道：东大毕业后不久，得知《支那学》杂志发行，于是立刻前去购买，当时把所有刊出的文章都仔细读了一遍，但在青木先生的《汉文直读论》刊载之前，东大的教育学部已有一些风吹草动。一位名为春山作树的老师，认为从常理而言汉文直读有些奇怪，其主张是进行汉文直读，即使不能用汉语阅读，至少要直接对单个汉字采取音读。但我认为此主张行不通。之后我遇见了市村瓒次郎先生，先生问我如何看待春山的主张，我直言不讳地答道，那是不可行的。当时，我还向先生坦言道，会上有人提醒我不要妄加议论，于是先生笑着说道，你好像被下了封口令啊！提醒我不要妄加议论的，是为我担心的盐谷先生。先生们都很了解我的想法。（参见《学问的思い出——倉石武四郎》，收录于东方学会编《東方学回想Ⅵ·学問の思い出(2)》，刀水书房，2000 年，172 页。）

156

来。或许他是为了不让学生担心毕业后的生计而希望能够延续传统的汉文教育吧。总之,在不明白传统汉文教育为何延续至今的情况之下踏入这一领域的人,绝非仅有我一人。①

服部在当时是非常著名的教授,或许正是这一原因,年轻的仓石才会对这一往事记忆深刻,或许类似的探索与挫折还有很多。但无论如何,当时东京帝国大学的"支那学科"抑或是汉学界,就人数而言是个狭小的世界,因此,仓石周围的学者对其学问及思想都应该比较了解。也正因为如此,在斯文会研究部会的会场,当仓石要对春山宣读的论文发表意见时,被某位"前辈"善意地制止住了。

被敦促"莫要发言"的仓石逐渐对学术氛围自由开放、好友青木也住在那儿的京都心生向往,于是在拜访前来东京出差的狩野直喜时,向其表达自己想去京大读研究生的愿望。可以说仓石因不满东大保守的汉学而转入京大研究生院,是战前日本汉学界、"支那学界"的象征性事件之一。②

---

① 仓石武四郎《戦前教育の一典型》(《思想》322 号,岩波书店,1951 年 4 月),355—356 页。仓石对自己的东大求学经历这样回顾道:"东大学习期间一直修读服部先生的课,先生授课思路十分清晰。""先生在学校内具有极高的威信。我离开东京之后,虽然决定再也不回东京,之后《雪桥诗话》的著者杨钟羲(1865—1940,号雪桥)前来日本,因为他要访问东京,所以我不得不作陪一同前往,这也是我离开东京之后第一次上京。当时东京方面的招待等事宜均是按照服部先生的指示进行。当大家都齐聚在东大时,服部先生一一指名道姓地吩咐每一位到场的人坐到指定的座位上,此时我又一次看到了久违的情景。而在京都则完全不会发生这样的事情,两地的气氛完全不同。"(参见《学問の思い出——倉石武四郎》,收录于东方学会编《東方学回想Ⅵ·学問の思い出(2)》,刀水书房,2000 年,174 页。)
② 正如户川芳郎所指出的,仓石离开东大前往京大深造的原因,显然是对狩野直喜"迷恋中国"的态度产生强烈的共鸣。换言之,不像东大那样,将停滞不前的中国视为缺乏近代性的静止之物,对其加以轻侮;而是希望对中国自身所具有的意义进行批判性研究,对京大教官们这种理解中国的立场表示赞同。这才是仓石转入京大的根本原因。(参见户川芳郎《はじめに》,收录于《本邦における支那学の発達》,汲古书院,2007 年,Ⅳ页。)

1939 年 4 月,仓石升任京大教授,同年盐谷温因到退休年龄而离开东大讲坛。从 1940 年起,仓石开始兼任东大教授,翌年(1941 年)其力作《汉语教育的理论与实际》问世,正如本章开篇所提及的,书中在阐述汉文训读弊端的同时,也剖析了训读偏好者的保守心态:

> 因为很多支那学者原封不动地坐食德川时代的遗产,所以如若不是德川时代标注训点的书籍,他们大多不愿涉猎。退一步说,其阅读范围至少限于虽无标注训点,但必须是适用训读的书籍。可以说其结果是他们没有从德川时代跨出一步。作为德川的遗风,将汉籍视为日本的书籍,将孔孟认为是日本人。其结果是甚至有人认为支那学者应该继承德川的遗产,掌管日本的文教。这与一说到日本精神,就必须是汉文的现象类似,这两类人属于同一系统。
>
> 如此这般,与现代中国割裂的支那学,其研究对象仅限于古代中国,只要他们还在做着支那学者应该掌管日本文教的迷梦,其研究就会游离于现代日本。这就好似穿着现代的衣服和鞋子,但是头顶上仍然保留着德川时代的发髻一般。①

---

① 仓石武四郎《支那語教育の理論と実際》(岩波书店,1941 年),41—44 页。关于盐谷温的治学及其思想,从其弟子的诸多回忆中可以窥见一斑,例如关于《元曲选》的译注工作,"先生所采用的方法与幸田露伴、平冈龙等先生一样,均是使用汉文训读法,即使是白话部分也标注训读符号","此外,关于吟诗方面,(中略)先生继承的或许是从昌平黌流传下来的'儒者流吟'的风格,吟诵方式极为独特,与现今的吟诗截然不同"。"历史上的王朝更替之际,对待为覆灭王朝殉死之人,先生会表现出极大的热情,比如戊辰战争中的白虎队,还有武将楠木正成等。先生对当时居住在天津租界的清朝末代皇帝溥仪也极尽礼节。先生对于遭遇时代变革期的公卿贵族抱有一种特殊的情感。即使对于学生德川庆光也十分恭敬地说道,吾家世代为幕臣。因此先生一直以幕臣子孙之礼来对待这位将军的后代。还有一件趣事,先生自己有一套对待身份尊贵人物的礼仪方式,一次,由村井长正君安排,先生与当 (转下页)

《汉语教育的理论与实际》出版十年后的 1951 年，岩波书店的《思想》杂志编辑部在为特辑《战后教育的反省》组稿时，仓石以论文《战前教育的一典型》投稿，论述了"裂痕累累"的汉文教育以"教育敕语的权威和应付时局的需要为救命稻草才得以苟全性命"，并进行了以下回顾。1941 年，在此书出版后不久，他在参加于东京大学山上御殿举行的某位老教授的喜寿祝贺会时，被自己同桌对面的某位学者厉声诘问道："如果像你那样否定汉文教育，那么该如何对待教育敕语呢?"仓石对此回答道："我并非全面否定汉文教育，只是主张不按照传统的汉文教育方式或是其翻版来研究中国、了解中国，无论如何都要振兴作为外语的汉语教育而已。"①

六、结语

综上所述，日本近代的"汉文直读"论或"训读排斥"论，受到江户中期以降徂徕学的影响，并在明治时期中日间直接交流的时代要求以及近代西方学术方法的刺激之下而出现，是一种学术上和教育上的主张。明治前期曾由重野安绎所倡导的此主张，到大正后期由青木正儿、仓石武四郎再次提出时，在政治上则被视为危险的思想，其原因在于明治至大正时期日本国内外的思想环境发生了剧烈变化，主要表现在以下三个方面：

（接上页）时还是小学生年纪的常陆宫殿下会面，我陪同先生进入殿下的房间，刚进房门，先生立即双膝跪地，跪行前进。然后捧住殿下的手，殿下对这种礼节似乎不太习惯，不知所措地站着，露出尴尬的笑容。而我也对这种极为郑重的古典式礼节不太习惯，坐立不安，不知如何是好。"（以上回忆参见 1985 年 12 月 12 日举行的座谈会，《先学を語る——塩谷温博士》，收录于东方学会编《東方学回想Ⅱ·先学を語る（2）》，刀水书房，2000 年，144、155、152 页。）

① 仓石武四郎《戦前教育の一典型》（《思想》322 号，岩波书店，1951 年 4 月），357、353 页。

第一，像荻生徂徕这样为江户儒学开拓新纪元的大儒，在明治中期以降日益高涨的民族主义风潮中，却成为有反国体嫌疑的历史人物，这点令人颇感遗憾。[①] 正如吉川幸次郎曾经指出：从明治至大正乃至昭和初期，荻生徂徕都受到非议，其原因在于他将中国作为所有价值的标准，并将日本视为化外之域，因此被贴上"非国民"的标签。[②] 因此，像青木这样堂而皇之地倡导徂徕的"华音直读"的主张，在大正后期绝非受人欢迎之事，而是使自身陷入孤立无援的冒险性境地。

第二，第一次世界大战后，中日两国都受到了西方传入的无政府主义、共产主义等激进思想的影响，此间发生的"森户事件"（1921 年 1 月，东大教授森户辰男公开发表论文《克鲁泡特金的社会思想研究》，被政府视为"宣传危险思想"而遭到起诉）就是其象征。此外，在围绕山东权益的归属问题上中日间产生的分歧，引发了 1919 年的"五四运动"，使得原本就因"二十一条要求"而恶化的两国关系更趋紧张。正是在这样的敏感时期，在发生上述"森户事件"的同月，青木的论文《我国支那学革新的第一步》在杂志上公开发表。正如小川环树所推测的那样，"迷恋"中国新文学和新思想的青木以及主张"汉文直读"的仓石，因其观点类似"矫激之论"，也自然成为众人敬而远之的对象。

第三，如果在上述两大背景下将青木、仓石二人的主张视为

---

① 丸山真男《荻生徂徕の贈位問題》（收录于家永三郎教授东京教育大学退官纪念集刊行委员会编《近代日本の国家と思想》，三省堂，1979 年），109、134 页。丸山的此论文主要考察了大正天皇与昭和天皇在即位大礼时所颁布的《特旨赠位》中，遗漏荻生徂徕的原因及经过，此外还详细介绍了 1915 年 11 月，政治家犬养毅与大学教授三上参次在报纸上展开的公开论战。

② 吉川幸次郎《民族主義者として徂徕》（收录于吉川幸次郎《仁斎・徂徕・宣長》，岩波书店，1975 年），202 页。

缺乏政治上的正当性,那么其"孤高之论"即使是在学术领域也很难得到汉学家、"支那学者"的支持。首先,亲近汉文训读的汉学界、"支那学界"不能简单地丢弃旧有的习惯,迈出"革新的第一步",这是当时的客观事实。从前述所列大正后期的斯文会年表中可知,当时以上田万年为代表的国语民粹主义者,再次提出曾在明治后期遭受否决的"废止中等学校汉文科"的主张时,在全国中等学校长会议上得到了一致支持。在众多的汉文教师或许将要面临失业危机的状况下,斯文会的执行部向包括财政界大人物在内的诸多汉学大家征求意见,并在 1921 年 3 月以特辑《汉文与中等教育》的形式刊行,此特辑的"发刊辞"中极力强调:"抑汉文与修身、国语、国史均为陶冶国民精神的主要学科,其存废实为关乎国运消长之事也。在大战后国民思想动摇之际,仰望众多高明之大方诸贤予以教正。"①正当汉学界一致对外,竭尽全力进行自我保护之际,在自己阵营中却出现了青木、仓石这样的"异端"论调,这对汉学界的盟友而言,无论如何也是难以接受的。其结果是青木尝到了"没有伴侣,孤影孑然地独行于旷野"的孤独滋味,②仓石则离开东京帝国大学,进入心向往之的京都帝国大学

① 林泰辅《国語漢文二科の提携に就て》(《漢文と中等教育》,斯文会,1921 年 3 月),56 页。特辑《汉文与中等教育》中所收录的最后一篇文章为《中等学校教授要目修正案》,文章认为"汉文讲读"科目的重要性应与"国文讲读"科目一样,其讲读材料的选择标准应该是:"记我国体之精华及民族之美风,使之成为足以发挥国民性之物;述健全之东洋思想,使之成为足以涵养道德观念之物;叙忠良贤哲之言行,使之成为可资修养之物。"而关于二者之间的差异,仅仅在于"汉文讲读"科目的作用应是:"使之成为足以理解东洋文化之渊源与现代支那之情势之物;成为足以富含文学趣味、陶冶性情之物;成为足以锻炼刚健质实之气象、文章模范之物;成为足以养成圆满常识之物。"而"国文讲读"科目的作用则是:"使之成为足以明瞭东洋文化之渊源及现代文化之趋向之物;成为足以富含文学趣味、陶冶性情之物;或是使之成为足以裨益日常之生活、养成常识之物。"
② 青木正儿《支那かぶれ》(收录于《青木正儿全集》第七卷,春秋社,1970 年),43 页。

研究生院。此外,正如小川环树在 1970 年所做出的判断那样,青木的"汉文直读"主张"时至今日,此论(作为学术上主张的正当性)仍未得到我国'支那学者'的全面支持。虽然此问题早已无须讨论,但今日仍难以实行,存在诸多障碍,这点必须承认"。(当然,小川是在中日正常邦交化之前做出此判断的,他本人未料想到中国改革开放后,中日间的大规模留学使得学习对方语言的需求发生了改变。)

试想一下,青木的"汉文直读"论与仓石的"支那语教育"主张,无疑均是符合外语学习、外国文献研究方法的正论,二人在孤立无援的境遇下高举二百年前荻生徂徕提倡的"华音直读"大旗,勇敢地宣扬并实践自己的主张,这是值得深表敬意的行为。但我们也必须看到,汉文音读虽然是外语学习的常道,但是如果全盘否定旧有的训读方法,也会走向另一极端。经过历史积淀而形成的汉文训读传统确实有存续的必要,其最大原因就在于训读是解读古典的有效手段之一,至今在日本仍然发挥着功效。

此外,从只有多元文化共存才是发展地域文化乃至世界全体文化的常道这一认识来思考,可以将汉文训读理解为"汉文文化圈"(金文京《汉文与东亚——训读的文化圈》,岩波书店,2010年)的一种解读方式,或是一种方言,因此这一传统理应传承下去。正如欧洲各国的知识阶层并不将拉丁文视为外语一样,东亚地区的知识分子也应抱有不将汉文视为外语的态度。这种态度产生于共享佛教、儒学等传统文化,通过汉文进行知识生产与交流的悠久历史之中,绝非荒唐可笑之物。

对于那些被近代国民和国家观念束缚的人而言,这正是他们难以理解的现象。对前近代的知识界而言,国境并非由经纬度而进行的精确划分,对地域文化的"认同"也并未因民族主义的兴起而扭曲,因此训读对其而言反倒是极为自然且理所当然之事。这些起源于历史深层并对现今世界仍然产生一定影响的"感觉"或常识,作为东亚文化的遗传基因,今后应该对其更加重视并加以研究。

作为结论,笔者认为今后日本汉文教育的理想状态应该是:音读、训读并行不悖,以音读为主,将训读作为辅助手段加以运用。

第二部
围绕文章选录与人物评价的切磋琢磨

第四章　天保年间藤泽东畡所见钱泳编纂的《海外新书》——围绕钱泳、东畡对荻生徂徕与大盐中斋的评价问题

一、引言

天保 11 年 4 月 1 日（西历 1840 年 5 月 2 日），大坂（明治维新后改为大阪）泊园塾举办了一场特别活动，庆祝五日前获得的珍贵书籍《清板二辨》（塾主藤泽东畡对清代钱泳、郑照二人编辑出版的荻生徂徕《辨道》《辨名》等的简称，该书于 1836 年作为《海外新书》第一辑刊行）。首先在庄严肃穆的氛围中举行徂徕告祭仪式，在接下来的庆祝宴会上，师生们欢呼雀跃，举杯庆祝，几近陷入一种欣喜若狂的"混乱"状态。对此，东畡在其《清板二辨记》中这样描述道：

> 天保庚子三月念六日，崎港高岛氏书至，寄以清人钱泳所编《海外新书》，曰商舶始载是一部来。（中略）独斯新梓，六十六州未有一人藏之，而吾先收其上第，可藉为社中重，乃匣袭以传焉。披之则徂徕先生《辨道》《辨名》也，盖钱欲广梓海外之书，而二辨先成。总百四十八纸，脱揭未装，分为五叠，道在其一，名居其四，有小序，有小传，皆钱之笔。其序曰：以经证经，折中孔子。其传称：日本国徂徕先生，信服尊

图 67　藤泽东畡肖像

吾妻重二编《泊園書院歷史資料集》所收，关西大学出版部

图 68　钱泳肖像

《中国历代书画家集》

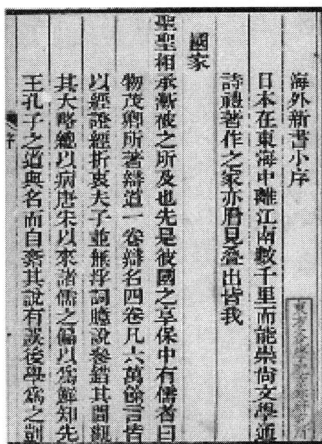

图 69　钱泳编《海外新书》

京都大学人文科学研究所藏

图 70　藤泽南岳辑《东畡先生文集》

关西大学图书馆泊园文库藏

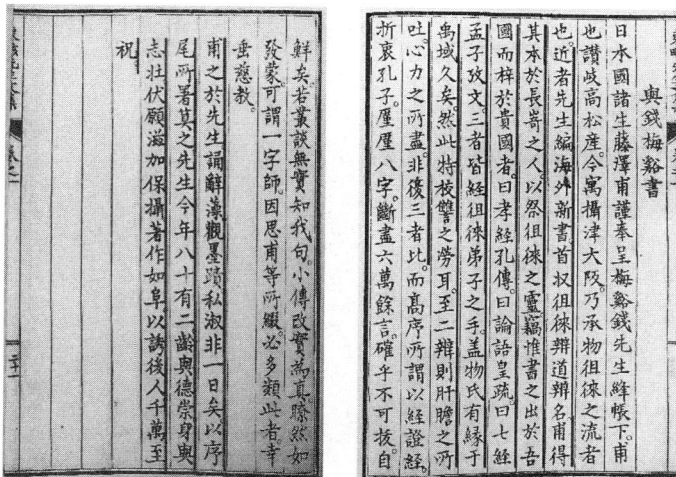

图 71‑1　藤泽东畡在 1840 年书简中表达了对钱泳的私淑之情。
《东畡先生文集》所收

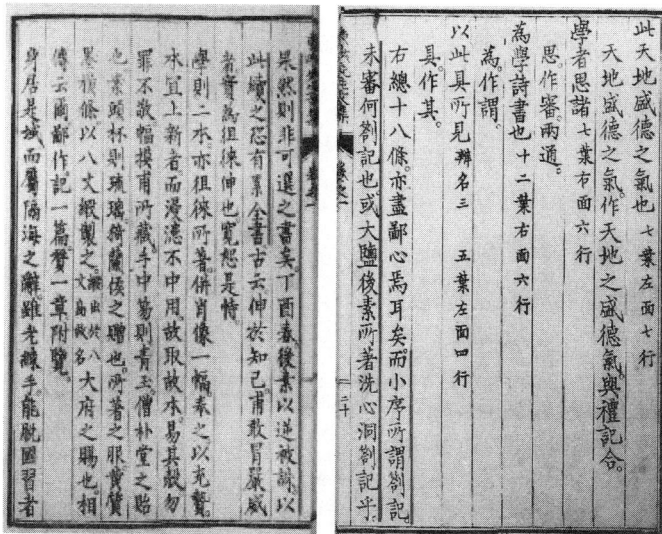

图 71‑2　藤泽东畡在书简末尾表示了对其《海外新书》续刊将收入大盐《洗心洞劄记》一事的担忧。

图72　大盐中斋先生著《洗心洞劄记》二卷

关西大学图书馆长泽文库藏

图73　大盐中斋肖像（菊池荣斋画）

日本东北大学图书馆藏

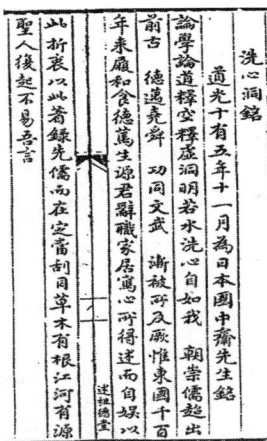

图74　钱泳所撰《洗心洞铭》对大盐的学问表示赞赏。

《清代诗文集汇编》所收

崇,笃且至矣。社中诸生大喜,遂荐之先生之灵。日用四月
朔,偶中先生谒大府之日,若有使之者然。是日,壁挂先生肖
像,像前设案,案上陈叠纸,更近拜之。既而开宴,曰:千古一
时,今日不饮,何日当饮。觞频飞,樽屡倒,呼愉叫快,喧喧
嗷嗷。①

从以上描述可知宴会上泊园塾师生们觥筹交错、欣喜至极的
情景。关于泊园书院史上这一极为罕见的事件,藤塚邻有如下的
一段介绍:

　　传入清朝的书籍除了徂徕的《论语征》之外,还有其
《大学解》《中庸解》《辨道》《辨名》《蘐园随笔》《徂徕集》等,
种类不在少数。这些著作在清代被广为介绍及引用,尤其
是《辨道》《辨名》二书,道光十六年由钱泳编辑而成,附以
《自序》和《日本国徂徕先生小传》,并以《海外新书》为名出
版。藤泽东畡先生很早便获得此书,欣喜若狂地召集门
人,将徂徕画像悬挂于壁龛,并于肖像前的书案上摆放此
书,用以告祭徂徕之灵,告祭仪式完成后举行了盛大的宴
会,将告祭仪式及宴会始末的记录命名为《荣观录》。此
外,原德斋在其著作《先哲像传》的"徂徕"条目中,转载了
钱泳的《自序》及其《日本国徂徕先生小传》,使读者为之眼
前一亮。此事作为日清文化交流史上大放异彩之事,应该
值得我们铭记。②

---

① 藤泽东畡《清板二辨記》(收录于藤泽南岳辑《東畡先生文集》卷一中的《荣観録》,泊
　园书院藏,1884 年,12—13 丁)。
② 参见藤塚邻《物徂徕の論語徴と清朝の経師》(斯文会《支那学研究》第四编,1935
　年)。此外,朱之谦在其著作《日本的古学及阳明学》(上海人民出版社,1962 年)中
　也有相关论述。

《海外新书》卷之一中收录了《海外新书小序》、《钦定四库全书简明目录·经部六》中的孝经类目、《孝经·开宗名义章》(翻刻《古文孝经和歌》中收录的一条兼良逝世十三周年冥福法会时创作的十一首散书假名和歌)、《孝经》(此版本为《孝经》大义本,内附有林罗山逝世五十周年纪念时大学头林凤冈所写的跋文)、《日本国徂徕先生小传》、《辨道》等六部分内容,卷之二至卷之五则为《辨名》。水田纪久教授将藤泽东畡所获得的此书称为"未装订本"(乃是依据《东畡先生文集》收录的《清板二辨记》中的"脱揭未装,分为五叠"等语,以下此本简称"未装订本"),与京都大学人文科学研究所藏的此书的刊本(以下简称"刊本")进行了对比研究,发现了二者的差异:前者为"百四十八纸",而后者为"一五〇丁",并且作为定本的"刊本"中所附录的《海外新书小序》是在"未装订本"的序言基础上修改而成的。如后述将要论及的,《海外新书》虽是以丛书的形式出版,且对第一辑之后的刊行内容及构成也有初步计划,但最终未能出版后续书籍。尽管如此,传入日本的《海外新书》第一辑的意义在于,"这是我国典籍的逆向输入,且所收录的内容,正如东畡先生所明确阐述的,并非输入我国的汉籍或我国校勘的典籍,而是由我国儒者写就的真正意义上的儒学著作"。①

日本儒者的论著在儒学的发源国受到重视,这确实是一段足以鼓舞民族自尊心的佳话。但是倘若不对当时日清两国的国内状况以及钱泳、东畡二人的思想倾向等复杂背景进行深入分析,就不能完全理解这段佳话的真正意义。笔者在十五年前

---

① 水田纪久《『海外新書』浅説》(中村幸彦博士还历纪念论文集《近世文学 作家と作品》,中央公论社,1973 年),529 页。

虽曾对此事进行过考察，现拟通过对《东畡先生文集》及钱泳的《履园丛话》等文献进行详细解析，以期进一步深入阐述此事件的意义。①

二、徂徕学者藤泽东畡对《清板二辨》的评价

藤泽东畡(1794—1864)，赞岐高松藩人（今香川县高松市)，出身于富农之家。名甫，字元发，通称昌藏，号泊园、东畡等。少年时期师从同乡的徂徕派学者中山城山，二十五岁开始在长崎游学三年左右。此后在家乡高松以及大坂开设泊园塾，在其五十岁时，因渊博的学识，被允许称姓佩刀，五十八岁时被高松藩藩主授予中士身份，虽身处大坂却同时担任高松藩的藩儒，且被尼崎藩藩主尊为宾师。其著作有《泊园家言》（由其长子藤泽南岳编纂)、《东畡先生文集》(1884 年由藤泽南岳编撰)等文集、诗集。

1840 年，东畡获得"未装订本"的《海外新书》(以下沿用东畡对此书《清板二辨》的称谓)，时年 47 岁。虽然尚不明了此时他是否已经被尼崎藩藩主尊为宾师，但三年之后被高松藩藩主准许称姓佩刀。

1. 东畡对宽政"异学之禁"后徂徕学者的不遇所表示的不满

自从东畡出生的宽政时期起，徂徕学就因"异学之禁"政策的打击而失去了曾经在学界拥有的巨大影响，逐渐步入衰途。东畡在其著述中也屡次谈及此段严酷的历史。

---

① 参见陶德民《「清板二弁」を祝う泊園の賀宴——幕末における徂徠学の動向》(关西大学东西学术研究所编《創立五十周年記念論文集》，2001 年)。

例如，东畡在获得《清板二辨》的五年前，其师中山城山辞世，为此，东畡在其《先师中山城山先生行状》中这样写道：

> 先师讳鹰，字伯鹰，称尘，中山其姓，城山其号，东赞香川郡横堰里人，父祖农而兼医。先师少从东园藤川先生，受方技。先生旁海以蘐园复古之业，盖东园学之于甘谷菅先生，甘谷实物门之徒，先师谓阙里真面目在焉。好之愈厚，资之愈深，有所大得。让世产于弟元义，别自成家。医而兼儒，后遂至本支易业矣。（中略）蘐园之业，与时不相容，或劝改之。先师曰："身犹可屈，道不可屈。"其志确乎。①

由上述行状可知，城山先生潜心钻研学问，甚至将家产让渡弟弟。就其学统而言，承自荻生徂徕—菅甘谷—藤川东园一系。但是因为其所修学问为"与时不相容"的徂徕学，所以被人劝诫更改学派，但城山先生不改其志，对自己选择的道路贯彻始终。

毋庸赘言，东畡在对不得已度过清贫一生的恩师表达敬意的同时，也感到强烈的不满。东畡在给勉励自己勇于担当古学中兴大任的一位老先生的回信中谈及城山先生，他这样写道：

> 独近世修蘐园之学者，不可以致誉也，不可以干禄也，复古之衰极矣。然抛誉与禄而修之者，真嗜之也。真嗜之者，海内几何？②

也就是说"异学之禁"之后，修徂徕学之人既得不到名誉，也得不到俸禄。如今全然不顾名誉与俸禄而对徂徕学趣旨产生共鸣，并坚持修此学之人已寥寥无几。

---

① 藤泽东畡《先師中山城山先生行状》（收录于藤泽南岳辑《東畡先生文集》卷五，1—2丁）。

② 藤泽东畡《復高橋赤水先生》（收录于藤泽南岳辑《東畡先生文集》卷十，30丁）。

另一方面,受此时势的影响,东畡的弟子当中也出现了改治
朱子学之人。例如有一名为妹尾君恭之人,虽富有才学,毕业后
却毫无顾忌地批判东畡的孟子观,并且还特意委托他人把对此进
行批判的小册子转交给东畡。此事似乎给予东畡极大的震撼。
在给妹尾的回信中,东畡这样写道:

> 或传君恭近变旧见,而未忘古学二字。然今之所辨,斤
> 斤回护程朱诸公之言,似专奉宋学者,抑君恭再变欤? 苟有
> 所见,变可也,不变可也。再变,三变,亦各从其所好,不必呶
> 呶争异同。独至追时取势,自欺革面者,非甫之所知也,未审
> 君恭以为然乎?[1]

换言之,东畡认为如果真正地持有学术上的独到见解,则无
论采取何种立场并不重要,但若仅仅是为迎合时势而丢弃古学、
转向宋学,那就只能说是卑劣的行为。

东畡虽身处上述逆境之中,却丝毫没有动摇对徂徕学的坚定
信念。正如其晚年所作汉诗所示:"阙里文章众说迁,吾曹所守有
师传。如今岂为非誉动,一片丹心七十年。"[2]此诗中所流露的情
感,既有对坚守荻生徂徕—菅甘谷—藤川东园—中山城山这一优
良学统的自豪,也有对徂徕学说正确性的坚定信念。而关于后
者,在其所著的《徂徕物先生赞》中表现得最为明显,可以说几乎
成了一种"徂徕信仰":

> 圣人之道,降为儒乎,先生出而道始道矣。儒者之教,变
> 为禅乎,先生出而教始教矣。宇犹宙也,万里邈兮,先生合而

---

[1] 藤泽东畡《与妹尾君恭》(收录于藤泽南岳辑《東畡先生文集》卷十,33 丁)。
[2] 石滨纯太郎《藤澤東畡》(石滨纯太郎《浪華儒林伝》,全国书房,1942 年),40 页。

罩之。宙犹宇也，千岁邈兮，先生贯而操之。向焉者，背焉者，皆浴厥膏。誉焉者，毁焉者，孰窥厥奥。①

上述赞文中，东畡将徂徕讴歌为道学与儒学的守护神、时间与空间的主宰者，无论是其支持者抑或是反对者都受其恩惠泽被，但遗憾的是他们均未能充分领悟其奥义。据此可知，东畡所坚信不疑的徂徕学的正当性与其所面对的危机现状之间存在巨大落差。

不过，大约在东畡获得《清板二辨》半年前，徂徕的高徒服部南郭的玄孙服部元济承袭其祖辈之职，正式受聘为尼崎藩藩儒。② 正当东畡计划前往服部家进行礼节性道贺时，服部却先其一步，前来东畡寓所拜访。二人会面后，东畡立即写下《赠服叔知序》一文。此文是了解当时东畡思想状况最为重要的史料，文中东畡在对服部就职藩儒表示祝贺的同时，也谈到了逐步走向衰途的徂徕学的现状：

> 余夙与闻蘐园复古之业，盖徕翁乘奎运而起，一扫末学空言之习，以揭三代之旧。经术辞藻，启牖后生，其绩卓绝乎古今矣。尔来百有余年，风移气换。而其学陵迟，或有沼余流者，王公弃而不延焉，人士避而不近焉，是以往往见利革面。方今之世，三公不易，穷而不滥者，仅仅不堪偻指。余常慨于此。③

从上文来看，在徂徕逝世后的百年间，学界氛围已发生剧烈

---

① 藤泽东畡《徂徕先生赞》（收录于藤泽南岳辑《東畡先生文集》卷九，1 丁）。
② 据笠井助治研究，从天保 3 年开始，元济接替其已故父亲的工作，担任第六代藩主的讲师，主要是在尼崎藩的江户宅邸授课。参见笠井助治《近世藩校における学统学派の研究》上卷（吉川弘文馆，1969 年），995 页。
③ 藤泽东畡《赠服叔知序》（收录于藤泽南岳辑《東畡先生文集》卷三，11 丁）。

变化。继承"卓绝乎古今"的徂徕派学统之人，现今不但难以被延聘为公卿、藩主的宾师，甚至连一般的士人都唯恐避之不及。对于造成如此困顿局面的宽政"异学之禁"，东畡表达了以下的不满：

> 或曰：大府学规主宋说，蘐园之教违之矣，吁奚必然。但其不从宋说，则蘐园之所以为复古也。而徕翁屡受大府命，以校文，以谈政，执谒殿上，拜金帛赐。其所著有官刻而行者，徕翁岂违大府乎哉？且所谓学规始罗山林子乎？余尝闻之，列祖之举林子，非必取宋说矣，嘉不靡时风而从其所好也。由此观之，今之殉于古学，而不凋岁寒者，适足当此焉耳。①

由此可知，东畡认为德川幕府采用朱子学（宋学）作为官学，将徂徕学（古）视为与宋学背道而驰的学问，这是一个误解。如果这一观点成立的话，八代将军德川吉宗就不会委任徂徕以校书的任务，向其咨询文教政策，接见他并对其给予褒奖，以官版方式刊行其校正的书籍。此外，据东畡耳闻，林罗山之所以在江户初期受到重用，并非在于其取径朱子学，而是欣赏其不迎合时势、独

---

① 藤泽东畡《徂徕先生赞》，藤泽南岳辑《東畡先生文集》卷九，13 丁。笔者用日语执笔的首篇论文《荻生徂徕の『楽書』校閲とその所産》（大阪大学文学会《待兼山論叢》第 21 号史学篇，1987 年 12 月），探讨了徂徕对明代朱载堉的《乐律全书》的考察过程及其结论，并在 1988 年访问剑桥大学之时，将此论文赠送给中国科学史研究著名学者李约瑟教授（Joseph Needham，1900 - 1995）。此外，笔者用英语执笔的首篇论文"Traditional Chinese Social Ethics in Japan, 1721 - 1943"（*The Gest Library Journal*，Princeton University，第四卷第二号，1991 年）中，探讨了荻生徂徕对《六谕衍义》的训点注释问题。之后由吕万和先生将此论文译为中文，题为《明清〈圣谕〉对日本的影响》，收录于北京大学日本研究中心刊行的《日本学》第五辑（1995 年 6 月）。徂徕对《乐律全书》《六谕衍义》的研究，均是得到八代将军德川宗吉或其幕僚的直接指示而进行。此两篇论文后收录在拙著《日本漢学思想史論考：徂徕・仲基および近代》（关西大学出版部，1999 年）。

立不羁的治学精神。如果此传闻属实，不逐时流的当今徂徕学者才是往昔林罗山学风与精神的真正继承者。

在《赠服叔知序》一文中，东畡还以尼崎藩为例，表露了自身的政治理想：

> 藩侯不易得之君，叔知不易得之士。而二者相得，复古之学，庶几其兴乎。虽然道者圣人之道，吾不敢私于蘐园，岂敢阿于服家乎？（中略）而皇邦建橐以来，纯德不已，世仁浃洽。四海之内，二百六十有余藩，各土其土而民其民。皞皞乎三代之英，被之以三代之学，可直道而行也。吾大八洲，观光于异域者，不在兹乎？是余所望也。①

概而言之，尼崎藩藩主实为难得之明君，服部元济亦是可贵之良才，若此二人联袂便可振兴徂徕学。日本建国以来政治清明，现今的幕藩体制是可以立即实践"三代之学"的最好体制，甚至比儒学发源国的中国（"异域"）还要优越。如果全国二百六十余个藩国都效仿尼崎藩采用徂徕学的话，就能够再现古代中国夏商周的黄金时代，这就是东畡的政治理想。

2. 东畡获得《清板二辨》的始末及其告祭徂徕仪式的意义

正如前文所述，东畡获得《清板二辨》一书的契机是源于"崎港高岛氏"，即时任长崎会所调役总管的高岛秋帆（1798—1866）的好意寄赠。

东畡收到此书时深受感动，因为他与秋帆的交往始于其二十年前的长崎游学时代，从秋帆处获赠此礼物，让他觉得这是二人

---

① 藤泽东畡《徂徕先生赞》（收录于藤泽南岳辑《東畡先生文集》卷九，12—13 丁）。

长久友谊的结晶。获赠此书后不久,一位年长东畡二十五岁的阿波国(今德岛县)儒者高桥赤水(1769—1848)致信向其询问此书的情况,他在回信中这样坦陈自己获得此书时的激动心情:

> 先师则赞逸士中山城山也,先生亦必有所记。呜呼！城山没于五年前,不及闻清版之至,甫殊憾之。今诵先生之书,加闻先师之言,注想不堪,得不倾倒以馨乎。盖甫少育于城山帐下,与闻蘐园复古之业,信而守之,性愚才钝,不能进焉。物先生以崎阳之学为最上乘,其语粘著肠间,愤激不已。遂西游于崎,学所谓唐音者。时既过,舌既强,不得有成,徒费周岁之日。时主其市老高岛氏,即贻我《清版二辨》者也。今而顾之,缘西游而得斯本,缘斯本而得同嗜之人。往昔之费,不啻偿之已。①

回信中,东畡对五年前逝世的恩师城山先生未能目睹《清板二辨》而感到遗憾,自己作为城山先生弟子治徂徕之学,为了躬身践行徂徕所提倡的"崎阳之学",离开家乡赞岐,前往长崎游学。其间寄居在秋帆的宅邸并担任其家庭教师。但是由于自己当时年龄已过二十五岁,即使投入大量时间和金钱学习唐音、唐话,也未能取得显著效果。然而失之东隅,收之桑榆,因与秋帆结缘而得以获赠《清板二辨》这一奇书,以及因此书之缘而结识高桥赤水这样的志同道合之人,当时花费时间金钱而未能习得语话的损失可谓得到了弥补。

在此回信中,东畡还向高桥如此透露自己的"悄悄话":

---

① 藤泽东畡《復高橋赤水先生》(收录于藤泽南岳辑《東畡先生文集》卷十,29—30 丁)。

窃意物先生卓绝之识，直得阙里端门，古今儒林，未见其比也，是特难与外人言矣。若其居此邦，言西土之学，而使西人敛袵钦之，则皇朝文明之祥。苟读书者，不可不抃舞相庆也，何必问学术之同否。①

换言之，因为徂徕的学问直接来源于孔子，所以卓越于"古今儒林"，尚未出现能与之匹敌之人。徂徕作为日本人，论说中国学问，并使中国人折服，实为日本文明之好运，不论学术派别的异同，只要是读书之人都应为之庆贺。

在《清板二辨记》中，东畡还将徂徕与遣唐使时代的饱学之士进行比较，并这样评价道：

抑自晁备诸公，而耀文于异域尚矣，然犹我求于彼。先生则至使彼求于我，是实皇邦荣观，岂吾辈所得私乎？②

文中的"晁备"（指旅居长安使用汉名晁衡的阿部仲麻吕和吉备真备）二人皆因娴熟的汉文水平而在唐代受到高度评价。但东畡认为此二人至多是在中国求学的"学生"，而徂徕的学问为现在的中国学者所追求，前二者不能与之相提并论，徂徕才是创造出日本"荣观"的旷世奇才。

相较《清板二辨记》，藤泽东畡于天保十一年（1840）四月一日举行的告祭仪式上所使用的祭文《告徂徕物夫子灵文》，更能真切地传递出他的期待：

二书者精神之所存，今而至于此，夫子有知之否？其《小传》称日本国徂徕先生，是岂徒然乎哉？其《小序》曰：以经证

---

① 藤泽东畡《復高橋赤水先生》（收录于藤泽南岳辑《東畡先生文集》卷十，30 丁）。
② 藤泽东畡《清板二辨记》（收录于藤泽南岳辑《東畡先生文集》卷一，12 丁）。

经,折中孔子,是岂徒然乎哉？钱亦彼中一老成,门下之士必济济,继而和之,推而扩之,庶几遍于禹服之地。夫子之学,得之于彼之古。没后百有余年,又传之于彼之今。天乎,神乎,世遇乎,尚飨。①

东畡在上述祭文中做出了如下预测,即作为徂徕精神结晶的《辨道》《辨名》二书,当今在中国受到重视绝非偶然之事。将此书以《海外新书》之名出版的钱泳是"老成"的学者,想必其门下弟子众多,在钱氏及其弟子们的努力下,徂徕学的影响力迟早会遍及整个中国。

事实上,使用此祭文的徂徕告祭仪式及庆祝宴会在四月一日举行虽事出偶然(因为东畡在此五天前才获得此书,根据当时重视阴历朔望之日的习俗来看,这是可以举办庆祝仪式的最早吉日),但这一天也是非常有意义的日期。在本章开篇所引用的东畡《清板二辨记》中有这样一段记载：

　　　　日用四月朔,偶中先生晚谒大府之日,若有使之者然。②

即113年前的享保十二年(1727)四月一日,徂徕在江户城拜谒八代将军德川吉宗。徂徕作为甲府藩藩主的家臣,破例得到将军的接见机会,其原因是为犒劳其完成各种"秘密任务",特别是为幕府建言献策而写的《政谈》。据说当天前来徂徕宅邸庆贺的客人熙熙攘攘,络绎不绝。③ 铭记此徂徕学派无比荣耀之日的东畡,竟不期而遇在同一天举行徂徕告祭仪式,这也让他觉得有些不可思议。甚至可以用"雪中得炭"来形容他获得《清板二辨》所

---

① 藤泽东畡《告徂徕物夫子霊文》(收录于藤泽南岳辑《東畡先生文集》卷九,9 丁)。
② 藤泽东畡《清板二辨記》(收录于藤泽南岳辑《東畡先生文集》卷一,12 丁)。
③ 平石直昭《荻生徂徕年譜考》(平凡社,1984 年),161 页。

产生的无比感激之情,这是使其陷入几近狂喜状态的原因。

三、钱泳的人生观、学问观以及对日本文化的偏好

钱泳(1759—1844),江苏省金匮(今属无锡)人,字立群,号台仙、梅溪、梅花溪居士等。在文化文政(1804—1830)年间,特别是在天保时期(1830—1844)之后的日本文人之间具有一定的知名度。据水田纪久教授研究可知,在《海外新书》出版两年前的天保5年(1834),大坂儒者篠崎小竹(1781—1851)从长崎的水野媚川处获赠钱泳的诗集,并得知钱泳仍然健在,故赋诗七律一首以示对其博学文雅之风的仰慕:

寄清人钱梅溪

梅溪避世卧衡门,齿德人瞻兼达尊。
曾伴尚书游乐圃,更寻太史醉随园。
笔传家祖射潮力,诗返湘灵鼓瑟魂。
为啥吟情同臭味,跂身西望立黄昏。
毕秋帆尚书,袁随园太史,皆其所周旋,余家世称梅花书屋,结故及之。①

正如此诗后附记所示,诗中的"尚书""太史"分别指的是毕沅(字秋帆)、袁枚(号随园),此二人均是与钱泳有交往的著名文人官僚。由于钱泳自号梅花溪居士,且将自己的诗集命名为《梅花溪诗草》,这使得篠崎感到一种特别的亲近感。其原因就在于:出生于

---

① 水田纪久《『海外新書』浅説》(中村幸彦博士还历纪念论文集《近世文学:作家と作品》,中央公论社,1973 年),511—512 页。此诗收录于大阪府立图书馆藏篠崎小竹原稿《小竹斋甲午稿》之中。

大坂的篠崎九岁进入篠崎三岛的私塾"梅花社"学习,之后作为三岛的养子继承私塾,培养了众多弟子,因而对"梅花"抱有特殊感情,故通过作诗表达对既是书法家亦是诗人的钱泳的仰慕之情。

1. 钱泳的人生观与学问观

在钱泳的《梅花溪诗草》中,有若干篇具有自传性质的作品,其中以下这篇简洁地回顾了其一生的经历:

> 五龄初就塾,有姊授我诗。朗朗引上口,垂帷侣严师。吾父顾而喜,乃自教诲之。如种松与竹,青云以相期。十二学为文,十三能赋棋。十七始负米,自此常奔驰。一艺于诸侯,仿佛生狂痴。鹿鹿尘网中,归来鬓如丝。今我买田宅,乃在虞山隈。我又课子孙,犹能日孜孜。所冀耕且读,贤愚非所知。[1]

概而言之,钱氏自幼跟随姐姐、父亲诵读古籍,十七岁时离开乡里前往吴门(今苏州),拜入八十高龄的金祖静(别号安安,曾任贵州按察使,著名书法家)门下。在金氏布置的作诗练习中,钱氏曾写道,"寄人篱下非长策,喜带新霜入画堂",此句得到金氏的极力赞赏,称其为"将来必能自立者"。钱泳对金氏的名言"一官骗得头全白"触动极大,猛烈抨击读书人被科举制度所毒害,终日沉迷于追求"富贵功名、声色货利"而虚度人生,因此立志要成为有益于社会的清廉正直之人。[2] 钱泳秉持此人生信条,意味着放弃

---

[1] 钱泳《梅花溪续草》卷一(《清代诗文集汇编》编纂委员会编《清代诗文集汇编》456,上海古籍出版社,2010年),640页。
[2] 钱泳《纪存》《援墨入儒》(收录于钱泳撰、张伟点校《履园丛话》,中华书局,2013年),224、180页。

了被近世中国人视为正道的"读书做官"，即通过参加科举步入仕
途的道路。

钱泳晚年曾屡次谈及其"读书明理"的主张，劝诫年轻人要重
道理而非私利，要重视人道实践而非名誉地位，不要成为不知廉
耻礼仪的衣冠禽兽。其具体主张如下：

> 吾人读书第一要明理致用，第二为科第文章。此理既
> 明，虽不得科第可也。此理不明，虽得科第不可也。若至食
> 而不化，又复昏愦糊涂，既无聪明洒脱之心，必有僻谬拘迂之
> 见，即读破万卷亦何益哉。夫明理致用者，犹人之食用也。
> 科第文章者，犹人之衣饰也。要美华食用要富足，从此立德
> 立功，以到希贤希圣地步，方可谓之读书令人衣服饰缠备，便
> 已目中无食用粗完，自谓天下莫若。至于不仁不知，无礼无
> 义，名节廉耻罔有顾忌，而惟利是图，惟利是视，犹得谓之人
> 乎？犹得谓之读书人乎？则亦禽兽而已矣。①

壮年时期的钱泳历经二十余年，遍访湖北、河南、浙江、福
建、山东、河北、山西等地的名胜古迹，临摹历代的金石与古帖，
在达官显贵、地方望族的赞助下，有时投入私人财产，复刻了一
大批金石碑帖，这样的事业一直持续至其晚年。在此过程中结
识的文人有前述的毕秋帆、袁随园，还有翁文纲、孙星衍、章学
诚、洪亮吉、包世臣等学者。据马成芬的研究及统计，从乾隆五
十三年（1788）至道光八年（1828）的四十一年间，钱泳复刻了
25 种集帖，其中输入日本的有 6 种，分别是：《经训堂帖》12 卷、
《诒晋斋帖》4 卷、《诒晋斋帖巾箱帖》4 卷、《攀云阁帖》16 卷、

---

① 钱泳《履园文集》《清代诗文集汇编》编纂委员会编《清代诗文集汇编》456，上海古
籍出版社，2010 年），705 页。

《松雪斋帖》6 卷、《问经堂帖》4 卷。其中刊行于嘉庆二十年
（1815）的《问经堂帖》，至幕末时期传入日本多达 1883 部，此数
字不仅创下了单种集帖数量传入日本的最高纪录，也占据由长
崎输入的中国集帖总部数的近半数，促进了江户末期重视隶书
的风潮。①

　　晚年时期的钱泳，对自己制作集帖的经历曾这样回顾道：

　　　　余生平无所嗜好，最喜阅古法帖，而又喜看古人墨迹，见
　　又佳札，辄为双钩入石，以存古人面目，亦如戴安道总角刻
　　碑，似有来因也。乾隆五十三、四年间，始出门负米，初为毕
　　秋帆尚书刻《经训堂帖》十二卷，又自临汉碑数种，刻《攀云阁
　　帖》二册，便为海内风行。

　　　　（嘉庆）二十年乙亥，自刻《写经堂帖》，起于钟王，终于松
　　雪，凡八卷。是年秋八月，为韩城师禹门太守刻《秦邮帖》四
　　卷，皆取苏东坡、黄山谷、米元章、秦少游诸公书，而殿以松
　　雪、华亭二家。时太守正摄篆秦邮。是年，萧山施秋水少府
　　曾以余所临汉魏隶书大小数十种刻成四卷，曰《问经堂
　　帖》。②

　　由此可知，在钱泳复刻的集帖之中，既有受尚书毕秋帆、海州
太守韩城师、萧山少府施秋水等官员委托而制作的《经训堂帖》

---

① 参见马成芬《江戸時代における『問経堂法帖』の受容》（关西大学《文化交渉　東
　アジア文化研究科院生論集》第 4 号，2015 年 2 月）。
② 钱泳《家刻》（钱泳撰、张伟点校《履园丛话》，中华书局，2013 年），258 页。此外，钱
　泳曾写过四首题为《过明瑟园拜毕秋帆尚书墓下》（收录于钱泳《梅花溪续草》卷二，
　《清代诗文集汇编》编纂委员会编《清代诗文集汇编》456，上海古籍出版社，2010
　年，659 页）的五言律诗，表达对秋帆的悼念之情，其中一首如下："昔年从幕府，长
　日侍旌麾。衡鉴当朝重，文章四海知。名高原易妬，主圣本无疑。指点坟前碣，真
　为堕泪碑。"

《秦邮帖》《问经堂帖》，亦有其自身临摹的汉代碑帖《攀云阁帖》《写经堂帖》等。毋庸赘言，钱泳如此地热衷于收集古法帖、古石碑，并竭尽全力对其进行复原与再现，通过这些振兴书法的实践，对同时代的"汉学"和考证学产生强烈共鸣，也因而对戴震、毛奇龄批判朱子学和宋学的态度表示支持：

> 六经孔孟之言，以覈四子书注皆不合，其言心、言理、言性、言道，皆与六经孔孟之言大异。六经言理在于物，而宋儒谓理具于心，调性即理。六经言道即阴阳，而宋儒言阴阳非道。有理以生阴阳，乃谓之道。戴东原先生作《原善》三篇及《孟子字义疏证》诸书，专辩宋儒之失，亦不得已也。

> 萧山毛西河善诋宋儒，人所共知。同时常熟又有刘光被者，亦最喜议论宋儒，尝曰："朱晦庵性不近诗而强注诗，此《毛诗集传》所无用也。"又曰："一部《春秋》本明白显畅，为胡安国弄得七曲八曲。"其言类如此。西河同乡有韩太青者，著有《说经》二十卷，为西河作解纷。皆平允之论。[1]

秉持如此学问观的钱泳，高度评价古文辞派学者荻生徂徕的《辨名》《辨道》二书，将其选定为《海外新书》第一辑的主要内容加以出版亦是当然之举。

2. 钱泳的日本文化偏好之由来及其对日交流活动

值得注意的是，在《问经堂帖》问世翌年（1816 年）的夏天，一艘漂流至连云港附近鹰游岛上的琉球船只，吸引了钱泳对位于东

---

[1] 钱泳《宋儒》（钱泳撰、张伟点校《履园丛话》，中华书局，2013 年），84 页。

海海域的外国的关注。通过与船主兼"巡视官"毛朝玉的笔谈交流，钱泳不仅对其高超的汉文能力印象深刻，同时也注意到古代史书中对周边国家的失实记载，以及周边国家仍在使用的中国古语有益于近世中国人对六朝诗人谢灵运文章的理解。譬如谢灵运在其《游赤石进帆海诗》中将海蜇称为"海月"，这对一般只知道"水母"这一名称的近世中国人而言难以理解，但对至今仍保留"海月"称呼的琉球人而言则不存在此问题。①

此外，钱泳在读完友人沈萍香于 1833 年长崎游学后带回的日本学者赖山阳（1780—1832）的《日本乐府》（此书出版于 1829 年，篠崎小竹题写序文）之后，赞扬赖山阳的诗文才华比明代李东阳（1447—1516，字宾之）的《明史乐府》以及明末清初尤侗（1618—1704，号西堂）的《拟明史乐府》要略高一筹。赖山阳的《日本乐府》原本是仿照李东阳的《拟古乐府》而作，借用歌谣形式吟咏发生于安土桃山时期（1573—1603）的历史事件的咏史乐府诗，但为什么钱泳认为赖氏的著作能够青出于蓝而胜于蓝呢？或

---

① 钱泳与海州（今连云港）衙门的友人王仲瞿一起，记录了当时与毛朝玉的笔谈过程。此记录可见于钱泳的《梅花溪续草》卷四（《清代诗文集汇编》编纂委员会编《清代诗文集汇编》456，上海古籍出版社，2010 年），632—633 页。笔谈内容如下：

嘉庆丙子闰六月初五日，有流求国巡见官毛朝玉，自八重山失风，漂荡五千余里之至海州之鹰游岛。刺史韩城师禹门先生以柔远之礼谒至城中，朝玉方袍大袖，冠黄冠，著草履。所携童子一人，马二匹，并从者二十余人，皆无恙。时余与王仲瞿孝廉云，俱在州廨，亲见其事。因问其国中官制及君臣之礼者，久之，顾朝玉不通华语，相与笔谈，竟日作联句诗，以赆其归国云：

无端相失八重山　梅溪　喜见苍颜九品官　入夜鱼龙惊赤土　仲瞿　满船风雨冷黄冠　狂流幸免归崇敬　梅溪　神火能危管幼安　赖是天朝三十六　仲瞿　操舟人在且盘桓　梅溪

其二

髑髅疑惧未曾谙（彼国无髑髅台事，是古史传讹）　梅溪　孔望山前欲问邻归国有期留小驷　仲瞿　破帆无恙载童男　谢公咏月参诗注（中国之海蜇名水母者，毛朝玉云敝国俗名海月，此谢灵运所谓挂席拾海月者，始得其解）　梅溪　沈括工书著笔谈　朝玉工书法　落漠漂流成故事　仲瞿　送君安稳到东南　梅溪

许可以从其以下的诗作中找到答案。

> 文教敷东国,洋洋播大风。
>
> 传来新乐府,实比李尤工。谓李宾之,尤西堂也,俱有明史乐府。
>
> 稽古联珠璧,斟今考异同。
>
> 天朝未曾有,还拟质群公。
>
> 诗才真幼妇,史事表吾妻。吾妻,日本地名,有吾妻镜一书,即日本之鉴也,其书又名东鉴。
>
> 日月无私照,风云渐向西。
>
> 雄文标玉管,彩笔敌金闺。
>
> 闻说扶桑近,高攀未可跻。①

仔细品读以上两首五言律诗,一定会对其字里行间流露出的喜爱日本的倾向印象深刻。诗中极力称赞中国的文教东传日本,在其地已形成洋洋大观。对中国古今故事加以验证及斟酌,并以歌谣的形式进行吟咏,以华丽的辞藻叙述史书《吾妻镜》中记载的历史事件。这使得钱氏感叹道:这样的事情即便在"天朝"的中国也未曾有过,日本虽为近邻,但其文化程度之高,令人难以望其项背。当然,诗中也表达了对中国文化的自豪感,但整体上是站在"知日派"立场上,希望唤起那些对周边国家一无所知且唯我独尊的"群公"对赖氏的杰作《日本乐府》的关注。

不仅是日本的汉诗文,钱氏似乎对日本佛教的魅力也倾心不已。当然,这与随着其自身年龄增长对佛教信仰愈发笃信也有一

---

① 钱泳《沈君蘋香尝游长崎岛,于市中得日本乐府一册,持以示余,为题其后》(《清代诗文集汇编》编纂委员会编《清代诗文集汇编》456 中的《梅花溪续草》卷四,第 456 册),676 页。

定关系。

嘉庆三年(1798),时年五十岁的钱泳临摹了一幅《唐六如居士图》。"六如"是明代著名的书法家、文学家唐寅(1470—1523)的号,其出处来源于《金刚经》,指空幻无常的梦、幻、泡、影、露、电等六种事物。唐寅三十岁时因被卷入泄露科举试题案件而入狱,四十五岁时作为幕宾,发现自己的主公、明宋室宁王有起兵谋反之意,便佯装精神异常而得以逃脱,因此晚年自称"六如居士"。钱氏或许是以临摹《唐六如居士图》为契机,开始思考自己的精神寄托之所,从老庄、佛教思想角度重新认识人生的论述渐次增多。如以下两篇作品中,将人生比拟为剧场,甚至主张读书无用论,认为继承传统学问的后人自会出现,而自己应该爱惜身体,享受眼前生活。

> 处世若戏场,下场便自休。何必太认真,毕竟生愆尤。人生能几时,老少去两头。促促数年中,傀儡为之俦。谩言拾青紫,转瞬登公侯。何曾乐我乐,枉自忧人忧。南柯既成梦,邯郸同一沤。我自看戏来,今已四十秋。浑如作蝴蝶,翻来笑庄周。[①]

> 平生好读书,读书亦何益。万卷费搜罗,矻矻忘朝夕。年来渐颓唐,喜著寻山屐。此事几欲废,弃去殊可惜。况有金石林,兼多汉唐碣。不患无人传,且进杯中物。[②]

1834 年前后,钱泳得以结识几位日本僧侣,并从中受到

---

① 钱泳《梅花溪续草》卷一(《清代诗文集汇编》编纂委员会编《清代诗文集汇编》456,上海古籍出版社,2010 年),641 页。
② 钱泳《梅花溪续草》卷三(《清代诗文集汇编》编纂委员会编《清代诗文集汇编》456,上海古籍出版社,2010 年),676 页。

启发。钱氏为深入交流,向对方索求书画,同时也接受对方的请求,为其新筑成的庵堂寄送铭文以示庆贺,例如钱氏诗文集中就有如下一首题为《寄赠日本僧蝶园上人即索其画》的五言律诗:

> 已悟三乘教,能通六法禅。为求齐己画,一纸寄楼船。
> 草草凭鸿达,栩栩入梦悬。洪涛遥万里,快读待明年。①

诗中所谈及的"齐己"是指出生于湖南的唐代著名诗僧齐己(863—937),他曾游历各地的名山大川,其诗集《白莲集》被收入《四库全书》。钱泳从上文提及的沈萍香处看到其从日本带回的蝶园上人画作后感动不已,遂拜托前往日本贸易的商船转交自己写给蝶园上人的信函,信中钱泳将蝶园上人喻为齐己和尚,并希望能获赠其画作。在交易地点受限且交通不便的当时,跨海的书信往来耗时较长,但钱氏依然满怀期待地等着拜读蝶园上人"明年"的回信。

此外,钱泳对日本文化特质的理解,也体现在其寄给新建庵堂的日本海云寺住持黄泉上人一首题为《虽小庵铭》的偈颂之中:

> 日本海云山住持黄泉上人筑虽小庵以自娱。梅花溪居士闻之,为合掌而说偈言。
> 物以微而显,事以小而大。芥子与须弥,捻在心中会。
> 悠悠海上云,青青屋外山。我闻逦如是,有人常闭关。②

偈中认为黄泉上人将庵堂命名为"虽小庵",体现了其谦虚与

---

① 钱泳《梅花溪续草》卷三(《清代诗文集汇编》编纂委员会编《清代诗文集汇编》456,上海古籍出版社,2010 年),727 页。
② 钱泳《梅花溪续草》卷三(《清代诗文集汇编》编纂委员会编《清代诗文集汇编》456,上海古籍出版社,2010 年),727 页。

智慧,钱氏理解其意图,一语道破庵堂虽小,其主人却心系三千大
千世界。由此可知钱氏很好地理解了这一日本文化特质,即巧妙
运用有限的空间演绎出各种宏大的场面。

　　1835 年,钱泳向日本寄出了两封重要的信函,其中之一就是
为褒扬赖山阳《日本乐府》而亲笔挥毫的前述两首五言律诗,此信
寄给了位于京都的赖氏宅邸,但此信函寄达时赖氏已经去世三
年。实际上在 1833 年钱泳写下称赞赖氏的两首五言律诗前一年
(1832 年),赖氏已经溘然长逝。曾求学于昌平黉,明治维新后担
任大学少博士的赖氏次子赖复(1823—1889,通称又次郎)收到此
信时,不胜感激,于 1878 年《日本乐府》改版发行时,在书末写下
了如下一段后记:

　　　右五言律诗二首,清国梅溪钱氏尝读我先考山阳老人所
　　著《日本乐府》所作焉。字字色丝,首首幼妇。而其诗先考易
　　箦后,经三裘葛,始寄送京师。嗟呼! 先考逝矣,钱公亦逝
　　矣。今改雕斯书,俯仰感怆,弗能自禁,因模勒以附其后。

　　　　　　　　　　　　　明治十年二月　男　赖复识①

　　钱泳写的另一封信是为大坂阳明学者、私塾"洗心洞"主人大
盐中斋而写的《洗心洞铭》,其内容如下:

道光十有五年十一月为日本国中斋先生铭

　　论学论道,释空释虚。洞明若水,洗心自如。
　　我朝崇儒,超出前古。德迈尧舜,功同文武。
　　渐被所及,厥惟东国。千百年来,履和食德。
　　蔿生源君,辞职家居。写心所得,述而自娱。

---

① 参见赖山阳《日本楽府》(赖又二郎发行,1878 年,国立国会图书馆藏)。

　　以此折中,以此著录。先儒而在,定当刮目。

　　草木有根,江河有源。圣人复起,不易吾言。①

　　大盐中斋(1793—1837),名后素,通称平八郎,其祖父为大坂町奉行所②所属的与力③。大盐十四岁时就承袭祖父的官职,出仕奉行所,后开设私塾"洗心洞",专心于弟子的培养。其著作有1833 年刊行的《儒门空虚聚语》及《洗心洞劄记》。钱泳上述铭文中的"论学论道,释空释虚"与"辞职家居,写心所得,述而自娱"是概述大盐《洗心洞劄记》中的"余辞职家居,静闲无事,复取尝所读之古本大学,以究讲之,粗窥得其诚,致知本色之一斑焉"相关内容。此外,如下节论述的《海外新书小序》所表明,钱泳计划将《儒门空虚聚语》及《洗心洞劄记》二书收录到后续刊行的《海外新书》丛书之中,由此可见钱泳对大盐的学问及著作评价极高。

四、东畡致钱泳密信中所表露的复杂心境

1.《海外新书小序》诸版本的差异以及钱泳的立场

　　正如本章开篇所述,《海外新书》有东畡获得的"未装订本"和京都大学人文科学研究收藏的"刊本",由于前者现已不存,未能得见。另一方面,关于《海外新书小序》亦有两种版本,其一存于《东畡先生文集》中《荣观录》内收录的钞本,其二存于京大人文研"刊本"之中。水田纪久教授对这两种版本的差异进行了比较。最近,

---

① 钱泳《梅花溪续草》卷三(《清代诗文集汇编》编纂委员会编《清代诗文集汇编》456,上海古籍出版社,2010 年),727 页。

② 大坂町奉行所相当于现今的大阪市政府。(译者注)

③ "与力"相当于负责民政事务的警察。(译者注)

上海古籍出版社影印出版了中国人民大学与北京大学共同编纂的《清代诗文集汇编》，此文集中收录的《履园文集》中亦有《海外新书小序》一文（以下将此版本简称为"影印本"），其序言如下：

海外新书小序

日本在东海中，离江南数千里，而能崇尚文学，通诗礼，著作之家亦层见叠出。如藤原肃，号惺窝；林忠，号罗山；朱之瑜，号舜水；山崎嘉，号闇斋；伊藤维桢，号仁斋；贝原笃信，号益轩；高元岱，号天漪；森尚谦，号俨塾；源君美，号白石；太宰纯，号春台；服元乔，号南郭；宇鼎，号明霞，皆其选也。先是彼国之享保中，有儒者曰物茂卿，所著有《辨道》一卷，《辨名》四卷，凡六万余言，皆以经证经，折中孔子，并无浮词泛说参错其间，观其大略，首尾完善。海外人有如此清才，亦罕见者。泳乡居多暇，无所用心，为之钞录成编，命之曰《海外新书》。其余尚有《大东世语》《资治论》《先哲丛谭》《乐府》《文话》《劄记》诸作，尚当选而续之也。谨案《钦定四库全书提要》，有日本西条掌书记山井鼎，所著之《七经孟子考文》二百六卷，已载入经部。仰见我皇朝尊经稽古，振兴文学，虽外域边徼之书，亦所收录，可谓大公无私，德同天地者矣。秀水郑君晓山，博雅士也，与余同志，先将茂卿之书写付梓人，以传好事云。

道光十六年春正月　梅华溪居士钱泳书　时年七十有八①

比较"未装订本""刊本""影印本"三种版本的《海外新书》，可以发现最明显的差异在于格式。"刊本"《小序》中的"国家""圣"

---

① 钱泳《梅花溪续草》卷三（《清代诗文集汇编》编纂委员会编《清代诗文集汇编》456，上海古籍出版社，2010 年），692 页。

"钦定""皇朝""大公无私""德同天地"等几处均采用了抬头书写。另一方面，东畡手抄的"未装订本"中则未对相关尊敬词汇进行特殊处理。东畡的此种处理方式，可以说是体现了从徂徕那里继承而来的初始国家主义思想，关于这一点，请参见笔者研究徂徕训点《六谕衍义》的相关论文。① 概而言之，徂徕受八代将军德川吉宗委托，为《六谕衍义》施加训点，将萨摩藩进献的琉球版《六谕衍义》中相关中国皇帝尊称的抬头格式全部"抹杀"，而在叙述训点版成书经过的序文中，将幕府及将军的相关敬语称谓采用改行顶格方式。

此外，"影印本"《小序》的内容与"未装订本"几乎一致，不同之处仅是"影印本"中落款的最后一行有缺漏。这两种版本均罗列了从藤原惺窝至宇野明霞等十二位代表性儒者；而京大"刊本"《小序》则将这些儒者的名字全部略去，并增加了《海外新书》第二辑以下预定收录书籍的具体信息，如书名全称及卷数等，而且所列举的书目也多两种。现将这三种版本的书目整理如下：

"未装订本"及"影印本"之 《小序》所列书目	"刊本"《小序》所列书目
《大东世语》	《大东世语》五卷
《资治论》	《护法资治论》五卷
《先哲丛谭》	《先哲丛谭》前后篇十六卷
《乐府》	《日本乐府》二卷
《文话》	《拙堂文话》八卷

---

① Demin Tao，"Traditional Chinese Social Ethics in Japan，1721 – 1943"（*The Gest Library Journal*，Princeton University，第四卷第二号，1991 年）

续表

"未装订本"及"影印本"之《小序》所载书目	"刊本"《小序》所载书目
《劄记》	《洗心洞劄记》二卷
	《儒门空虚聚语》二卷
	《离屋集》初篇二卷

在"刊本"《小序》中，钱泳在列举完书目之后写道，"皆余近年从海舶商人所得，实中华少见之书，尚当选而续之也"，简述了所列书籍的入手经过、珍贵价值以及将来的刊行计划。由此可见他对日本文化的喜爱及推崇态度，这与其在称赞赖山阳《日本乐府》时所作的二首五言律诗的论调完全一致。但仔细比较三种版本的《小序》，可以发现"刊本"《小序》的文末保留了"仰见我皇朝尊经稽古，振兴文学，虽外域边徼之书，亦所收录，可谓大公无私德同天地者矣"，但在开头部分"日本在东海中，离江南数千里，而能崇尚文学，通诗礼，著作之家亦层见叠出"之后，略去了"未装订本""影印本"中列举的儒者名字，取而代之的是添加"皆我国家圣圣相承，渐被之所及也"一语，用以表示对清朝历代皇帝的赞美。① 由此可见，当时清代在出版像日本这样域外国家的书籍时，显然要顾及当政者的感受。换言之，日本国内儒学文化的普及以及《四库全书》中收录山井鼎、荻生观的《七经孟子考文补遗》，这毕竟是清王朝的恩泽，是清王朝富于包容性的文化政策的产物。钱泳只有如此撰写《小序》，才能从知日派角度表明自身的立场并将自己的出版事业正当化。

---

① 钱泳《海外新书小序》(收录于藤泽南岳辑《東畡先生文集》卷一中的《栄観録》，泊园书院藏，1884 年，14 丁)。

2. 东畡致钱泳密信中的喜忧参半之情

实际上,在举办完徂徕告祭仪式的一个半月之后,东畡致信钱泳(即《与钱梅溪书》),落款时间为"庚子夏五月望"。信中表达了对钱氏出版此书的感激之情:

> 日本国书生藤泽甫,谨奉呈梅溪钱先生绛帐下。甫也,赞岐高松产,今寓摄津大坂,乃承物徂徕之流者也。近者先生编《海外新书》,首收徂徕《辨道》《辨名》。甫得其本于长崎之人,以祭徂徕之灵。(中略)而高序所谓以经证经,折中孔子,仅仅八字,断尽六万余言,确乎不可拔。自非心契相符者,必不至此矣。凡豪杰之士,怀独得之见者,唯患知己难得已。而身后百岁,海外万里,岂偶然乎哉?是本之行,殆使吾辈锐气十倍,实先生之赐也。敬谢敬谢。[①]

东畡盛赞钱泳在《海外新书小序》中仅用"以经证经,折中孔子"八字就精辟地概括了徂徕六万余字的《辨名》《辨道》二书的主要内容,乃是徂徕独一无二的"知己"。收录徂徕此二书的《海外新书》,使出生于"赞岐高松"、现居"摄津大坂"、继承徂徕学统的东畡备受鼓舞,他对之奉若珍宝。

在此基础上,东畡将《清板二辨》与其他在中国出版的日本著作进行比较,以彰显其特殊价值:

> 窃惟书之出于吾国而梓于贵国者,曰《孝经孔传》,曰《论语皇疏》,曰《七经孟子考文》。三者皆经徂徕弟子之手,盖物

---

① 藤泽东畡《与钱梅溪书》(收录于藤泽南岳辑《東畡先生文集》卷一中的《栄観録》,泊园书院藏,1884年),16—17丁。

氏有缘于禹域久矣,然此特校雠之劳耳。至《二辨》则肝胆之
所吐,心力之所尽,非复三者比。[①]

太宰春台的《古文孝经孔氏传》,根本逊志的《皇侃论语义
疏》,山井鼎、荻生观的《七经孟子考文补遗》虽然均已在中国出
版,但此三种著作均为徂徕派学者对儒学经典进行校勘的成果,
而《二辨》则是徂徕"肝胆之所吐,心力之所尽",是其独创性学识
的结晶,其珍贵价值远胜于前三者。

东畡在此信所添附的"别启"中,指出《海外新书》中钱泳所作
《徂徕小传》的错误,以及《二辨》与日本通行版本之间的异同,同
时希望钱氏对自己以上的指正予以理解:

> 记五六年前读一传奇,中载先生尝叙行吴镜江、席也樵
> 两遗稿。方镌板之时,二鬼来,各自改正数字。盖作者所苦,
> 精诚之至,死犹护其业。此举也,徂徕可不感泣于九原乎?
> 《小传》误实者,正文讹字者,一二有之,不顾僭踰,别幅揭上,
> 亦聊代鬼。昭察,不宣。庚子夏五月望。[②]

因为顾虑钱氏可能会对自己的纠正产生不悦,东畡特意附上
了一则自己曾在清代传奇中读过的钱氏相关逸事,即钱氏为吴镜
江、席也樵二人遗稿作序后即将付梓之际,两位已去世的著者竟
然前来"造访",各自纠正遗稿中的几处错字。毋庸赘言,著者本
人必定对其著作倾注了大量心血,因此东畡感到自己有必要代替
"徂徕之鬼"更正钱氏《徂徕小传》中的错误。

---

① 藤泽东畡《与钱梅溪书》(收录于藤泽南岳辑《東畡先生文集》卷一中的《荣観録》,泊
园书院藏,1884 年,16 丁)。
② 藤泽东畡《与钱梅溪书》(收录于藤泽南岳辑《東畡先生文集》卷一中的《荣観録》,泊
园书院藏,1884 年,17 丁)。

从所附"别启"开看,东畡逐一列举了钱氏出版的《清板二辨》与日本通行版本在文本内容上的异同,并更正了钱氏参考的《先哲丛谈》所作的《日本国徂徕先生小传》中的史实错误。虽然直接指出了钱氏的疏漏,但在此"别启"中,东畡仍毫不掩饰地流露出自己对钱氏的私淑之情,并祝其健康长寿。

> 甫之于先生,诵辞藻,观墨迹,私淑非一日矣。以序尾所署算之,先生今年八十有二。龄与德崇,身与志壮。伏愿滋加保摄,著作如阜,以诱后人。千万至祝。①

由此可见,东畡对钱氏仰慕已久,很早之前就已关注到钱氏相关的书籍及法帖。此外,为有助于钱氏理解徂徕的思想,东畡还特意准备了徂徕的《学则》二册与徂徕画像一幅作为礼物。为了寄赠一幅高水准的徂徕画像,东畡在完成此信的四天前,即5月11日,致信当时大坂名重一时的画家西竹坡,请求他务必将自己的精湛本领展示给清人,此信内容如下:

> 与钱梅溪书,略脱稿,发期在近。窃以梅溪钦馥老而梓其书,无乃想其丰采乎? 因欲并往肖像,而写手非俗工所能焉,则不能不烦椽笔,未知肯之否。绢州氏既为捐笺,且镌章,醉墨庵主岂可立视乎? 必也使海外知日本不乏唐人,幸勿惜腕力。五月十一日。②

那么,在当时闭关锁国状态之下意欲结交钱泳的东畡,该如何将自己悉心准备的信函和礼物送到钱泳手中呢? 为打探寄信

---

① 藤泽东畡《与钱梅溪书　别启》(收录于藤泽南岳辑《東畡先生文集》卷一,泊园书院藏,1884 年,21 丁)。

② 藤泽东畡《与西竹坡》(收录于藤泽南岳辑《東畡先生文集》卷十,泊园书院藏,1884 年,27 丁)。

的可能性,东畡写信给其好友高岛秋帆,并托其秘密转寄:

> 尔来阔焉,裘葛几换。今春《清板二辨》之赐,如从天降。敝社二三子即以祭徕翁之灵,欢呼之声,今犹不已,不遑陈谢也已。钱梅溪实徕翁之知己,仆因裁一书,欲以结交,其书并往。窃以隔海之事,有官禁存,不可容私。是以不敢缄之,只公之处置之仰。若藉鼎力,他日得一言之报,不唯仆等荷终身之恩,将鼓海内文明之运。幸垂炤,不一。①

上述信函中有两点内容值得注意,其一是告祭徂徕的宴会虽然已经过了一个半月,但泊园塾内"欢呼之声,今犹不已",东畡和门生们仍沉浸在兴奋之中;其二是东畡拜托秋帆将信寄出的恳切之情。对此东畡特别强调道,若秋帆能够成功将信寄出,自己将终生对其感激不尽,更为重要的是,此事关系到以徂徕学为中心的日本文明的振兴。

此外,我们还不能忽略东畡在"别启"中坦言其最大的担心,他这样写道:

> 《小序》所谓《劄记》,未审何《劄记》也。或大盐后素所著《洗心洞劄记》乎? 果然,则非可选之书矣。丁酉春,后素以逆被诛,以此续之,恐有累全书。古云:伸于知己。甫敢冒严威者,实为徂徕伸也,宽恕是恃。②

如前述表格中所列举各版本《小序》中的书目,东畡获得的"未装订本"中只是简略记载为《劄记》,对此,他担心此书是否为

---

① 藤泽东畡《与高岛秋帆書》(收录于藤泽南岳辑《東畡先生文集》卷十,泊园书院藏,1884 年,33 丁)。
② 藤泽东畡《与錢梅溪書 別啓》(收录于藤泽南岳辑《東畡先生文集》卷一,泊园书院藏,1884 年,21 丁)。

著名的阳明学者大盐后素(即大盐平八郎)的《洗心洞劄记》,倘若确是如此,则后续出版的《海外新书》丛刊不应该收录此著作。其原因就是三年前的"丁酉"年(天保 8 年,1837 年)春天,大盐因发动起义而被逼自尽,此事件史称"大盐平八郎之乱"。面对严重的饥荒,大盐建议大坂东町奉行对饥民采取救济措施,但被多次驳回。无奈之下大盐变卖自己的全部藏书,将所得"六百两"悉数用于赈灾,并向市民和郊区农民发布起义檄文,领导抗争,但最后起义被镇压,四面楚歌的大盐在潜藏一个多月后自焚而亡。[1] 当时身处大坂的东畡近距离地目击了起义的整个过程,因此斗胆向年长自己三十五岁的钱泳建议取消出版大盐著作的计划。其理由在于:自己亦是徂徕的"知己",倘若徂徕学派鼻祖的代表作与作为幕府反叛者的大盐平八郎的著作同时收录在《海外新书》之中,不仅会玷污丛书的整体形象,而且一定会有损徂徕的声誉。

为便于理解,现将"大盐平八郎之乱"以及东畡在信函中所表露的担忧等一系列事件,按时间顺序进行梳理,从中可以清楚地看出东畡的担心绝非杞人忧天。

天保 4 年(1833)	大盐的《洗心洞劄记》《儒门空虚聚语》等两部著作出版
天保 6 年(1835)	钱泳完成《洗心洞铭》一文
天保 7 年(1836)	大盐著作《古本大学刮目》出版。是年,钱泳的《海外新书》第一辑出版,并在此书的《小序》中预告,后续丛书将要出版大盐的《洗心洞劄记》《儒门空虚聚语》
天保 8 年(1837)	"大盐平八郎之乱"爆发
天保 11 年(1840)	东畡获得《海外新书》,并致信钱泳,表示对其第二辑中出版大盐著作的担忧

---

[1] 参见朝日新闻社编《朝日日本歴史人物事典》(朝日新闻社,1994 年)。

　　附带一提的是关于钱泳所推崇的大盐在当时日本所受到的评价。殁于大盐起义五年前的关西文坛的巨擘赖山阳,十分欣赏大盐的渊博学识,将其誉为"小阳明"(相对于王阳明而言),同时对性格直率锋芒毕露的大盐也提出了"祈君善刀时藏之"的忠告。不过另一位大家篠崎小竹却将大盐的学风讥讽为"菅原道真式的恣意不羁的学问",且在大盐起义平定之后,大坂町奉行因得知篠崎私藏大盐刊印的檄文,对其进行了严厉调查。① 正如本章第三节中所探讨的,1833 年钱泳对著有《日本乐府》的赖山阳推崇备至,1834 年篠崎小竹在获得钱氏《梅花溪诗草》后赋诗表达对其的私淑之情。东畡就是在此时代背景之下,对《清板二辨》和《海外新书》进行了价值定位,在致钱泳的信函中表达感谢并指出谬误。

五、结语

　　颇为有趣的是,鸦片战争爆发前夕出版的钱泳《海外新书》,在约半个多世纪后的中日甲午战争前夕,被同为江南出身的文人重视,并计划将其复刻出版,此事载于最近整理出版的《谭献日记》之中。

　　谭献(1832—1901),号复堂,生于浙江仁和(今杭州),近代词人、学者,因博学多识及藏书丰富而广为人知。当时谭献受沈谷成(1830—1902)委托,校订《海外新书》。沈谷成(1830—1902),名善登,浙江桐乡人,擅长周易,同治七年(1868)考中进士。在《谭献日记》中关于此事有如下一段记载:

---

① 冈本良一《大塩平八郎》(创元社,1975 年),161 页。

　　沈谷成将重刻日本物茂卿《清板二辨》,寄予读定。钱泳
初刻称名不雅,予欲改《物氏遗书》。是编《辨道》为纲,《辨名》
竟同自注,不独欲短程朱,直已讥弹思孟。大旨以孔子不制
作,为非圣人,孟子道性善,不如告子杞柳为杯棬之说,大本偏
激至此。而所称幸读王、李之书,殆指东国先哲,非阳明、中孚
也。安天下之道指礼乐言,卓矣。又言礼乐主于得悟,则未识
践履之本末,未足以继颜习斋之书。阅竟,拟书后以诒谷成。
非亡端与海外人空言送难,惟以宋代儒术固流弊滋多,针砭者
不隟穴,则变本而加厉,承学者不可不别白也。[1]

　　据上述写于庚寅年(1890)夏季的日记可知,沈谷成计划复刻
出版钱泳半世纪前刊行的《清板二辨》,虽然此计划最终未能实
现,但受沈氏之托校订《清板二辨》的谭献对此书的评价却耐人寻
味。若将上述日记内容加以归纳,主要有以下三点评价内容:

　　第一,谭献认为原书名《海外新书》不雅,希望再版之时改为
《物氏遗书》。

　　第二,《辨名》《辨道》二书不仅将批判矛头指向二程与朱熹,
对子思、孟子也有所指摘。其中如孔子述而不作,因而不能称为
圣人,孟子的"性善论"不如告子的"性无善无不善",这些都是"偏
激"之辞,而其主张的礼乐为安天下之道确为真知灼见。不过其
礼乐论重视省悟,而轻于实践,这是本末倒置,未能很好继承颜习
斋(1635—1704,颜元)的"习动""实学""习行""致用"的主张。

　　第三,宋代的儒学流弊过多,常常招致海外有识之士的批驳。
虽然海外批评者能够准确认识到其弊端所在,却往往不能精确地

---

[1] 范旭仓、牟晓朋整理《中国近代人物日记丛书　谭献日记》(中华书局,2013 年),
　　170 页。

击中要害，反而有可能使流弊蔓延开来。后世学者必须清楚认识
到这一点。

谭献的以上批判是否中肯，仍有待商榷，但是日记中谭献认
为徂徕所言"王、李"并非王阳明、李中孚，而是指日本本国的先
哲，这是错误的理解，此处所指应是王世贞、李攀龙二人。

关于以上沈谷成计划复刻《清板二辨》的相关内容，笔者希望
留待他日再做深入探讨。

第五章 关于星野恒选编、王韬评点的《明清八大家文》——以《方望溪文抄》为中心的考察

一、引言

正如本书第一章所探讨的,在明治前期中日文人频繁交流的背景之下,由星野恒选编、王韬评点的《明清八大家文》出版计划应运而生。

星野恒(1839—1917),号丰城,越后(今新潟县)儒者,为"文久三博士"之一盐谷宕阴(1809—1867,其余二人为安井息轩、芳野金陵)的高足。明治维新后不久,进入政府直属的修史馆工作,与重野安绎、久米邦武等人共事。1888 年,三人均被任命为东京大学临时编年史编纂挂(1893 年 4 月改组为史料编纂挂,后更名为史料编纂所)的教授,为日本近代史学的发展做出了重要贡献。其著作有《丰城存稿》《史学丛说》等。星野选编的《明清八大家文》中收录有明代的宋潜溪(宋濂)、王阳明(王守仁)、唐荆川(唐顺之)、归震川(归有光),以及清代的侯朝宗(侯方域)、魏叔子(魏禧)、汪尧峰(汪琬)、方望溪(方苞)等八人的文章。

王韬(1828—1897),江苏省苏州人,字紫诠,号仲弢。作为晚清改革派知识分子,他熟悉西方国家的历史并因主办香港《循环日报》而广为人知。由于重野安绎、冈千仞、龟谷省轩、栗本锄云、

图 75　何如璋、沈文荧、黄遵宪的姓名牌

二松学舍大学藏

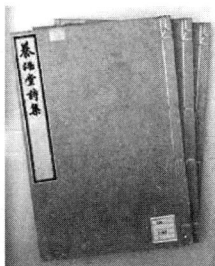

图 76 - 1　宫岛诚一郎《养浩堂诗集》

关西大学图书馆中村辛彦文库藏

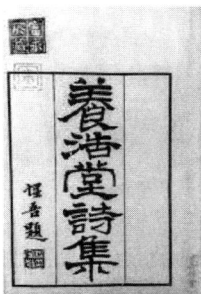

图 76 - 2　杨守敬（字惺吾）题字

图 77 星野恒肖像

维基百科日文版

图 78　王韬肖像

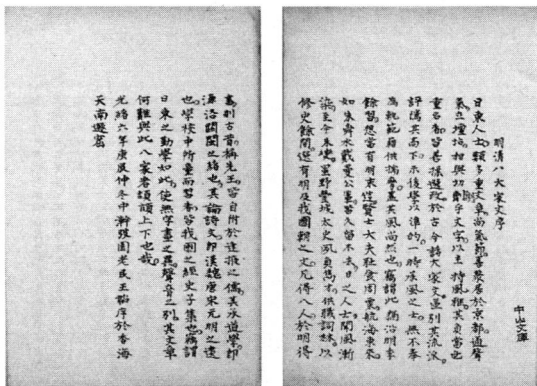

图 79　王韬《明清八大家文序》首页和末页

东京都立图书馆特别文库室藏

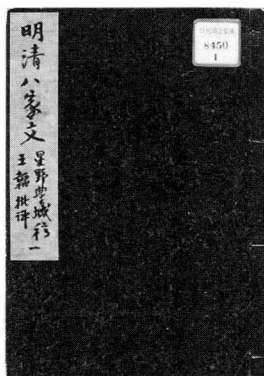

图 80 《明清八家文》第一册封面，中山久四郎题签。

东京都立图书馆特别文库室藏

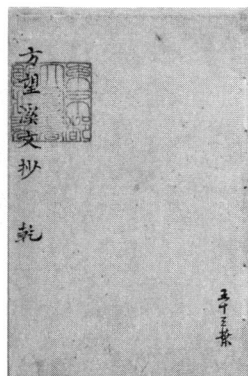

图 81－1 《明清八家文》第七册扉页

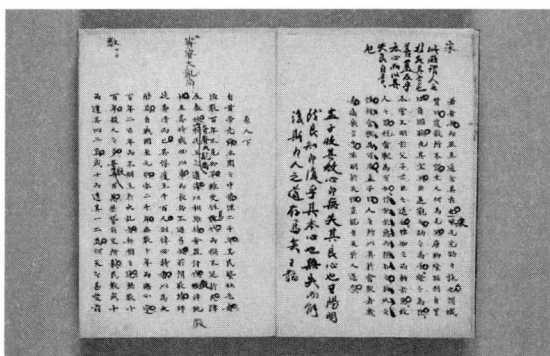

图 81－2 王韬对方望溪《原人》的评点

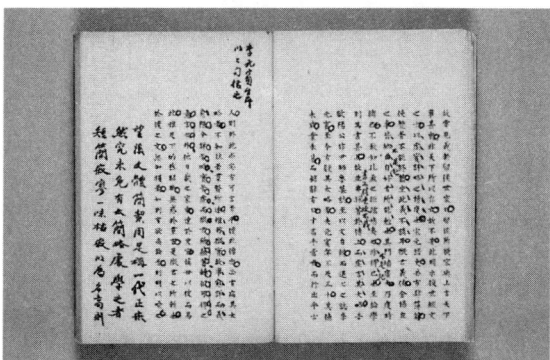

图 81－3 王韬对方望溪《与孙以宁》的评点

寺田士孤等日本汉学家为王韬著作《普法战纪》（1873）中展现的丰富学识和国际视野所折服，1879 年 5 月初，他们共同出资邀请王韬前来日本进行为期约四个月的访问。其《扶桑游记》中记录了此次访日的见闻和经过，例如他与星野多次会面，在游览日光山途中精疲力竭之时，星野还为其安排了人力车。①

王韬访日期间，星野请求其为自己选编的《明清八大家文》进行点评。但王氏因身体不适，直到返回香港后的第二年秋季才着手此事。王韬的点评十分细致，全书各篇章几乎都可见其红笔批注。此外，王韬为此书题写序文《明清八大家文序》（全文参见本章的"附录一"），落款时间为"光绪六年庚辰仲冬"（1880 年年末或 1881 年年初）。序文开篇处写道："日东人士，类多重文章，尚气节。喜聚居于京都，通声气，立坛坫。相与切劘乎文字，以主持风雅。其负当世重名者，皆善操选政。于古今诸大家文，区别其流派。评骘其高下，示后学以准的。"由此可见，日本士人重视文章之学，文坛领袖皆善于通过编纂名家的文集、选集，为后学之人树立作文典范。王韬对此给予高度评价，在序文的末尾写道："窃谓日东之勤学如此，使无字画之异，声音之别。其文章何难与此八家者颉颃上下也哉。"即倘若没有发音和字形的差异，日本也应该不难诞生与此"八家"水平相匹敌的文章名家。

令人遗憾的是，星野此书的出版计划最终未能实现。笔者在东京都立图书馆的中山（久四郎）文库内发现了此书原稿，其封面上的题笺，笔迹酷似京洋文库收藏的多种中山的手稿。不过，中山略去了原书名中的"大"字，故其现在的书名为《明清八家》。通

---

① 王韬《扶桑游记》（收录于钟叔河编"走向世界丛书"，岳麓书社，1985 年），407、408、484 页。

过对其进行解读,可以发现星野与王韬共同完成的此选集中体现出二者的文人兴趣和思想倾向,特别是可以在一定程度上确认王韬对桐城派的理解。虽然此书在东京出版的计划搁浅,但五年之后的 1886 年,近藤元粹(1890—1922)选评的《明清八家文读本》(全二十五卷),由大坂的冈田茂兵卫出版发行。近藤出生于伊豫(今爱媛县),别号萤雪轩主人,酷爱诗文并亲自创作,其一生选评、出版了《陶渊明集》《李太白诗醇》《杜甫诗集》《白乐天诗集》《苏东坡诗集》《陆放翁诗集》《王阳明诗集》《萤雪存稿》等诸多诗文集。

2008 年出版的王文濡编《明清八大家文钞》一书中,卷首有赵伯陶执笔的导读,据此可知明代以后编纂的八大家文集主要有以下九种:①

1. 明初时期朱右编《八先生文选》(收录了韩愈、柳宗元、欧阳修、王安石、苏洵、苏轼、苏辙、曾巩的文章)

2. 明初时期朱右编《唐宋六家文衡》(由于此书将"三苏"——苏洵、苏轼、苏辙并为一家,实际上与上述《八先生文选》相同,也收录了八人的文章)

3. 明中晚期唐顺之编《文编》(入选文章时间跨度从周代至宋代,关于唐宋部分的作者,选取了与上述朱右编《唐宋六家文衡》相同的八人)

4. 明中晚期茅坤编《唐宋八大家文钞》(共百六十四卷,《四库全书总目》中评价其为"一二百年来,家弦户诵"。正是此著使得"八大家"这一称呼得以普及,此后的编者为方便起见,经常沿用此称呼)

---

① 王文濡编、赵博陶等整理《明清八大家文钞》(上海古籍出版社,2008 年),4—8 页。

5. 清道光二十五年(1845)，李祖陶编《金元明八大家文选》(共五十三卷，收录有金代元好问，元代姚燧、吴澄、虞集，明代宋濂、王守仁、归有光、唐顺之，总计八人的作品)

6. 民国四年(1915)，王文濡编《明清八大家文钞》(上海文明书局出版，收录有明代归有光，清代方苞(望溪)、姚鼐(姬传)、刘大櫆(海峰)、曾国藩、梅曾亮、张裕钊(廉卿、濂亭)以及吴汝纶，总计八人的作品)

7. 民国五年(1916)，胡君复编《当代八大家文钞》(由中国图书公司出版，所选八家为王闿运、康有为、严复、林纾、张謇、章炳麟、梁启超、马其昶，共收录文章559篇)

8. 民国二十年(1931)，徐世昌编《清明八大家文钞》[共二十卷，此书虽与上述王文濡所编的著作同名，但不同的是，此书中的八大家以贺涛(1849—1912)代替了王文濡书中的刘大櫆，其理由是贺涛得到张裕钊和吴汝纶的推荐，任保定莲池书院先生，成为桐城派的后继者]

9. 2001年，钱仲联主编"明清八大家文选丛书"(由苏州大学出版社出版，收录明代刘基、归有光、王世贞，清代顾炎武、姚鼐、张惠言、龚自珍以及曾国藩八人的作品)

从出版时间来看，中国的"明清八大家文"编纂以1915年王文濡所编《明清八大家文钞》为嚆矢。但相较于上述以1879年王韬来日为契机计划出版的星野选编的《明清八大家文》，以及1886年出版的近藤元粹选评的《明清八家文读本》，二者均比王文濡的编著早三十年以上。

实际上，不仅是星野的《明清八大家文》，王韬对宫岛诚一郎的《养浩堂诗集》、佐田白茅编著的《明治诗文》也进行了评点。关于对佐田白茅编著的《明治诗文》的研究,夏晓虹在其论文《黄遵宪与王韬遗留日本文字辑述》中进行了详细探讨,故在此不再展开论述。本章将以刘雨珍编校的《清代首届驻日公使馆员笔谈资料汇编》中相关笔谈记录为基础,考察王韬对宫岛诚一郎《养浩堂诗集》所做的评点,并详细分析王韬对星野恒选编的《明清八大家文》中《方望溪文抄》的评点,以期解明其对桐城派的认识。

二、王韬对宫岛诚一郎《养浩堂诗集》的相关评点

宫岛诚一郎(1838—1911),明治维新前为米泽藩(今山形县)藩士,名吉久,号栗香、养香堂等。作为明治政府官员,他参与了亚洲主义团体"兴亚会"的设立。其儿子宫岛咏士(通称大八)在他的建议下,前往中国长期留学,师从桐城派学者张濂卿。宫岛诚一郎自身也积极同驻日公使馆员及来日文人进行交流,此交流的最大成果就是1882年出版的《养浩堂诗集》。

在当时的日本汉诗文界,出版著作时一般都会悉数收录著者的师友对此著作的评语。但在宫岛《养浩堂诗集》中,日本师友的评语全部被省略,仅收录了何如璋、张斯桂、黄遵宪、沈文荧、王韬五位中国文士的评语。[①]

明治12年(1879,己卯)夏日,宫岛致信正在访日的王韬,表达了希望得到其点评的愿望:

谨启王紫诠先生:

　　久仰高才,梅霖放晴,暑候已至,想贵履安绥,可贺可贺!

---

① 夏晓虹《黄遵宪与王韬遗留日本文字辑述》(收录于葛兆光编《清华汉学研究》,清华大学出版社,1994年),197页。

仆窃闻贵邦方今硕学钜儒,名声藉甚,在北京则俞曲园,在江南则先生其人。及读尊著书《普法战记》,深叹其文才富赡,学识宏博,果知其名不诬,洵是一代名士。仆久希一瞻道范,何料乘槎东来,心为之恍然。重野成斋,余积年学友,顷闻先生寓居彼宅,余适浴伊香保温泉,数旬不在家,为欠倒迎,请恕! 余幼时有文字之癖,但家贫不能买书,且僻乡乏师友,仅学小诗而已,到大文章,则未能窥其门。及渐壮,国家多故,东西奔走,投笔十有余年,遂不成一技。方今遭圣代,会中东两国同盟,星使来欢,余与何、张二公,黄、沈二君,辱交最厚,今又遇先生,可谓奇矣。昨托沈君以拙著诗稿,特恐才识短浅,来方家之笑,幸希提撕评阅,能有教则永以拜君之赐。笔不尽意,临风结想,神驰文安,即颂日祺。

己卯七月一日①

从以上信函可知,宫岛对中国江南"硕学钜儒"王韬的学识仰慕不已,虽然希望拜访寓居于重野安绎家中的王氏,但由于自己一直在温泉疗养所休养,所以未能成行。而在此期间王氏却先于自己前来家中拜访,无功而返,宫岛对此深感遗憾。此外,还可看出宫岛与驻日公使"何、张二公"(即公使何如璋、副使张斯桂),以及"黄、沈二君"(即参赞黄遵宪和随员沈文荧)四人过从甚密。当然,此信的主要目的是希望王韬对"拙著诗稿"即《养浩堂诗集》进行评阅(王韬对此诗集的跋文可参见本章"附录二")。

在宫岛致信王韬约一个半月之后的 8 月 16 日,宫岛与公使

---

① 刘雨珍编校《清代首届驻日公使馆员笔谈资料汇编》下册(天津人民出版社,2010年),488 页。由于笔谈原稿中将"俞"笔误为"愈",编者将其全部改正,故本书也照此将其全部改为"俞"。

馆馆员沈文荧(号梅史)进行笔谈交流,宫岛对沈氏将自己诗稿转
交给王韬一事表示感谢,同时也向沈氏询问了王韬的学问及其仕
官意愿,沈氏则回答道:俞曲园擅长经学,王韬擅长史学,王氏志
不在仕官,希望终生保持在野文人身份。二人的笔谈记录如下:

> 宫岛:过日转送拙诗王紫诠,谢谢! 闻紫诠游日光,何日
> 归京?
>
> 梅史:大稿已送去矣,属其速评,未识紫诠有暇否?
>
> 宫岛:此卷顷经鲁西翁批点,请精细删定。
>
> 梅史:后日应奉上。
>
> 宫岛:余读紫诠文章三卷,所谓经世之文,唯其人则磊落
> 如一书生。
>
> 梅史:颇切时事。
>
> 宫岛:贵政府何不官此人?
>
> 梅史:其人不喜冠裳,厌在仕官,故自己不乐就也。
>
> 宫岛:贵邦如此文士所未多有乎?
>
> 梅史:如紫诠与仆等,亦常有之,但敝邦人不自标举,故
> 名皆不著。
>
> 宫岛:敝邦在官之人,亦多不自标举。
>
> 宫岛:俞曲园,王紫诠,学问孰胜?
>
> 梅史:俞者经学胜,王者史学,各有所长。①

十天之后的 8 月 25 日,二人再次进行笔谈,宫岛对于王韬将
自己誉为"日东一代诗宗"的过高评价感到不安,对此沈氏亦褒奖
道:评价为"德川以来"第一人应当之无愧。二人笔谈记录如下:

----

① 刘雨珍编校《清代首届驻日公使馆员笔谈资料汇编》下册(天津人民出版社,2010
年),492 页。

宫岛：先夕中村楼之会多失敬，请恕。曾所托紫诠拙稿，已经评定，今携来奉呈，尚望一览。

梅史：中村楼客多如山阴道上，应接不暇。尔日仆亦失敬于公也。

宫岛：王紫诠评诗云：日东一代诗宗。此语恐过誉，不敢当，惭甚。

梅史：《怀风藻》内有气息深厚者，若德川以来兄一人而已。此事须有性情学问，如杜工部辈，具名臣手段，仁人志趣，故其诗自异。下谷先生但以诗求诗，便失之矣。

宫岛：卓见颇快鄙怀。①

在王韬返回香港后的同年（1879）11 月 21 日，在宫岛与沈氏二人的笔谈中，宫岛再次向沈氏询问王韬的学问和事业。但令人意外的是，沈氏却直言不讳地表达了对王韬的负面评价：对经书钻研不够；被西洋学问迷惑；事业上虽然胸怀大志，但才能不足。尽管如此，其为人爽快正直是值得肯定的。②

宫岛：王紫诠学问、事业如何？

梅史：此人一名士，惜其经书欠用功，而为西法所惑。至事业则志大才疏，然心坦直可喜。③

而在 1881 年 2 月 15 日，宫岛与公使何如璋（字子峨）的笔谈

---

① 刘雨珍编校《清代首届驻日公使馆员笔谈资料汇编》下册（天津人民出版社，2010 年），496 页。

② 有关王韬青年时期信奉基督教，而晚年时期回归儒学的问题，可参照拙文《晚清時代におけるキリスト教の受容——王韜における儒教とキリスト教の相克》（收录于加地伸行博士古稀纪念论集刊行会编《中国学の十字路：加地伸行博士古稀記念論集》，研文出版社，2006 年）。

③ 刘雨珍编校《清代首届驻日公使馆员笔谈资料汇编》下册（天津人民出版社，2010 年），513 页。

中,有如下一段内容:

> 子峨:月来殊多俗冗,阁下迭次枉顾,未获畅领大教,存
> 心歉然。尊著必传之作,唯仆于此事不精,勉强应命,殊未能
> 道著是处。他日发刊,可别属大才人序之,叠赐佳物,受之殊
> 愧。愧客中无佳品相报,惭悚惭悚。

> 宫岛:得阁下尊选,一一精当,他无圈出者,一切除去,总
> 从君选。一友告我曰:每篇诸评,唯存黄、沈二氏及王紫诠,
> 其他诸评咸删却可也。其言似可用。敝邦刊诗者多,而获贵
> 邦翰林学士之选定者,盖未曾有矣。所以仆颇有得色也。

> 子峨:尊集刻就,请寄我数部。他日仆归,由阁下素好交
> 使馆,转寄必可收到。①

何如璋称赞宫岛的诗集必定是能流芳后世的杰作,希望出版
之后得到赠送。对此,宫岛表示能够得到翰林出身的何公使的选
定及评语,感到十分荣幸,并将接受友人的建议,在出版的诗集中
仅附上黄遵宪、沈文荧以及王韬的评语,其余的评语则全部略去。
因此,在1882年由万世文库出版的《养浩堂诗集》中,仅有何如
璋、张斯桂以及黄、沈、王五人的评语,其中后三人的评语占据较
大篇幅。

三、关于王韬对星野恒选编《方望溪文抄》的点评

如前文所提及,王韬对星野恒选编的《明清八大家文》的点
评,是在其返回香港的次年(1880)年末完成的。据王韬序文中的

---

① 刘雨珍编校《清代首届驻日公使馆员笔谈资料汇编》下册(天津人民出版社,2010
年),569页。

"凡十巨册"可知,他从星野处得到的此书稿共有十册。但现藏于东京都立图书馆的中山(久四郎)文库中的此书原稿仅有八册。在此,笔者希望将考察焦点置于与本书主题有关的第七册《方望溪文抄·乾》及第八册《方望溪文抄·坤》。从篇幅而言,桐城派鼻祖方望溪的入选文章占现存原稿的四分之一,这样的比重直观地反映了编者对桐城派文论的重视和偏爱。

如本书第一章所介绍,据已故大庭脩教授的著作《江户时代唐船持渡书研究》(《江戸時代における唐船持渡書の研究》)可知,桐城派学者的主要著作传入长崎的时间如下:1721 年《归震川别集》、1757 年《归震川集》;1841 年侯朝宗《壮悔堂全集》《壮悔堂集》;1783 年及 1786 年《方望溪全集》;1850 年《刘海峰全集》;1845 年姚姬传《惜抱轩十种全集》;1845 年、1846 年及 1853 年姚姬传《古文辞类纂》。由此可知,星野选编的《方望溪文抄》以及近藤选评的《明清八家读本》都发生在《方望溪全集》传入日本百余年之后。除了长崎贸易这一官方渠道之外,应该还存在其他的民间输入途径,因此难以断定星野与近藤是基于何种版本进行选编的。从现今可查阅到的目录看来,主要有以下三种《方望溪全集》:

1.《抗希堂十六种·方望溪先生全集》,别名《方望溪全集》,嘉庆十八年(1813)由苏州修绠山房出版,此书收录有王兆符、程崟编辑的《望溪先生文偶抄》以及由方望溪曾孙方传贵编辑的《望溪先生文外集》。现藏于东京国立博物馆。

2. 方传贵编辑的《方望溪先生文外集》(不分卷),书中标记道"嘉庆癸酉新镌　抗希堂藏版",由此可推断此书应是上述东京国立博物馆藏本《望溪先生外集》的单行本。现藏于京都大学附属图书馆。

3. 戴钧衡编辑的《方望溪先生文集》,1851 年出版。现藏于立命馆大学图书馆。

在本书第一章论及的已故复旦大学刘季高教授在其点校《方苞集》(上海古籍出版社,1983 年,此书是以咸丰元年刊本为底本的修订本)的前言中论述道:本书所据以分段标点的本子是上海涵芬楼景印咸丰元年(1851)刊本,由桐城戴钧衡搜辑刊欸,较抗希堂、山渊阁、直介堂等前出诸本远为完备。① 由于无法确定星野选编《方望溪文抄》时所使用的底本,为稳妥和方便起见,笔者将刘季高点校的《方苞集》与星野恒选编的《方望溪文抄》进行对照研究。

通过对照可以发现,星野在其《方望溪文抄》乾、坤二册中选录的文章分别为《方苞集》中的以下篇章:

1. 卷一《读经二十七首》中的两首;

2. 卷二《读子史二十八首》中的三首;

3. 卷三《论说十四首》中的七首;

4. 卷四《序二十三首》中的五首;

5. 卷五《书后题跋二十六首》中的七首;

6. 卷六《书三十二首》中的四首;

7. 卷七《赠送序二十首》中的八首;

8. 卷八《传十五首》中的三首;

9. 卷九《纪事九首》中的两首;

10. 卷十《墓志铭三十首》中的七首;

11. 卷十一《墓志铭二十首》中的一首;

12. 卷十三《墓表二十首》中的一首;

---

① 方苞著、刘季高校点《方苞集》(上海古籍出版社,1983 年),9 页。

13. 卷十四《记二十二首》中的五首；

14. 卷十六《哀辞十二首》中的五首。

（具体内容参照本章的"附录三"）

未收录的体裁仅为"颂铭"和"家训"两类。值得注意的是，星野选编的《方望溪文抄》并没有完全按上述《抗希堂十六种·方望溪先生全集》的目录顺序进行编排。《方望溪先生全集》前半部分目录在一定程度上按照经史子集的顺序进行排列，而星野选编的《方望溪文抄》则将《方望溪先生全集》卷三《论说十四首》中的七首（《原人上》《原人下》《原过》《周公论》《汉高祖论》《汉文帝论》《于忠肃论》）置于卷首。这一编排方式显示出星野最为重视与人性论、人伦道德相关的篇章。

王韬对方望溪文章的评语，主要可以分为时局论、历史论、道德论、文章论四类。例如王韬对乾(2)《原人下》的点评中，一方面将人心颓废视为由"火器"导致的杀戮所致，"恐不数百年，此世界将坏，人类将灭矣"，对未来持悲观态度；另一方面对于乾(10)《读管子》的评语中，盛赞管子的"治国强兵"之术，并断言道"今人能行管子一书，可以治天下而有余"。此外，在乾(28)《重建阳明祠堂记》的评语中，王韬赞同方望溪的主张，高度评价王阳明为"有明一代伟人，道学、节行、勋业、文章并堪千古"。而在坤(28)《书孝妇魏氏诗后》的评点中，王韬则主张坚持传统的伦理道德观，写道："如魏氏者世所罕觏，巾帼中宜奉为法矣。"

以上是王韬对时局论、史论、道德论文章的点评事例，其对于文章论的相关点评，可以举出以下四个例子：

例1. 坤(21)关于《书孟子荀卿传后》的评语："史记为千古奇章，其所见亦为千古特识，允推为文章之祖。"

217

例 2. 坤（23）关于《书柳文后》的评语："望溪深于经术，集中多经解之作，故其辞如此。其实（柳）子厚小品文，独绝千古，非韩（愈）所及，安问其他。"

例 3. 坤（24）关于《书归震川文集后》的评语："震川手挽狂澜，力崇正体，虽当七子盛行，独立汉帜，骚坛旗鼓，莫敢与抗，此文于震川殊有不满处，然根柢醇厚，法度谨严，不可不谓之古文正传。"

例 4. 乾（11）关于《与孙以宁书》的评语："望溪文体简洁，固足称一代正宗，然究未免有太简略之处，学之者短简寂寥，一味枯寂，以为名高，则失之矣。"

以上四例中，王韬的评论有时与方望溪的观点一致，如例 1 中对于《史记》的评价；有时二人观点则相反，如例 2、3 中对柳宗元、归有光的评价；有时二人观点部分相同，如例 4 中，王韬虽肯定方望溪"文体简洁"的主张，但认为其文章过于简略，后学之人如若模仿其文体，可能会陷于"一味枯寂"的境地。由此可见，王韬对如司马迁、柳宗元、归有光这样擅长叙事的作家给予了高度评价，而对韩愈主张的载道文学、方望溪的偏重经学的学问态度则评价不高。由此可以大致窥知王韬的文章论及文章史观。

关于自身的文章之法，王韬曾经这样回顾道："老民少承庭训，（中略）老民于诗文无所师承，喜即为之下笔，辄不能自休。（中略）往往歌哭无端，悲愉易状，天下伤心人别有怀抱也。"① 换言之，其幼时并未师从像桐城派或阳湖派这样特定学派的学者，仅是以父亲的"庭训"和自己的努力自成一家之学，形成了颇为自由的文风，即所谓"嬉笑怒骂，皆成文章"。从王韬对《明清八大家

---

① 王韬《弢园老民自传》（收录于《弢园文新编》，三联书店，1998 年），371—372 页。

文》的评语来看,确实给人留有此种印象。但是生活于桐城派具有极大影响力的晚晴时代的王韬,其文章论、文章史观应该会受到此派影响。例如,编纂了当时广为阅读的《古文辞类纂》,使桐城派成为清代文坛主流学派的姚姬传,已经提出了与方望溪主张不同的文章论,将上述司马迁、柳宗元、归有光的文风变化过程视为文章史演变的重要脉胳。[①] 王韬很有可能读到了以此文章史观编纂的《古文辞类纂》,倘若如此,在姚氏文章史观影响之下,王韬的文章史观在一定程度上与其一致,也绝非不可思议之事。

---

① 胡士明、李祚唐《前言》(收录于姚姬传《古文辞类纂》,上海古籍出版社,1998 年),
　3 页。

【附录一】 王韬《明清八大家文序》

日东人士，类多重文章，尚气节。喜聚居于京都，通声气，立坛站。相与切劂乎文字，以主持风雅。其负当世重名者，皆善操选政。于古今诸大家文，区别其流派，评骘其高下，示后学以准的。一时承风之士，无不奉为轨范，藉供揣摩，盖其风尚然也。窃谓此犹沿明季余习，想当有明末造，贤士大夫耻食周粟，航海东来。如朱舜水、戴曼公辈，皆久留不去。日之人士，文风渐染，至今未变。星野丰城太史，夙负隽才，供职词林。以修史余间，选有明及我国朝之文，凡得八人。于明得宋潜溪、王阳明、唐荆川、归震川，于我朝得侯朝宗、魏叔子、汪尧峰、方望溪。而名之曰"明清八大家"。盖以继茅鹿门"唐宋八大家"而作也。采辑既成，持以请定于余。凡十巨册，置诸案头。时余方有日光山之行，丰城亦偕游焉。途中凭眺兴怀，时或赓韵间吟，辄抒幽抱于诗歌，而未暇商榷为文也。游山甫毕，而余病，病少瘳，遂南归。此十巨册者，缄闭行箧中，未遑一阅也。今年入秋以来，时时病咳，每至徹夜不寐，一灯耿壁，万籁俱寂。乃于药炉火边，稍稍翻阅之。余生平读书，但观大略，不求甚解。一书阅未数叶，旋即弃去，堆积几案，不自收拾。今应丰城所请，不得不把卷终阅。为之寻绎，漫加评泊，琢抉微奥。初以为苦，继以甘之。丹黄在手，涂抹随心，固居然读书之一药也。余惟此八家之文，流派既殊，蹊径自异。根底六经，扫除群说，白云卷舒，青嶂逶迤，此潜溪之文也；气象光昌，才华博大，清辉流照，皎日当空，此阳明之文也；一空摹仿，绝去机锋，遗貌取神，循途顺轨，此荆川之文也；气息醇厚，法度谨严，香象渡河，飞鸿过塞，此震川之文也；扬葩吐藻，濯魄流芬，天马行空，神龙见首,此朝宗之文也;一唱三叹,一波三折,旨寓环中,韵流弦外,此叔子之文也;引经据典,祖宋宗唐,云锦灿烂,彝鼎陆离,此尧峰之文也;周规折矩,正笏垂绅,六辔在手,一尘不惊,此望溪之文也。此八家之文,于古文中,皆得为正宗。明初承元之弊,而潜溪起而振之,以辨冕乎一代。或有讥其平弱者,后世颇多微词。然嗣起诸家,殚精毕力,务求新异,卒莫能出其上。阳明经济学问,为有明三百年中第一伟人,文特其余事尔,然已不可及矣。荆川震川当横流之际,摹拟剽窃,文体大坏,而能力矫之,不为所惑,古文正传,赖以不坠,其功亦伟矣哉。我朝开国之初,承明之弊,文统盖几乎绝矣。其时起而振之者,实惟朝宗、叔子、尧峰为三大家,鼎足而立,雄视东南。然三子之文,其趣不同。朝宗才人之文也,叔子策士之文也,尧峰则儒者之文也。后数十年而有望溪,尧峰邃于经术,与望溪同。特望溪取法昌黎,其源稍异尔。而其简洁有法,精神独运,实可与尧峰后先竞美。袁随园亦以望溪之文为一代正宗,而又讥其才力之薄,似非通论也。丰城谓余云:一俟论定之后,即当速付手民,以诏学者。丰城冀望学者之精进于文也如此。我观在昔日东,虽与我瀛海相隔,不通往来,而其实同文之国也。尊崇孔孟,设立学宫,讲道德,诵诗书,则古昔称先王,皆自附于逢掖之儒。其承道学,即濂洛关闽之绪也;其论诗文,即汉魏唐宋元明之遗也。学校中所重而习者,皆我国之经史子集也。窃谓日东之勤学如此,使无字画之异,声音之别,其文章何难与此八家者颉颃上下也哉。

　　光绪六年庚辰仲冬中澣　弢园老民王韬序于香海　天南遯窟

【附录二】 王韬为宫岛栗香《养浩堂诗集》所作跋文

　　光绪五年己卯夏六月下旬,余游日光山回,甫解装,即谋归
棹,顾诸同人委校诗文,堆案如山积。而余亦以感受山中寒气,宿
疾陡发,因是暂缓西行,杜门谢客,药炉茗碗,日事静摄。稍闲,仍
力疾从事于铅椠。宫岛栗香先生养浩堂诗,前后共四册,综而读
之,始知其全。大抵先生之诗,上祖风骚,中泝汉魏,下探唐宋元
明诸家,莫不讨流穷源,而吸其神髓。于古乐府,尤能心领而意
会。故其所作,言简意赅、节短韵长,骎骎乎有古音焉。日东诗
人,可推巨擘。

　　惟予谓日诗门径,至今日而大开。自明之季朱舜水东来,
诗教始盛。然尔后所刻诸名家诗,惟五七绝可诵,律诗已病其
未谐,古风则绝无能手。即偶有奋然而为之者,终不免秦武王
举鼎绝膑之患。逮乎近代,作者始知其弊,于是专肆力于三唐
两宋,遂足与中土争长。余始见龟谷省轩七古,戛然异人,为之
赞叹不置。今睹栗香先生作,益知此事自有健者。然则诗教之
兴,于今为烈,不益信乎。余日与东国诸君子交接时,得读其诗
文,而窃幸人才之荟萃于斯也。余何人,而得躬逢其盛耶？因
跋栗香诗而附及之。

吴郡王韬

【附录三】 《方望溪文抄》与《方苞集》的比较及王韬的点评

　　为了直观地呈现星野恒选编的《方望溪文抄》选取了《方苞

集》的哪些篇章,笔者将二者的对应关系整理如下,以期通过对照反映王韬所关心的问题。同时附上原稿中王韬朱笔评点的每一篇文章,以便具体呈现王韬对桐城派的理解以及其历史观、人生观。关于下文中王韬的评点所处位置的描述,做如下说明:

1．"文头",写于文首页面上方空白处的评语,其主要内容是王韬对星野所选取文章恰当与否的判断;

2．"天",亦为写于页面上端空白处的评语,其主要内容是王韬对所选文章的词句进行订正、评论以及不同版本之间的比较;

3．"文末",写于文章结尾处的评论,其主要内容是王韬对文章全体的评价或感想。

此外,《方望溪文抄》目录中的编号,为笔者整理时所加。王韬评语的断句亦是笔者所加,采用间隔一字的方式表示。

笔者注

《方望溪文抄·乾》

1．《原人上》(录自《方苞集》卷三《论说十四首》)

〔天〕此所谓人之将死　其言也善　盖反乎本心　而以其天良自责也

〔文末〕孟子收其放心　即无失其良心也　王阳明致良知即复乎其本心也　无失而能复斯　即人之道存焉矣　王韬

2．《原人下》(录自《方苞集》卷三《论说十四首》)

〔文末〕人心愈漓　杀戮愈亟　此三代以下　所以治日少而乱日多也　降至今日人心盖不可向　机巧变诈已趋其极　以故行阵战斗　至于火器而尽矣　此天之所以毒天下也　窃恐不数百年　此世界将坏　人类将灭矣　噫　可不痛哉　王韬

3．《原过》(录自《方苞集》卷三《论说十四首》)

〔文末〕尧舜无过　颜子不贰过　君子之过也　人皆见之

及其更也　人皆仰之　则有过原不必自讳　文过斯为小人矣　至激而成过　以至于败坏决裂而不可救斯　君子有时绝小人过甚以至有此　君子不得不任其咎也　王韬

4.《周公论》（录自《方苞集》卷三《论说十四首》）

〔文末〕舜能化象而周公至杀　管蔡所处之地不同也　大义灭亲　遂开千古之变局　哀哉　王韬

5.《汉高祖论》（录自《方苞集》卷三《论说十四首》）

〔天〕天何以使一亭长为帝　提三尺剑以马上得之　而不使孔孟之徒乘时得位乎

〔文末〕由战国至秦　人心天理几乎息矣　祖龙之暴　世所未有　人方救死之不暇　高祖生自田间　贱为亭长　暮年起事又以马上得天下　所任如萧何辈　又皆吏也　故其功业止是也天实为之　又何言焉　王韬

6.《汉文帝论》（录自《方苞集》卷三《论说十四首》）

〔文末〕三代以下之君　汉文帝唐太宗为最盛　光武虽有志于图治　局量稍浅　此言汉文治术　尚安于浅近　是为再上一层说法　王韬

7.《于忠肃论》（录自《方苞集》卷三《论说十四首》）

〔文末〕忠肃不争易储　议者绌然　此篇特为表明所以不谏之故　亦自有见　王韬

袁简斋太史忠肃庙碑云　禹图授启　非夏后之德衰　宋祸传殇　是公羊之论正　又云震作　长男自按乾方而定位　星明少海　应随帝座以移宫　倘必故剑之求　而舍吾君之子　是不谅人只反易天明也　据理而谈　又创一解　文人之笔　固自无所不可

按天台斋侍郎召南未遇时梦　于忠肃公曰　景帝易储事

吾尝具疏为谏 不从 后人不知 遂妄加疑议 今皇宬中 吾疏具在 公他日尝检出示人 以白吾心 侍郎修明史 纲目至皇史宬 遍觅不得后 余姚邵进士晋涵预分纂任 至皇史宬求忠肃疏亦未得 检得明时通政司进本档册 载景泰某年月日于某一本为太子事 而此即忠肃具疏力谏之明证也 不知望溪见之 又将何说以处此

8.《读大诰》（录自《方苞集》卷一《读经二十七首》）

〔天〕用排偶句绝好 一时文开 中段二小比 讲明以后之古文 多为时文所累 气息远弗逮 古矣

〔文末〕能直抉当时圣人心事 读大诰者 自此其疑涣然冰释 王韬

9.《读孟子》（录自《方苞集》卷一《读经二十七首》）

〔文末〕战国之时 风俗大坏 故孟子急为下等人说法

10.《读管子》（录自《方苞集》卷二《读子史二十八首》）

〔文头〕尚可存 亦可删

〔文末〕管子官山富海 所以治国强兵者 实开千古之创局 今人能行管子一书 可以治天下而有余 五霸桓公为盛 仲父辅齐 不能王 而乃至于霸者 以其时周虽衰 犹共主也 使生战国时 其设施当自不同 王韬

11.《与孙以宁》（录自《方苞集》卷六《书三十二首》）

〔天〕李元宾生平以二句括之

〔文末〕望溪文体简洁 固足称一代正宗 然究未免有太简略处 学之者短简寂寥 一味枯寂 以为名高则失之矣 王韬

12.《答某公》（录自《方苞集》卷六《书三十二首》）

〔文头〕此篇似可删

〔文末〕通篇皆作箴规 语上交不谄 于此见之 盖于某公

以信义相孚者久矣　王韬

13.《与常熟蒋相国论征泽望事宜书》(录自《方苞集》卷六
《书三十二首》)

〔天〕望溪经济设施　于此文略见一斑　坐而言者可以起而
行　绝非儒生迂谬之谈　盖望溪平日往来北方　故于塞外情形
颇稔也

以上备陈汉代所以控驭北方之法　以明今昔之不同　远近
之有异　此皆异于汉代处　此即屯田养兵　步步为营之法　论
塞外形势　夷俗情形瞭如指掌　所陈制胜之道　实有所见　非
同纸上空谈　王韬

14.《与一统志馆诸翰林》(录自《方苞集》卷六《书三十二首》)

〔文头〕似犹可存

〔天〕一语扼要　持此之语　即辨天下事亦不难

〔文末〕此可为总纂一书　合众手而归一致之法　王韬

15.《周官析疑序》(录自《方苞集》卷四《序二十三首》)

〔文末〕周官之作　大抵姬公未成之书　不独未及行于当时
恐亦不能行于后世　其设官分职有琐细已甚处　此篇虽为析疑
而犹未能见及乎此　王韬

16.《教忠祠祭田条目序》(录自《方苞集》卷四《序二十
三首》)

〔文末〕沈挚哀恻语之从肺腑中流出　是谓至性之文　王韬

17.《储礼执文稿序》(录自《方苞集》卷四《序二十三首》)

〔文头〕此篇删

〔文末〕通篇皆缕述其兄前后学业显晦之事　而至入题　则
惟言其文似其兄　为能得其意而同其所见　此谓点睛破壁手段
王韬

讲百川文处几居十之八九　而及礼执处不过三四行　究非文章正轨

18.《熊偕吕遗文序》(录自《方苞集》卷四《序二十三首》)

〔文末〕行身不苟　有济实用是熊君一生得力处　时艺其小焉者也　通篇极言其学行　而篇末又深致其惋惜　时艺之足以困人才　隐然见于言外　王韬

19.《杨黄在时文序》(录自《方苞集》卷四《序二十三首》)

〔天〕所遇之穷　即指上之事

〔天〕集中为时文作序者　特三篇耳

〔文末〕杨君为循吏为纯儒　虽不自时文出　而时文亦足以见其人　惟其所遇之穷　当不系于时文　曰有命在　王韬

20.《送王篛林南归序》(录自《方苞集》卷七《赠送序二十首》)

〔文末〕情至之语　出自肝鬲　此非因人之泛　然作别者王韬

21.《送刘函三序》(录自《方苞集》卷七《赠送序二十首》)

〔文末〕通篇以中庸作主　而不以狥众求同为中庸　而反以矫众立异为中　盖绳趋尺步疲缓阘茸嗫嚅而不能出于口者　非中庸也　必一乡之人皆以为迂怪踈缪　乃始合乎中庸　函之疎放旬散人也　惟其言行不悖乎中庸　斯谓之真中庸矣　王韬

22.《赠魏方甸序》(录自《方苞集》卷七《赠送序二十首》)

〔文头〕此篇宜存不可删

〔天〕日东人士没每写谑字　必误作谲字　不知何解

〔文末〕从来千古传人　必有至性　望川于友朋交际聚散离合间　缠绵往复如此　岂今之人所能耶　王韬

23.《送左未生南归序》(录自《方苞集》卷七《赠送序二十首》)

〔文末〕左生之交　以遇患难而独挚　此尤感人之深也　望

227

溪此文作于患难中　故亦不自知其言之沈痛乃尔也　王韬

24.《赠淳安方文辂序》(录自《方苞集》卷七《赠送序二十首》)

〔文头〕此文可存

〔文末〕时文害于学术　以其束书不观也　而纵览博涉　则又有害于时文　故古来得享盛名者　皆由少年科第　其久于场屋者　虽为古文　入之终不能深也　王韬

25.《送李雨苍序》(录自《方苞集》卷七《赠送序二十首》)

〔天〕此最是学人通病

〔文末〕为文有害于吏治　以其妨时役志也　顾其业即经济也　虽并行而何害　特不可为章句记诵之末　而以文人自居耳　王韬

26.《送钟励暇宁亲宿迁序》(录自《方苞集》卷七《赠送序二十首》)

〔文头〕此等谓之市井俗字

〔天〕凡人学之不成　率以此故

〔文末〕通篇皆勖励语　盖交挚意诚　故告之尽言而无隐于此　知昔人敦于友道　犹有古风　王韬

27.《送张又渠守扬州序》(录自《方苞集》卷七《赠送序二十首》)

〔天〕明乎此　以于利害当前　自毋所摇惑

〔文末〕首提先君之德业及交谊始终　中及其在官有所建立　终则勖之以先德　无一赘词　亦无谀词　此文品之所以高也　王韬

28.《重建阳明祠堂记》(录自《方苞集》卷十四《记二十二首》)

〔天〕此二句正为士习所坏处　至今日而益不可问矣　别本

无望溪二字

〔文末〕阳明为有明一代伟人　道学节行勋业文章　并堪千古　即其及门弟子　皆能守其说而不变　文以孙徵君与阳明并提　亦能即近以徵远　俾此邦人士闻风兴起耳　王韬

29.《修复双峰院记》(录自《方苞集》卷十四《记二十二首》)

〔文头〕此篇宜存　不必删

〔天〕明祖之惨刻　永乐之阴鸷　杀人如屠犬　如此五代时所未有也　余观史至此　辄为掩卷流涕

〔文末〕士君子虽穷　而在下亦足以主持风教维系人心　此由平日之所守所学　而亦由为上者数百年来教泽之深也　望溪以有明一代养士之重　故遂得食士之报　王韬

30.《游丰台记》(录自《方苞集》卷十四《记二十二首》)

〔文头〕此篇极佳　断不可删

〔天〕丰台素以芍药著名　游客之盛以此　见芍药殊不足观

31.《题天姥寺壁》(录自《方苞集》卷十四《记二十二首》)

〔文头〕此篇似未可删

〔天〕不意雷部特为公道　道人以补官吏之所不及

〔文末〕太白之诗不及舆夫之言　因知天下事　非目击者不可信也　后言本以需而全其生　犹人遇患难阨穷而始成其业也　读此文觉于言外有无限感慨　王韬

32.《游雁荡记》(录自《方苞集》卷十四《记二十二首》)

〔天〕此山灵之幸也

〔文末〕极形容雁荡之广静幽深严峭正肃　如端人毅士之不可少犯　而游山者自不能复赞一词　王韬

《方望溪文抄·坤》

1.《白云先生传》（录自《方苞集》卷八《传十五首》）

〔文末〕高节畸形不求人知　得震川文而乃传　所著经学诸书未隔传于世　则恐沈没也久矣　如白云先生者　真可入隐逸传而无惭矣　王韬

2.《二贞妇传》（录自《方苞集》卷八《传十五首》）

〔天〕以任氏作陪　任氏犹是家庭之常　此则处其变矣

〔文末〕从来贞义节烈之著　皆遭事变而始有　则固妇之不幸也　此文尤能直揭贞妇心事　九幽之下当为感泣不置　王韬

3.《高烈妇传》（录自《方苞集》卷八《传十五首》）

〔文末〕有此节妇　斯有孝媳顺孙　亦天之所以报施也

4.《左忠毅公逸事》（录自《方苞集》卷九《纪事九首》）

〔天〕此之谓真知己　呜呼　天下滔滔　谁为我知己者而能用我乎　此字市井人所书　殊不可识　别本浮山作涂山

〔文末〕呜呼　左公史公皆天人也　今不得复见其人矣　使世间尚有斯人　愿执鞭箠以周施于左右　读此觉胸中有一斗热血　不能为国家一倾吐　庚辰十一月中澣天南遁叟呕血书　是日长芝今节　饮酒霑醉书此

5.《高阳孙文正公逸事》（录自《方苞集》卷九《纪事九首》）

〔天〕别本多一堪字　公将以入贺万寿节　面奏进兵　逆党遂指公与晋阳之甲魏　珰恬亟全人止公

〔文末〕公之经济尤在用兵时　辽事方棘　公从容坐镇　壁垒一新　经营四年　辟地四百里　徙幕踰七百里　楼船铁骑东巡至广宁　抵医无闾　使朝廷始终任之　天下事岂有不可为哉　此文深惜公之不终于用厄于奸辅　觉千载之犹有隐憾　按公于崇祯戊寅　狗高阳之难　奸辅薛国观　怒公靳予赠恤　久

之南都　追赠太傅　谥文忠　此云文正未知何据　王韬

6.《李刚主墓志铭》(录自《方苞集》卷十《墓志铭三十首》)

〔天〕上曰父某君　下曰归孝慤　然则名孝慤者　非其父耶

〔文末〕叙刚主为学　始异终同处　曲折详尽　而刚主之践履笃实　心性朴愿　以此可见矣　王韬

7.《礼部尚书赠太子太师杨公墓志铭》(录自《方苞集》卷十《墓志铭三十首》)

〔文末〕此望溪生平极力发挥之文　于杨公之勋业学行知遇言之唯恐不详　而气韵音节　纯乎入古　洵为绝大手笔　近世碑版文字当首推一席　王韬

8.《李抑亭墓志铭》(录自《方苞集》卷十《墓志铭三十首》)

〔文末〕写其学术人品处　委曲详尽　无一愧辞　王韬

9.《翰林院编修查君墓志铭》(录自《方苞集》卷十《墓志铭三十首》)

〔文头〕此篇似可删　然存之亦可　聊备一格

〔文末〕初白诗为国初六大家之一　敬业堂集风行海内　此于初白诗学源流绝无一语及之　仅写其立品谨恪　寥寥数言而已　岂一言其诗　即以诗人目之耶　此犹未免学究气　王韬

10.《中议大夫知广州府事张君墓志铭》(录自《方苞集》卷十《墓志铭三十首》)

〔文头〕似可存

〔天〕然则究欲为在艺文中寻生活

〔文末〕详述其前后宦绩　而学问品诣无不俱显　所惜者不能尽其用耳　王韬

11.《刘紫函墓志铭》(录自《方苞集》卷十《墓志铭三十首》)

〔文末〕纡徐取妍　气韵入古　王韬

12.《通议大夫江南布政使陈公墓志铭》(录自《方苞集》卷十一《墓志铭二十首》)

〔天〕此等日东减笔字　殊不可训（将"摄"改为"攝"）

〔文末〕吏才将略　历历如绘　而无一字支蔓　此望溪杰构也　王韬

13.《杜苍略先生墓志铭》(录自《方苞集》卷十《墓志铭三十首》)

〔天〕　此人所难能也

〔文末〕此虽文中小品　而神情韵致皆有世外味　绝无一点俗气扰其笔端　余最喜此种文字　王韬

14.《曾孺人杨氏墓表》(录自《方苞集》卷十三《墓表二十首》)

〔文头〕似可从删

15.《徐诒孙哀辞》(录自《方苞集》卷十六《哀辞十二首》)

〔文头〕可存

〔文末〕述勗勉之词　写忆念之挚　读之于友谊增重　呜呼近日友道凌迟久矣　每念及之　辄为三叹　王韬

16.《宣左人哀辞》(录自《方苞集》卷十六《哀辞十二首》)

〔天〕余波不尽

〔文末〕友朋最难相得于患难中　而惟患难中交最易感激　此篇反复情深　读之觉有余悲　王韬

17.《武季子哀辞》(录自《方苞集》卷十六《哀辞十二首》)

〔文末〕拳拳念旧交　恤孤子　觉古人遗风去之未远　王韬

18.《和风翔哀辞》(录自《方苞集》卷十六《哀辞十二首》)

〔天〕雷轰荐福碑之　书生仅穷耳　尚不至有性命忧

〔文末〕和生盖厄于天者也　其穷甚矣　而又促其寿　正未知天意何居也　王韬

232

19.《仆王兴哀辞》(录自《方苞集》卷十六《哀辞十二首》)

〔文头〕似可删

〔文末〕琐屑微事　写来亦复有致　王韬

20.《题黄玉圃梦归图》(录自《方苞集》卷五《书后题跋二十六首》)

〔天〕别本作饥驱　当从之

〔文末〕低徊宛转　一唱三叹　此谓能情文相生者　王韬

21.《书孟子荀卿传后》(录自《方苞集》卷二《读子史二十八首》)

〔文末〕史记为千古奇书　其所见亦为千古特识　允推为文章之祖　王韬

22.《书萧相国世家后》(录自《方苞集》卷二《读子史二十八首》)

〔文头〕似可存

〔文末〕于史迁命意所在　能抉其微　此谓善读史记者　王韬

23.《书柳文后》(录自《方苞集》卷五《书后题跋二十六首》)

〔文末〕望溪深于经术　集中多经义之作　故其辞如此　其实子厚小品文独绝千古　非韩所及　安问其他　王韬

24.《书归震川文集后》(录自《方苞集》卷五《书后题跋二十六首》)

〔文末〕震川手挽狂澜　力崇正体　虽当七子盛行　独立汉帜　骚坛旗鼓莫敢与抗　此文于震川殊有不满处　然根柢醇厚法度谨严　不可不谓之古文正传　王韬

25.《书泾阳王金事家传后》（录自《方苞集》卷五《书后题跋二十六首》）

〔天〕此正千古痛心处 此亦论孙高阳 高阳官少师也

〔文末〕国之兴亡系于天 实有非人力所能为者 小人在朝君子在野 此用舍之可见者也 日蚀星陨水旱饥馑 此天象之可见者也 盗贼迭兴 灾害并至 敌国外患乘之 此人事之可见者也 然一二在位之君子犹思从而挽回之 而卒为小人所牵制 甚至于捐躯绝脰 此所谓常有物以败之者 盖有天也 每观史册 至此辄为掩卷流涕 王韬

26.《书潘允慎家传后》（录自《方苞集》卷五《书后题跋二十六首》）

〔天〕此皆著明有明亡国之由 读之不禁为之痛哭

〔文末〕怀宗之刚愎忌刻 所任非人 其所谓忠者不忠贤者不贤 而所杀戮者则又忠良社稷之臣也 如此安得不亡国 怀宗云 君非亡国之君 臣皆亡国之臣也 试问亡国之臣者谁与

27.《书王氏三烈女传后》（录自《方苞集》卷五《书后题跋二十六首》）

〔文末〕一波三折 悲感淋漓

28.《书孝妇魏氏诗后》（录自《方苞集》卷五《书后题跋二十六首》）

〔天〕此言孝敬之诚 虽未知其存于内 而礼节之显 则不敢不尽乎外也 此等练句法 极近时文

〔文末〕朝廷旌奖绝特之行 所以风厉薄俗使归于厚也 如魏氏者 世所罕观 巾帼中宜奉为法矣 王韬

第六章　内藤湖南对章学诚的表彰给予中国学者的刺激——以内藤与胡适、姚名达及张尔田的交流为中心

一、引言

1920 年秋冬之际,由毕业于京都帝国大学的东洋学者们创办的同人杂志《支那学》第一卷第 3、4 号上,连载了内藤湖南(1866—1934,名虎次郎,字炳卿)的论文《章实斋先生年谱》(《章實斋先生年譜》,以下简称"内藤谱")。由于创刊人之一的青木正儿定期将杂志寄赠给时任北京大学教授的胡适(1891—1962),因此胡适很快就看到了此珍贵的年谱。一年多以后的 1922 年春天,胡适将分量数十倍于"内藤谱"的新作《章实斋先生年谱》(以下简称"胡适谱")寄赠给内藤,他在扉页上题写道,"敬赠　内藤先生　表示敬礼与谢意",并在《自序》中吐露心声道,"最可使我们惭愧的,是第一次作《章实斋先生年谱》的乃是一位外国的学者"[①],坦言完成此书的契机是受到"内藤谱"的刺激。

1928 年 1 月 11 日,清华大学国学院教授梁启超的高足姚名达(1905—1942)为了增补"胡适谱",修书一封与内藤,希望能得

[①] 胡适《自序》,收录于胡适赠送给内藤的《章实斋先生年谱》,此书现藏于关西大学内藤文库,上海商务印书馆,1922 年。《自序》的具体内容可参见此章文末的"附录一"。

图 82　恭仁山庄书斋的匾额(赵之谦书)　关西大学图书馆内藤文库藏

图 83　罗振玉归国送别纪念照(左起:长尾雨山、犬养毅、罗振玉、富冈铁斋、内藤湖南),1919 年 6 月 21 日于京都圆山公园
关西大学图书馆内藤文库藏

图 84　内藤湖南在恭仁山庄的书斋(1929 年)　关西大学图书馆内藤文库藏

236

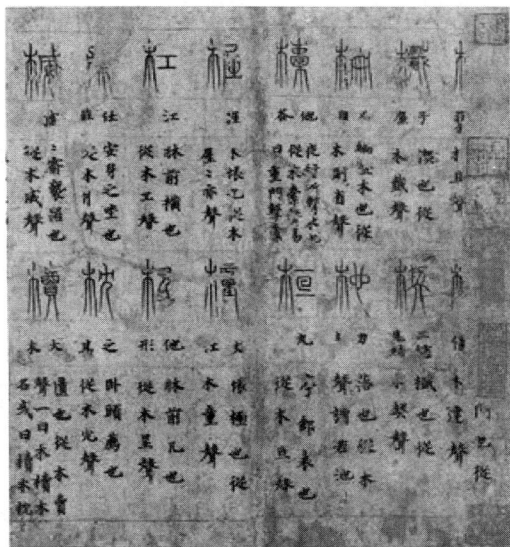

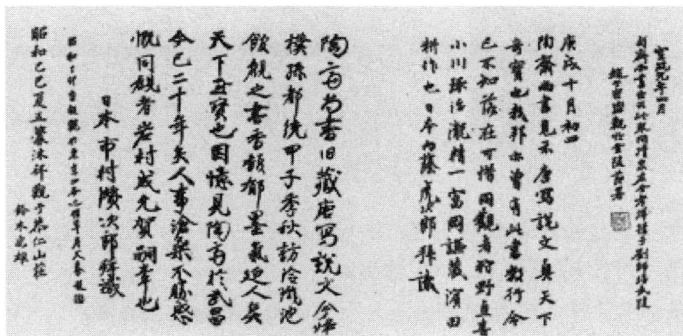

图85　唐写本《说文解字》木部残卷　武田科学振兴财团杏雨书屋藏
（上）曾国藩题字，（中）卷首第一页，（下）内藤湖南、市村瓚次郎、铃
木虎熊等的卷末题字

图 86　沈曾植像

许全胜撰《沈曾植年谱长编》,中华书局

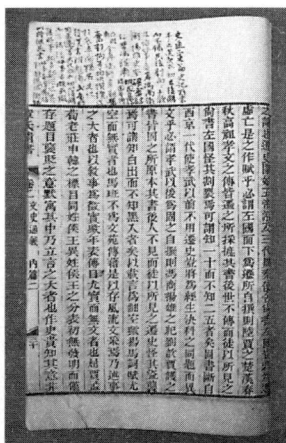

图 87　《文史通义》(大梁本,1896 年刻)《言公篇》中的内藤批注

关西大学图书馆内藤文库藏

图 88　岸田吟香创办的上海乐善堂书药房

陈捷《明治前期日中学术交流の研究:清朝駐日公使館の文化活動》,汲古書院

图 89　内藤购入的十八册钞本《章氏遗书》

关西大学图书馆内藤文库藏

图 90　1924 年 7 月至 1925
年 2 月欧洲游历前后的内藤湖南

关西大学图书馆内藤文库藏

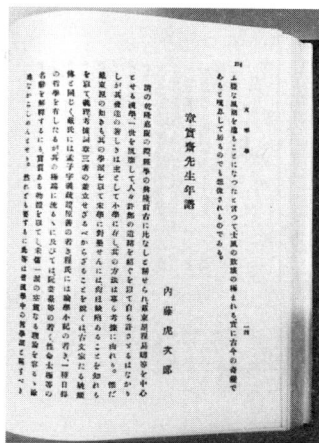

图 91　内藤湖南著《章实斋
先生年谱》

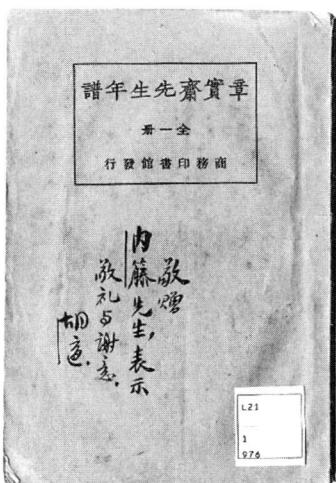

图 92－1　胡适寄赠内藤湖南
的《章实斋先生年谱》

关西大学图书馆内藤文库藏

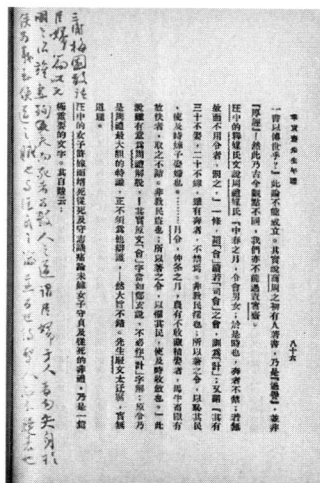

图 92－2　内藤湖南在该书
中写下的批注

图 93　三浦梅园像

田口正治《三浦梅园》,吉川弘文馆

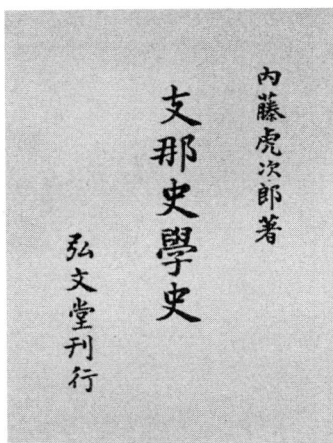

图 94　内藤在京大的讲稿,
在其逝世十五年后的 1949 年问世

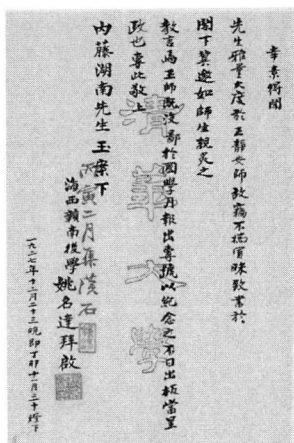

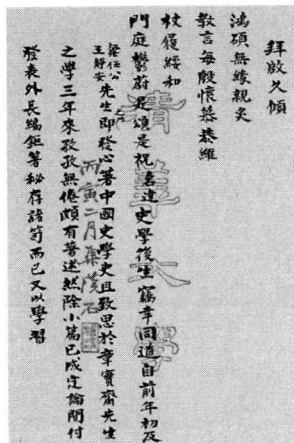

图 95　姚名达致内藤的第一封书简(第一纸、第八纸　1927 年 12 月 23 日)

关西大学图书馆内藤文库藏

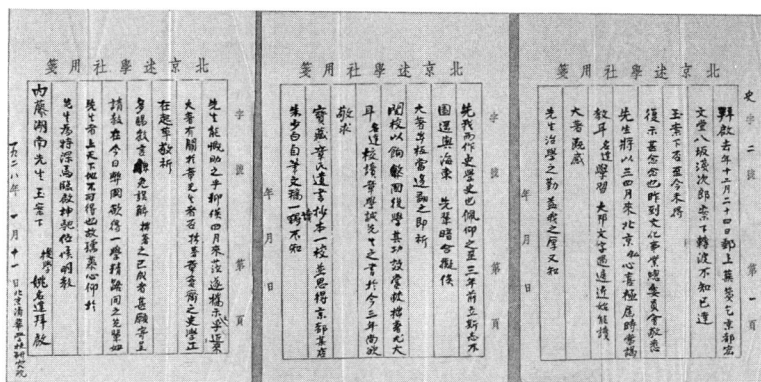

图96　姚名达致内藤的第二封书简(1928年1月11日)

关西大学图书馆内藤文库藏

图97　梁启超肖像

图98　姚名达肖像

丁文江、赵丰田编《梁启超年谱长编》，上海
人民出版社

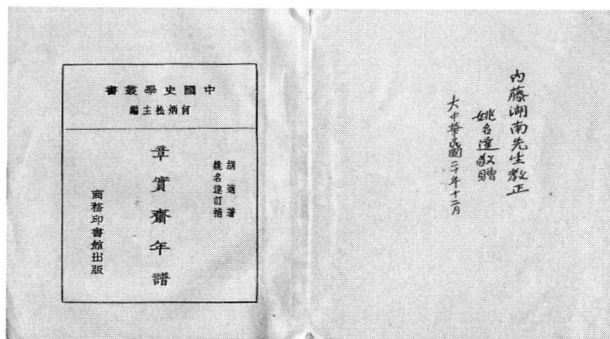

图99–1　姚氏寄赠内藤的胡适著、姚名达订补《章实斋年谱》

关西大学图书馆内藤文库藏

241

图99－2　该书收入的章实斋先生夫妇遗像由胡适题字，姚氏在寄赠内藤时还亲笔说明发现此像的时间地点。

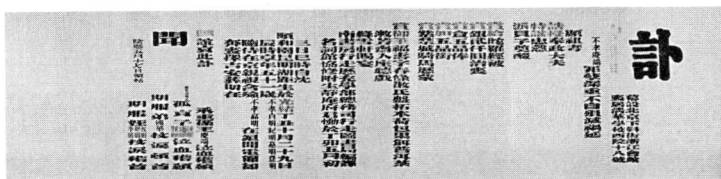

图100　王国维遗族发布的讣告

关西大学图书馆内藤文库藏

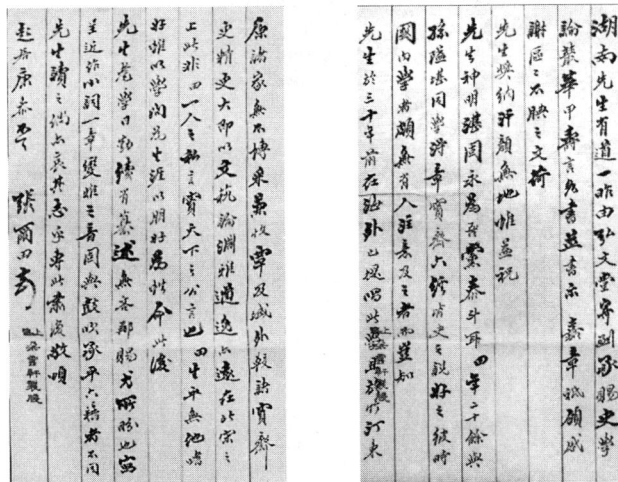

图101　张尔田致内藤湖南书简（1930年），盛赞其彰显章学诚史学的功绩。

关西大学图书馆内藤文库藏

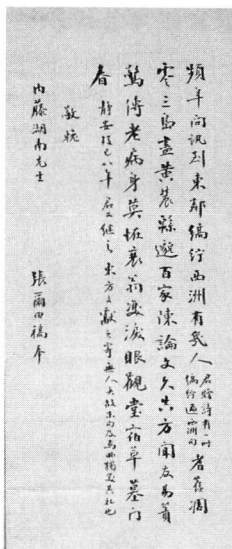

图102　张尔田悼
念内藤湖南逝世的汉诗
（寄给狩野直喜托其转
交）

关西大学图书馆内
藤文库藏

图103　法国汉学家伯希和于1935年6月
赴日参加内藤一周年忌辰并参观恭仁山庄内的
内藤藏书楼，临别题字留言"以此纪念我像朝圣
般的来到了内藤教授的文库"。此为当时的纪念
合影，左起：伯氏，内藤夫人，羽田亨，石田干之
助。前坐者为内藤长子乾吉，后立者为石滨纯
太郎。

安藤德器《西园寺公与湖南先生》，言海书房

到其指导和资料上的帮助。信中直言自己"学习大邦文字过迟，
近始能读大著"，且对于内藤"先我而作史学史也，佩仰之至"，称
赞内藤学识广博，"在今日弊国，欲得一学精路同之先辈如先生
者，上天下地不可得也"。①

　　1930年7月8日，张尔田（1874—1945，晚年担任燕京大学
国学研究科科长）在上海获得收入自己论文《真诰跋》的《内藤博
士颂寿记念史学论丛》（西村直二郎编《史学論叢：内藤博士頌壽

————————————

① 此信件现藏于关西大学内藤文库，信件的具体内容可参见本章末的"附录二"。

記念》，弘文堂书房，1930 年 6 月）一书后，便写信给内藤表示谢意，如下列引文所示，信中对其学问赞不绝口：

> 田年二十余，与孙隘堪（孙德谦）同学，得章实斋六经皆史之说，好之。彼时国内学者颇无有人注意及之者，而岂知先生于三十年前在海外已提倡此学，且于竹汀（钱大昕）、东原（戴震）诸家，无不博采兼收，覃及域外，较诸实斋更精更大。即以文艺论渊雅道逸，亦远在北宋之上。此非田一人之私言，实天下之公言也。①

如上所述，内藤的章学诚彰显行动，在 1920 年代的中国学界引起了一系列连锁反应。那么，内藤为何能先于中国学者发现章学诚的学术价值？此外，内藤在执笔论文《章实斋先生年谱》时所使用的基本史料即钞本《章氏遗书》具有什么特点？内藤与胡适、张尔田、姚名达等当时的中国学者之间有着怎样的思想交流？本章将尝试对以上诸多问题进行探讨。

二、内藤受到的汉学、西学洗礼以及与清末学者的交流

明治维新前夕的 1866 年，内藤出生于南部藩（今秋田县），和同时代的大多数人一样，他不仅接受传统的汉学教育，也受到了西学的洗礼。其父亲与外祖父均为乡里的私塾先生，因此内藤幼年时便得益于家学的熏陶。他在晚年时曾这样回顾道：

---

① 陶德民《关于张尔田的信函及"临江仙"词——内藤文库所收未刊书信考证（二）》（关西大学《中国文学会纪要》第 28 号，2007 年 3 月）。书简的具体内容可参见本章末的"附录三"。

五岁之时便开始拿笔习字,学习父亲手书的一二三、
伊吕波歌等字帖。(中略)此外,在母亲逝世前不久,开始
读书,先是朗读《二十四孝》,阅读方式是用手指指着每个
汉字朗读。因为对汉字十分敏感,所以很快就能记住。
父亲是一位熟记大量诗歌之人,经常深夜独自一人吟咏
诗文,其中有像赖山阳的纪事诗这样的短篇,也有像古诗
或白居易的《长恨歌》之类的长篇等,皆能暗自吟诵。父
亲对自己的吟诗声似乎颇为得意,我清楚记得自己坐在
其旁边倾听的情景。(中略)之后父亲便开始教我朗读
四书。①

内藤在回顾中还谈到自己青少年时期在父亲的指导下,通读
四书五经和《十八史略》等事,"余童年读书,已粗诵四书五经。将
及乙部,先君子先课以元曾氏十八史略"②。不仅是爱好读书,内
藤的藏书嗜好也似乎主要来自家庭的"遗传"。据说内藤家里存
有其祖父"乐善府君"遗留下来的数千卷藏书,父亲勤奋读书,且
胸怀经世济民之志。③

明治 32 年(1899)夏天,内藤协助父亲校订祖父的遗稿,在
此书后记中这样坦陈自己当时的心境:自己虽然作为杂志和报
纸的记者,因出版《近世文学史论》(此书最早在《大阪朝日新
闻》上连载,当时题为《关西文运论》)等著作得到了"师友"的好
评,在世间博得"微名",但这些成绩都不足以告慰健在的双亲

---

① 内藤湖南《我が少年時代の回顧》(收录于《内藤湖南全集》第二卷中的《追想雑
録》),筑摩书房,1971 年),700—701 页。
② 内藤湖南《雨森精翁先生年譜跋》(收录于《内藤湖南全集》第十四卷中的《湖南文
存》),141 页。引文句读为笔者添加,下同。
③ 内藤湖南《鹿角志跋》(收录于《内藤湖南全集》第十四卷中的《湖南文存》),140 页。

及祖父的在天之灵。在表露此番心境之后,内藤许下了如下的
誓言和宏愿:

> 但三世文业,铅椠不废,兢兢业业,唯或坠先绪是惧。若
> 比其入地,得保全首领,列一片石于先茔之次,题曰:乐善先
> 生之孙,十湾先生之子某之墓,则虎之愿酬矣。①

内藤表达了自己强烈的决心:祖父与父亲皆因文采出众而远
近闻名,因此绝不能让此传统在自己这一代断绝,有辱门楣,必须
奋发图强,将家学传统继承下去。

就这样,才华出众的内藤凭借其倍于常人的努力,在学业
上进展顺利。小学毕业后,以入学考试第一名的成绩进入秋田
师范学校的中等师范部,1885 年 7 月从该校的高等师范部毕业
后不久,受聘为北秋田郡缀子村(今属北秋田市)小学的首席
教谕。

关于接受西学方面的训练,内藤曾这样回忆自己小学时期的
读物:"由于《舆地志略》②中附加了详细的历史,我已将其全部读
完。(中略)关于万国史,当时叙述最为详尽的是一部多达二十册
的《西洋近世史》,我也通读完毕。"③在就读秋田师范学校期间,
"虽然当时师范学校里没有开设英语课程,但有一位名为川名庸

---

① 内藤湖南《書天爵先生遺稿後》(收录于《内藤湖南全集》第十四卷中的《湖南文
  存》),140 页。
② 《舆地志略》是由内田正雄编辑的世界地理著作,1 册 7 卷,明治 8 年(1875)出版,
  该书叙述地理基础知识及亚洲、欧洲的地理等,内含大量各大洲各国的地图、人物、
  城郭、人文风俗等精美插图。关于中国的插图,有《支那全图》《万里长城之图》《支
  那人男女风俗之图》《北京城郭之略图》《满洲人风俗之图》《蒙古部落土人之图》《西
  藏街坊佛堂之图》等。(译者注)
③ 内藤湖南《我が少年時代の回顧》(收录于《内藤湖南全集》第二卷中的《追想雑
  録》),705 页。

谨的教师,为人十分热情,略知一些变则英语,教授我们一些英文
读物方面的知识,我还曾与岸田(吉藏)二人前往他家中练习英
语"。此外,内藤还曾前往东京大学落榜生,亦为三宅雪岭友人的
中学教员森可次的家中学习英文。在这两位老师当中,川名给予
青年内藤的影响似乎更大。在悼念川名的文章中,内藤曾这样坦
言道:

> 令我难以忘怀的恩情是先生的教诲,确实为我的学术思
> 想开辟了一个全新时期。秋田地处偏僻,当时无法获得科学
> 方面的最新理论,但先生总是热情地教给我们一些西洋知
> 识,借书给我研读,我逐渐涉猎进化论的大致内容,并开始跟
> 随先生学习英语。①

在担任缀子小学教谕期间,内藤进一步接触到了日译本的卢
梭《民约论》,据说当时缀子村村长的家中还保存着内藤签名的此
书②。从西洋历史地理,到英语,再到进化论、《民约论》等著作,
明治时期的文明开化,使得西方学问的大潮已经从东京逐渐奔涌
到了偏僻的秋田,给予求知欲旺盛的青年内藤接受西学洗礼的机
会。而受到近代西学启蒙的内藤,在其此后的生涯中从未懈怠对
西方最新学问及理论的关注,特别是西方逐渐发展起来的"支那
学"(Sinology)的研究方法。

秋田高等师范学校毕业后,内藤在缀子小学担任教谕两年便
辞职。在之后的二十年间,内藤作为报社记者健笔纵横,写下了
诸如《近世文学史论》的名著及其他一些有影响的时事评论,渐为
世人所知。他先后担任佛教相关的报纸《明教新志》《大同新报》,

———————————

① 三田村泰助《内藤湖南》(中央公论社,1972 年),87—89 页。
② 三田村泰助《内藤湖南》(中央公论社,1972 年),101 页。

以"保存国粹"为宗旨的思想言论团体政教社主办的杂志《日本人》《亚细亚》，以及《大阪朝日新闻》《台湾日报》《万朝报》的编辑和社论记者，最后回到大阪朝日新闻社。而在 1907 年之后的二十年间，内藤则担任京都帝国大学东洋史讲座的讲师、教授，取得了丰硕的研究成果，同时也出版了诸如《支那论》《新支那论》等与中国政治相关的著作，直至 1926 年到龄退休。

上述内藤的记者时期与京大执教时期总计四十年，其间他多次游历海外，按目的地分类有：中国 11 次（其中大陆地区 9 次，台湾地区 2 次）；朝鲜半岛（当时属日本保护国）2 次；欧洲 1 次。最后一次中国访问在其逝世前一年 1933 年的 10 月，为筹备成立"日满文化协会"而前往伪满洲国。①

在此，笔者首先想剖析对内藤史学立场形成具有重要影响的最初两次中国大陆之行。

【第一次中国大陆之行】

1899 年春天，内藤多年精心收集的"五六千册"书籍，因其位于东京小石川江户川町的家中发生火灾而化为灰烬，也就在这一年的秋天，内藤实现了第一次中国大陆访问，接触到晚清的一流学者。这是他学术方向上的一大转折，由此前嗜好国学转向东洋史研究，并开始着重收集此方面的相关汉籍。

此次内藤 1899 年 9 月至同年 11 月的中国游历，其足迹主要集中在中国北部以及长江沿岸地区，拜访了严复、文廷式、张元济、罗振玉等人，并与之进行笔谈交流。例如，"与罗叔蕴（罗振玉）的交谈，大都是翻阅着金石拓本你一言我一语的应酬，过于零

---

① 参见陶德民、藤田高夫《内藤書簡研究の新しい展開可能性について——満洲建国後の石原莞爾・羅振玉との協働を例に》（関西大学《東西学術研究所紀要》第四十七辑，2014 年 3 月）。

碎，难以记录下来。罗氏将其著作《面城精舍杂文甲乙编》《读碑小笺》《存拙斋札疏》《眼学偶得》赠送予我，我则以《近世文学史论》回赠"。此外，二人还互赠互评了一些珍贵的金石拓本和临摹本，通过切磋琢磨而成为意气相投的好友。①

　　在此次游历期间，内藤有感于读书人的勤学，写下《中国人的笃学》（《支那人の篤学》）一文，文中这样感慨道："中国人笃学之至，我邦人虽奋力追赶亦难以望其项背。（中略）访至张菊生（张元济）府上，则又可见《大英百科全书》（Encyclopedia Britannica）赫然摆放在书桌之上，各种价值不菲的科学挂图悬挂于四壁。张氏虽称不上是科学家，但我对其笃学之志颇有感触。说起来，像由杨守敬发起，经星使黎纯斋（黎庶昌）之手影印的《古逸丛书》②这样庞大的出版工程姑且不提；像《经籍访古志》③这样的古籍的翻刻，亦为徐星使④驻日时期印行；《日本金石年表》⑤则收录在潘祖荫的《滂喜斋丛书》中，在清朝出版等；我国古人倾注毕生精力完成的著作，现今知道其名的日本人少之又少，而其著作却被中国人先行出版流传，可谓遗憾之至矣。"⑥

　　通过首次游学中国大陆，内藤把握了清代学术的动向，并对日本的中国研究现状及存在的问题进行了深刻反思。他在翌年

---

① 内藤湖南《禹域鸿爪記》（收录于《内藤湖南全集》第二卷中的《燕山楚水》），105 页、125—126 页。

② 《古逸丛书》为黎庶昌、杨守敬在驻日期间搜集国内已经失传的经籍共二十六种二百卷，刻印而成，在国内引起了很大反响。（译者注）

③ 《经籍访古志》是对存于日本的汉籍古写本、古版本的解说，共八卷。森立之（1807—1885）等编纂。森立之，号枳园，江户后期的医生、考证学家。（译者注）

④ 徐承祖，字孙麒，1884 年 10 月至 1887 年 1 月任驻日公使。（译者注）

⑤ 《日本金石年表》为西天直养（1793—1865）编著，西天为小仓藩士，江户后期国学家。潘祖荫（1830—1890）所刻《滂喜斋丛书》中有《日本金石年表》一卷。（译者注）

⑥ 内藤湖南《禹域鸿爪記》（收录于《内藤湖南全集》第二卷中的《燕山楚水》），125—126 页。

(1900)3 月所写的社论《中国调查的一侧面——关于政治学术的调查》中主张道:日本学者不仅不熟悉《乾隆会典》①,且对近年中国财政状况的把握也只能依靠西方学者的著述,基于这一现状,对中国政治调查的重点应该着眼于"财政状况的整理"。此外,为革新江户以降仅限于"经子二部之学"的汉学研究,他强调"关注史学"的重要性,提倡将中国学术调查的重心置于"清代以来的掌故、实录之类""金石之类""塞外遗存的汉唐金元时期之碑文""铜器金文"等"材料收集"之上。支撑其上述所列举各方面研究重心的论据,是基于下列内藤对近世中国,尤其是晚清时期学术脉络转变的把握与理解:

> 夫在彼土,义理之发达至宋明已尽,考证之精致至乾隆亦穷,故其学者亦已于此二途之外,更拓以纬书、佛书参经义之风,又寻求别径于史学、校勘之学等,以发挥其神智,而至于金石(非所谓矿物学)、小学(并非小学,《近思录》之类的小学)之属,实极前所未有之精。②

【第二次中国大陆之行】

1902 年秋天,内藤受大阪朝日新闻社派遣前往中国,他在考察完东三省之后,前往北京拜访沈曾植、刘铁云、曹廷杰等人,在杭州参观了文澜阁收藏的《四库全书》。其中与沈曾植的会谈,进一步开阔了内藤的学术视野。

沈曾植(1850—1922),字子培,浙江嘉兴人,光绪六年(1880)

---

① 《乾隆会典》续修于乾隆十二年(1747),告成于乾隆二十九年(1764),其前后还分别编有康熙、雍正、嘉庆、光绪朝会典,史称《大清五朝会典》,详细记述了清初至清末的行政法规和各种事例,是中国封建社会最完备的行政法典。(译者注)
② 内藤湖南《支那调查の一方面——政治学术の调查》(收录于《内藤湖南全集》第二卷中的《燕山楚水·禹域论纂》),164 页。

考中进士。历任中央与地方官职,参与晚清政府内政外交重大政策的制定,在日俄战争(1904 年)前后,被视为中国士大夫的楷模。王国维为祝贺其古稀寿辰,写下《沈乙庵先生七十寿序》一文,推崇其为集清代学问之大成的学者:"先生少年固已尽通国初(即清初)及乾嘉诸家之说,中年治辽金元三史,治四裔地理,又为道咸以降之学,(中略)学者得其片言,具其一体,犹足以名一家,立一说。其所以继承前哲者以此,其所以开创来学者亦以此,使后之学术变而不失其正鹄者,其必由先生之道矣。"沈氏的主要著述有《汉律辑补》《晋书刑法志补》《元朝秘史笺证》《蒙古源流笺证》《海日楼诗文集》等,民国初年沈氏在主编《浙江通志》之际,曾聘请王国维、张尔田等后学作为分册主编。他不仅在德国、俄国的学术界享有一定声誉,在日本学界亦为人所知。早在 1889 年,他就向那珂通世①介绍蒙古语的音读方法,1920 年又为西本白川②讲解《尚书》。③ 1920 年代前期,内藤在京大讲授"支那史学史"课程期间,曾回顾道,"蒙文版《元朝秘史》传入日本,先是文廷式将此书寄赠予我,之后那珂博士才对此书进行研究。(中略)文廷式生前曾称赞沈曾植为当时中国史学第一人","沈曾植曾著有《蒙古源流事证》一书,作为自己的藏书,明治 32 年(1899)以来,我就请求沈氏寄送此书的钞本给我,但最终未能寄来,此书至今

---

① 那珂通世(1851—1908),明治时期著名东洋史学家。主要致力于中国、日本及朝鲜古代史研究,在中国元朝史研究上成果尤为显著。代表作为《支那通史》《崔东壁遗书》,翻译蒙古文《元朝秘史》。(译者注)

② 即西本省三(1878—1928),明治 32 年(1899)在刚开设的南京同文书院(东亚同文书院的前身)留学,日俄战争期间作为翻译从军。1911 年辛亥革命爆发之际在上海创办春申社,发行杂志《上海》,并以此杂志为媒介进行长达十六年的反革命宣传,其著作有进呈给伪满洲国皇帝的《康熙大帝》《支那思想と近代》等。

③ 中国社会科学院"近代史资料"编辑部编《民国人物碑传集》(四川人民出版社,1997年),367、376 页。

也尚未出版"。从此段回顾可以得知,在 1899 年内藤游历中国期间,二人已经有过交流。①

在内藤题为《禹域鸿爪后记》的日记中,记录着时年 37 岁的内藤在第二次中国之行(1902 年)期间与 53 岁的沈曾植的往来情形:

> 十一月十五日　上午十一时,再访沈子培(第一次拜访时因沈氏身体欠佳而未能见面),谈史至晚景,碰巧夏穗卿(夏曾佑)亦来访。归途,访曹廷杰。
>
> 十一月十七日　遣使沈曾植氏,赠送雀头、延喜二笔。
>
> 十一月二十三日　(前略)我外出期间沈曾植来访,赠《西夏通感塔碑》。②

从第一条日记内容来看,虽然深秋的北京日暮较早,但粗略计算,二人竟从上午十一时至傍晚的长达六七个小时内,一直尽情地谈论历史。内藤的弟子之一、敦煌学著名学者神田喜一郎对此日二人的畅谈这样评价道:"二人甚是意气相投,沈氏不仅精通西北地理,也精通中国所有的学问,是一位富有学识的大学者,自此以后,内藤先生就极为推崇沈曾植以及一派的学问。"此外,在二人相谈甚欢之时突然造访的夏曾佑(1863—1924),为当年春天刚刚考中进士的优秀学者。关于此人,神田喜一郎和贝塚茂树亦分别回忆道:"内藤先生十分欣赏夏曾佑的学问","关于中国的古

---

① 内藤湖南《清朝の史学:西北地理の学》(收录于《内藤湖南全集》第十一卷中的《支那史学史》),412、414 页。

② 内藤湖南《禹域鸿爪後記》(收录于《内藤湖南全集》第六卷中的《旅行記》),359—360 页。内藤每次访问中国期间都尽力搜寻金石、书画和原始史料,其目的就是希望在中国史学、东北亚研究、边疆研究以及敦煌研究等方面与中国学者一较高下。关于这一方面的研究可以参见钱婉约《此生成就名山业,不厌重洋十往还——内藤湖南中国访书及其学术史意义述论》以及高田时雄《内藤湖南の敦煌学》(均收入关西大学《東アジア文化交渉研究》,别册第 3 号)。

代史,先生推荐我首先读夏曾佑的著作"。①

三、冀求发现"与欧西神理相似"的东洋的学问方法论

三田村泰助曾亲炙晚年的内藤,并为其撰写传记,他对内藤这样评价道:"明治以后,理论性的框架构建全部都仰仗西方,这是我国学者、思想家的惯例。湖南则进一步从日本以至中国寻找理论食粮,以成其大,从这点可以看出其独特的治学风格。"②

内藤能够成为大学者确实存在诸多背景及机遇。在应对西学东渐所带来的巨大冲击的时代背景下,内藤能够有意识地发掘中日两国传统的学问方法论,并最大限度地对其加以活用,可以说这种努力是促使其获得成功的最重要因素。

在对十四卷本《内藤湖南全集》进行整理出版之际,1972 年 6月 23 日,在京都王子大饭店内召开了由东方学会组织策划的题为"追忆先学——内藤湖南先生"的座谈会,参加者有神田喜一郎、贝塚茂树、吉川幸次郎、宫崎市定、内藤乾吉以及三田村泰助等人。与会人员围绕内藤"非凡洞察力"的由来进行了讨论。内藤之子乾吉透露道:内藤藏书之中,王应麟的《困学纪闻》内"写有最多的批注",此外《四库提要》中部分内容"有曾读过的圈点记号"。对此,神田喜一郎补充道:《朱子语类》中也有批注,从中可以看出内藤幼时令尊让其阅读"赖山阳的《日本外史》与《日本政记》"所产生的影响。另一方面,吉川幸次郎则指出:内藤先生在

---

① 《先学を語る——内藤博士》(收录于《東方学回想Ⅰ·先学を語る(1)》,刀水书房,2000 年),96、94 页。
② 三田村泰助《内藤湖南》(中央公论社,1972 年),127 页。

其《宝左盦文》的题跋中将钱大昕评价为"清代史学第一人"，先生"似乎暗自以钱大昕自居"。对此，宫崎市定则提出不同意见，认为"内藤先生虽自我标榜为钱大昕之流，但从旁人来看，将其视为赵翼之流似乎更为妥当"。除此之外，与会者还谈及了内藤在制作章学诚和杜佑年谱时所留下的记录卡片，以及内藤对于"书法作品、文章、文房雅玩"的"与生俱来的艺术感觉"①。

对内藤产生影响的日本学者，除了赖山阳（1780—1832）之外，主要还有极具才华的大坂町人学者富永仲基（1715—1746），他在《出定后语》《翁之文》等著作中提出古典研究的"加上法"理论。关于这一问题，笔者曾在拙文《内藤湖南的仲基研究》中进行过探讨。② 此外，对内藤产生影响的中国学者还有与钱大昕、赵翼齐名的清代史学大家章学诚（1728—1801，字实斋）。章氏为浙江绍兴人，四十一岁时考取进士，但未入仕为官，而是潜心于教育和著述。在考证学风鼎盛的清代，章氏苦心孤诣地建构与此风尚不同的独特的人文学理论，著有《文史通义》《校雠通义》等。上述仲基与章氏二人卓越的学问方法论，可谓近世东亚史学的双璧。而内藤对二人的发现、挖掘以及彰显活动，竟是以一种平行的方式展开，且时间跨度长达二三十年之久。之所以需要如此长的时间，原因在于内藤所秉持的态度，即在完全掌握与二人思想全貌相关的经历、主要著作之前，决不会轻易地执笔或发表相关研究。此外，内藤对二者的发现，与其以下的问题意识密切相关，即他在1899 年首次中国大陆游学之后，写下《关于国人读书的陋习　附

---

① 《先学を語る——内藤博士》（收录于《東方学回想Ⅰ・先学を語る(1)》，刀水书房，2000 年），84—86 页、101—104 页。

② 参见陶德民《内藤湖南的仲基研究》（此论文收录于拙著《日本漢学思想史論考：徂徠・仲基および近代》，关西大学出版部，1999 年）。

汉学的门径》(《読書に関する邦人の弊習　附漢学の門径》)一
文,文中这样表述自己对东西方学术的认识:

> 东西之学术,方集注于我邦,荟萃之,折中之,融和之,而
> 开学术之生面,形成世界文明之一大转机,地位无有较我邦
> 善者矣。(中略)汉学之老宿者,大抵养成德川氏末世之学
> 风,当时此方(指日本)学者,除一二有识之外,尚不知支那近
> 世学风之趋向,(中略)学术变迁之序次,支那学风虽不免有
> 固陋之处,亦有与欧西神理相似者,故通欧西学术变迁之大
> 体者,更讲究汉学,若不误门径,对照其异同,且便于记忆,又
> 资于发明,其效果绝非些小也。①

从以上论述可知,内藤在观察近世东洋学术变迁之际,总是
将近世西洋的学术变迁作为参照系,比较二者差异,致力于挖掘
中日与西洋之间在学术上的"神理相似之处",并在此基础上,通
过日本人开创中国研究的新机轴。此问题意识一直持续至内藤
最晚年,例如 1931 年 1 月 26 日,他在向昭和天皇讲授古典汉籍
的仪式上②(御講書始の儀),将杜佑评价为"中国史家中,继司马
迁之后的第一人",讲解其代表作《通典》中所记载祭祀时的立尸、
殉葬、同姓婚娶等风俗习惯的历史变迁,对于杜佑的此种研究方
法,做了如下一番评论:

> 杜佑的真知灼见不仅在于承认文化进步这一点,还在于
> 其确实卓尔不群的研究方法。当他在研究自古以来备受推

---

① 内藤湖南《読書に関する邦人の弊習　附漢学の門径》(收录于《内藤湖南全集》第
二卷中的《燕山楚水・禹域論纂》),168—169 页。
② 日语名称为"御講書始の儀",为每年年初例行举办的向天皇及其他皇族的授课,分
别由日本国内国学、汉学、洋学领域的知名学者讲授相关内容,此仪式从明治 2 年
(1869)开始,至今仍是皇室的新年例行活动。(译者注)

崇的经书中出现的礼俗时，将之与四夷的土俗进行比较，即使用了近年来民俗学的研究方法，此法与现今法国的东洋学者等用于支那学研究的最新方法相同，杜佑在1200年前已经作了学术上的准备，可见其头脑之机敏。可谓足以使人敬佩之人。因此，微臣谨在此高度评价杜佑其自身亦反复论证的远见卓识，列举朱熹、王应麟等人著作中对其评价的章节，以上达天听。①

在内藤之前，向天皇讲授的汉籍多半是儒家经典，而晚年的内藤则选取中国古代制度史的名著《通史》，对其中所体现的杜佑的实学精神、进步史观，以及与近代西方民俗学相通、具有开创性的研究方法给予高度评价。

内藤确信，古代中国杜佑的民俗学研究方法具有与"欧西神理相似"的一面，近世中日两国的代表性学者章学诚、富永仲基的学问方法论，也具备能与近代西方学术方法论相匹敌的独创性。

内藤对于生活在18世纪的章氏、仲基二人的研究，是以下列平行的路径展开的。

首先，内藤对于仲基的关注，始于他在1890年代初期从一位名为内藤耻叟的水户学者的著作中得到的启发。"先生（指内藤耻叟）因此说，近世著书虽汗牛充栋，然概是架屋上屋，陈陈相因者，但富永仲基之《出定后语》，三浦梅园之'三语'（即《玄语》《赘语》《敢语》），中井履轩门人山片蟠桃之《梦之代》，其中发明之说颇多，卓然独立，此三子为真正豪杰之士。"②自此以后，内藤开始

---

① 内藤湖南《昭和六年一月廿六日御講書始漢書進講案》（收录于《内藤湖南全集》第七卷中的《研幾小録》），228页。

② 内藤湖南《富永仲基》（收录于《内藤湖南全集》第一卷中的《淚珠唾珠》），380—381页。

留心收集仲基相关的传记及著作，尤其是搜寻其名著《翁之文》①，但一直未取得较大进展。在约三十年后的 1924 年，这部对"三教"（儒教、佛教、神道）及日本、中国、印度三国的民俗进行系统性研究的《翁之文》终于被龟田次郎发现。1925 年 4 月 5 日，在庆祝《大阪每日新闻》发行一万五千号的纪念演讲会上，内藤坦言道："我长期以来一直在找寻此书，但直到去年春天才被大阪外国语学校的教授龟田次郎文学士偶然发现，因此我终于能将之付梓出版。"②由此可见发现此书时内藤的巨大喜悦，甚至不惜投入私财将之出版。此次纪念会上内藤以《大阪的町人学者富永仲基》（《大阪の町人学者富永仲基》）为题所做的演讲，可以说是彰显富永仲基的定本，其结论如下：

---

① 少年时期在怀德堂求学的仲基，在研习儒家经典过程中，对其教义产生怀疑，15 岁左右便撰写了批判儒学的《说蔽》一书。遗憾的是，此书未能流传下来，但据说此书在逻辑结构方面，与之后仲基的《出定后语》和《翁之文》一脉相承。《出定后语》是仲基完成《说蔽》后，逝世前的十余年间研究佛教而完成的著作。《说蔽》与《出定后语》分别是批判儒学与佛教的研究成果，而仲基独特的思想也蕴含在其批判之中。仲基认为当某一学说提出之时，"往往追溯往昔，以之为祖，欲出于先我而立者之上"（《翁之文》），即新学说往往从远古教义中寻求其学说的正统性，以期凌驾于其他对立的学说之上，仲基将这一法则命名为"加上"。因此，为对抗其他学说，同时为自身学说树立权威或者强调自身主张的正统性，此方法显得格外重要。上述"加上"法则便构成了仲基史学思想的核心内容。但值得注意的是，仲基并非将此现象单纯视为阐明学说的法则，而是将其利用为解构所涉学问之谱系的工具。历史上，儒学、佛教、神道教均各自采用独特的术语和概念来阐明教义，且其含义亦随时代和诠释者的不同而不断变化，由此便会产生经典解释方面的问题。在诠释文本时，由于经常面对诠释是否妥当的问题，故诠释者反复尝试对文句进行解释，以使其不脱离经典原意且具有独创性。但诠释者为了超越其他学说，常常避开前人使用的语言概念，这就使得后人对经典的解释往往与前人产生偏差。在研究儒佛二教演变过程之时，仲基没有针对其教义的具体内容展开批判，而是批判二者滥行"加上"，相互论争，以致原本应有教义不能流传，这一点正是仲基批判的对象。（译者注）
② 内藤湖南《大阪の町人学者富永仲基》（收录于《内藤湖南全集》第九卷中的《先哲の学問》），393 页。

  说到日本人建构整体逻辑性的研究方法一事,是极为粗疏的。虽然学者中有不少人提出过非常新颖的想法,并以此研究出了某些新的东西,但是通过自身摸索构建出具有逻辑性的研究方法的基础,并且凭借此极为正确的基础构建自身的研究方法,这样的日本人极其稀少。伊藤仁斋、荻生徂徕均为相当卓越之人,但在研究学问的日本人当中,能够在逻辑基础之上构建研究方法的学者,可谓仅有富永仲基一人而已。这点让我们深感敬佩。①

  由此可见,内藤将仲基视为"在逻辑基础之上构建研究方法"的唯一学者,其评价甚至高于伊藤仁斋、荻生徂徕二人。

  另一方面是对章学诚的发现。内藤在 1902 年获得了章氏的《文史通义》,而完成论文《章实斋先生年谱》则是在 1920 年,其间历经了十八年时间。倘若将其于 1928 年 10 月 6 日在大阪怀德堂发表题为《章学诚的史学》的讲演稿视为彰显章氏的定本,那么距其初次邂逅章氏著作则已经过了二十六年。此次讲演中,内藤对自己关注章氏的经过这样回顾道:

  我在明治 35 年(1902)首次读到章氏的《文史通义》《校雠通义》二书,当时因为觉得相当有趣,于是在杭州购买了两部,其中一部寄赠给了当时正在中国留学的狩野君山博士。此后,我在大学等场合极力宣扬此人的学问。因此,其著述在我国也逐渐被广为阅读。②

---

① 内藤湖南《大阪の町人学者富永仲基》(收录于《内藤湖南全集》第九卷中的《先哲の学問》),375—376 页。
② 内藤湖南《章学誠の史学》(收录于《内藤湖南全集》第十一卷中的《支那史学史》),472 页。

由此可见，内藤与《文史通义》的相遇是其第二次中国访问的收获。关西大学图书馆内的"内藤文库"所藏此书的手抄本中有不少内藤的批点，尤以《言公》篇最多。但是与研究富永仲基的思想一样，内藤并未仅凭借先哲的代表作就对其人进行评论，而一定是在掌握相关资料的全貌之后，再发表"成熟"的见解。如此严谨的治学态度，在其《章实斋先生年谱》的《序说》部分可谓体现得淋漓尽致：

> 我因爱读章氏之书，长久以来一直希望知道实斋先生的生平，但遗憾的是，从其《文史通义》及其他刊本中可以得知的信息极为疏略。我去年得到钞本《章氏遗书》十八册，翻阅之后，得知其为超出《文史通义》之外的章氏全集的大部分。此钞本中仅有目录而无文章的部分，可凭借其他杂志或已刊行之物弥补此钞本的缺失，因此，此钞本已经囊括了章氏遗著中的十之八九。今年四月，身体偶尔抱恙之际，我在病榻上粗略涉猎全书，感觉若稍许参考其他书籍便可以做成章氏年谱，故想有机会就尝试着手编写。因杂志《支那学》编者的索稿，终于草成此篇。但若能参考章氏好友的诗文，我想会更有所得。今所见之物，不过一部《朱筠河文集》而已，如其他博采旁证之处，则只能有待他日增订之时。①

那么，"博采旁证"的内藤收集到了多少章氏相关的资料呢？"内藤文库"所藏十八册钞本《章氏遗书》的附属资料中，有内藤亲笔列出的参考书目及其油印本，由此可知内藤为收集这些单行本、文集、杂志以及相关资料所付出的巨大努力。现将此书目列

---

① 内藤湖南《章實斋先生年譜》（收录于《内藤湖南全集》第七卷中的《研幾小録》），第69页。

举如下表:

内藤所收集的章学诚相关资料清单表

序号	书名	版本	册数
1	《章氏遗书》(《文史通义》《校雠通义》)	大梁刻本	五册
2	《章氏遗书》(《文史通义》《校雠通义》)	贵阳刻本	四册
3	《章氏遗书》(《文史通义》《校雠通义》)	大梁刻本　未刊　前钞本	六册
4	《章氏遗书》(《文史通义》《校雠通义》)	旧抄全集本	十八册
5	《章氏遗书》(《文史通义》《校雠通义》)	浙江图书馆活字新印本与旧钞本稍有出入	十二册
6	《章实斋先生遗书》	宣统二年活字印本　湖北通志检存稿	四册
7	《章实斋未刊稿》	钞本　其文皆全集所有	二册
8	《文史通义辅编》	云鹤阁旧书本	一册
9	《章实斋信摭》	神州国光社活字印本	一册
10	《乙卯札记》		一册
11	《丙辰札记》		一册
12	《章实斋文抄》	菊饮轩活字印刷　以上三种皆全集本所有	一册
13	《中国学报》	第六、七、九期中有史籍考残稿	三册
14	《古学汇刊》	中有章文　皆全集所有	三册
15	《国粹学报》	多收章文	
16	《两浙輶轩录》	中有章实斋父骧衢诗	

序号	书名	版本	册数
17	《邵二云南江文抄》	中有与章实斋书	一册
18	《朱竹君笥河文集》	中有《祭章母史孺人》文等又《李威从游记》	三册
19	《洪亮吉卷施阁文诗》	中有与章实斋书	二册
20	《王宗炎晚闻居士集》	中有复章实斋书	一册
21	《王端履重论文斋笔录》	中有记实斋事条	一册
22	《谭献复堂日记》	中有论章学数条	三册
23	《萧穆敬字类稿》	中有《文史通义记》《章氏遗稿》二篇	二册
24	《徐仁铸辆轩今语》	中有论章学条	一册
25	《杨钟羲雪桥诗话》	中有记章实斋条	二册
26	《章实斋先生笔迹》	存于《朱少白文稿》钞本中	
27	《章实斋先生年谱》	出于《支那学》中	

在上述书目中,促成内藤制作《章实斋先生年谱》的主要原因是获得了极为珍贵的十八册钞本《章氏遗书》。在完成"内藤谱"的 1920 年,当时尚未有《章氏遗书》的刻本或排印本出版,且此十八册钞本囊括了"章氏遗著中的十之八九",因此,在当时可以将此钞本视为一种"章氏全集"。

那么,对章氏相关资料大致有所掌握的内藤是如何评价章氏的呢? 在他看来,章氏最为重要的贡献在于,基于古代制度史及文化生成学的视野,逻辑性地建构人文学的学问方法论。内藤这样评价道:

> 此人认为所有学问的根本在于史学,而非哲学,所有学问都是史学本身。没有史学背景之人做不成学问,基于这一思想,章氏对所有著述都欲加以批判,这是其特别之处。如

果通读《文史通义》，仔细思考其建构方式，就会理解这一主张。但如果粗略地一读而过，则难以体会如此精密的建构。因此，即使崇拜他的中国学者，也鲜有人能领悟此人的真意，直至最近，才有几位治西洋学问之人认识到了其真正价值。①

内藤将章氏视为独立于乾隆、嘉庆时代风靡一时的考证学风的学者，对其独特的研究取向给予高度评价，另一方面，也清楚地认识到其学术与近代西洋学术之间的"神理相似之处"。在上述缅怀内藤的京都座谈会上，贝塚茂树这样回忆道："内藤先生曾对我说道，章学诚的研究，从西方来看类似于社会学，其社会学式的研究做得不错。诚如先生所言，确实是社会学式的研究，斯宾塞等人就是那样的范式。"②此处所讲的"社会学"应该指的是社会进化论，这点正是内藤对章氏理解的关键之处。例如《文史通义·书教》篇中有关于历史叙述法变迁的论述，内藤对此进行了如下一番评论：

> 作为著述体裁渐次演变的轨迹，最初的《尚书》（每有大事，则另作篇名，写其始末）是最为理想的叙述体裁。（中略）而后此《尚书》体裁一变为左氏的《春秋》。《尚书》未有固定的体裁，但《左传》有固定的体例，即出现了编年体。此后由《左传》一变为司马迁的《史记》，即成为纪传体的历史。（中略）此后，班固以降纪传体形式的断代史延续不断，但至北宋

---

① 内藤湖南《章学誠の史学》（收录于《内藤湖南全集》第十一卷中的《支那史学史》），482—483 页。

② 《先学を語る——内藤博士》（收录于《東方学回想Ⅰ·先学を語る(1)》，刀水书房，2000 年），96 页。

司马光,则又编纂了与《左传》相同的编年体《资治通鉴》。而
此后南宋一名为袁枢之人编写《通鉴纪事本末》。(中略)作
为历史发展的顺序,即使如此无趣之人(指袁枢)的著述,也
逐渐变得与古代最优秀的史书趣旨相同。章氏的以上见解,
换言之,即最近史书的体裁自然地与最古史书体裁一致,即
使现今西方有名的著述,也全部都采用此纪事本末体书写。
历史应该是如此演进,章学诚在一百五十年前就已经思考过
这一问题。①

对上述章氏勾勒的历史叙述体裁的变迁过程进行概括的话,
即从不具备固定体裁的《尚书》到编年体的《春秋左氏传》,进而发
展为纪传体的《史记》,继而演变为《汉书》以后的断代纪传体史
书,再经过编年体的《资治通鉴》,最后回归到纪事本末体的《通鉴
纪事本末》。对此,内藤评论道:纪事本末体与近代西方史学名著
的叙述体裁一致。此外,内藤援引《文史通论·书教》中关于《通
鉴纪事本末》的论述,对章氏的观点这样评论道:"文较纪传体省,
事较编年体明","依事件之类别而系因果"的纪事本末体叙述方
式"即使从今日来看,也可与最为进步的历史叙述方式相匹敌。
不受人物传记和年历的束缚,而是以世间社会发生的事件为中心
展开叙述。章学诚此言切中正鹄矣"。②

值得注意的是,尽管章氏与内藤二人均从一种发展论角度来
理解史书叙述体裁的演变过程,但二者间也存在差异。章氏认为
从《尚书》至《通鉴纪事本末》的历史叙述体裁的变化,最终是以

---

① 内藤湖南《章学誠の史学》(收录于《内藤湖南全集》第十一卷中的《支那史学史》),
478—479 页。
② 内藤湖南《宋代における史学の進展:通鑑の影響》(收录于《内藤湖南全集》第十一
卷中的《支那史学史》),217—218 页。

《通鉴纪事本末》又回归到《尚书》的方式而完结，从中可见"循环史观"抑或是"复古史观"的些许影子。这是因章氏自身所处的时代、社会背景所造成的局限性，即便并非出于本意，他也不得不在"推崇经书"的理论框架内展开自己的学说。与章氏不同的是，成长于明治时期的内藤，旗帜鲜明地以近代西方的历史叙述法作为判断标准，来论证近世中国的纪事本末体叙述方法是否与西方一致，以及章氏的观点是否有先见之明。从此意义而言，章氏勾勒出的史书叙述体裁的推进过程是循环往复的圆形，而内藤则认为其变化是呈线性发展状态。

章氏不仅勾勒了历史叙述形态的变迁，还认为历史叙述体现的"道"的形成及其逐渐显露的过程本身也是社会进化的结果。关于这一点，内藤在对章氏《文史通义·原道》篇的相关论述中有以下一段译述：

> 此人（指章氏）思索了"道"产生的顺序，道由天生，天地生人，斯有道矣。而仅此道未能现其形也。道之现形始于三人居室。三人若共居一室，则由此产生分任，用现今的语言来说就是分工。或各司其事，或从事相互交替工作。如此一来便会产生均平、秩序。因为平等、秩序有时会出现紊乱，故以年长者使其均平，即进行裁判。由此出现了长幼尊卑的差别，其人数以什伍百千之势增长，则会分为各个团体，在此基础之上，各个团体中出现才能出众的头领，再从这些头领之中推选德高望重之人统领各团体，由此就出现了君主、师长。①

---

① 内藤湖南《章学誠の史学》（收录于《内藤湖南全集》第十一卷中的《支那史学史》），473页。

如果从内藤所接受的儒家教育以及"进化论"、《民约论》的影响来看,对他而言,应该不难接受章氏关于"道"的论述。事实上也确实如此,基于上述的社会进化论以及文化进步的观点,他完全赞成章氏《文史通义·言公》篇中的主张,并这样评论道:

> 最初的著述是为载器明道之著述,非为立一己之言之著述。有一立言者之时,如果后人是为了传立言者之道,并将其所立言加以推广的话,那么即使在此立言者的著述后直接附加自己的见解,也无任何影响。(中略)根据立言者与其继承者之间的关系,应该将继承者添加的内容视为立言者议论的发展。这大体上就是《言公》篇的主旨。关于六经及其他著作,章学诚皆一一指出事实部分,标示出古代著述的批判部分。作为批判古人著述的方法,它提供了一种新的视点,在经学、史学研究的方法论上是极为重要的见解。①

上述提及的立言者与其继承者(即在最初著述的基础上不断添加自身见解的人)之间的关系,概而言之,客观上是在二者共同努力下,通过对学说的创立和"加上"(富永仲基的用语)实现文化的进步。从这一角度来看,就能充分理解内藤的章学诚彰显与富永仲基彰显实际上是一种平行关系。要而言之,内藤并非"见木不见林"的视野狭隘的历史学者,而是高屋建瓴地把握历史的进步及其因果关系,是具有哲学头脑的历史学家。他对司马迁"究天人之际,通古今之变,成一家之言"的理想感同身受,也正是出于这一主要原因,他对意欲构建具有逻辑性古典研究方法的章学诚、富永仲基的创意不吝赞美之词。

---

① 内藤湖南《章学誠の史学》(收录于《内藤湖南全集》第十一卷中的《支那史学史》),476 页。

四、胡适、姚名达所艳羡的钞本《章氏遗书》的稀有价值

在上节中提到，内藤在 1920 年撰写章氏年谱时，尚未有刻本或排印本的《章氏遗书》出版，内藤于 1919 年获得的十八册钞本《章氏遗书》是一部较为完备的"章氏全集"，因而极其珍贵。更为重要的是，由于此钞本是较为可靠的善本，即使在此之后已经出版了刻本和排印本的《章氏遗书》，此钞本仍是计划修订"胡适谱"的姚名达所艳羡的对象，为能读到此书，他曾特意两次致信内藤，并不惜国际旅费为此前来日本。

原本委托制作此十八册钞本之人名为孙廷翰（1861—1918）。此人为光绪十五年（1889）进士，号问清，浙江诸暨人，著名书法家、古籍收藏家，参与过清末"预备立宪公会"、沪杭甬铁道筹建等，是当时政财界的权势人物之一。祖父及父亲均在上海经营沙船生意，其家族拥有巨额财富。因义和团运动与八国联军入侵，大量文物遭到毁坏遗失，对此感到十分痛心的孙氏投入私财覆刻《二十四史》，并将之捐赠给京师大学堂（今北京大学）以及各地图书馆。[①]

据笔者调查，内藤所购钞本的底本很有可能是章氏后裔章小雅（字善庆）所收藏的三十四册《章实斋先生遗书》，其抄录工作应该是在 1896 年进行。

首先，关于底本的假说来源于以下史料的推断：

[①] 关于孙廷翰生平可参见曾任浙江省诸暨市图书馆馆长，并参与《诸暨县志》编纂的杨士安先生于 2012 年所写的文章《孙廷翰简介》。亦可参见周斌编《中国近现代书法家辞典》（浙江人民出版社，2009 年），204 页。（译者注）

　　沈复粲曾购得同乡学者章学诚（1738—1802）遗书抄本
三十四册，此为后人编印《章实斋先生遗书》奠定了文献基
础，清萧穆（1834—1904）《敬孚类稿》卷九《记章氏遗书》云：
"光绪十七年（1891）辛卯冬，晤章氏族裔章小雅处士善庆于
上海寓所，小雅好古，藏书颇多。十二月朔日，同诸暨孙问清
太史廷翰往访小雅，观所藏各古书善本。中有旧钞《章实斋
先生遗书》三十四册，云为其乡人沈霞西家藏本。沈氏藏书
数万卷，约直四万金，后其人亡家落，多散之扬州等处。此遗
书乃留落绍兴本城某书坊，以洋银百元得之。"沈氏还曾从章
学诚嗣子章杼思处借抄了章氏著作《信摭》，书末有跋语云：
"此册实斋先生五十七岁以后所记。起乾隆甲寅（1794）至乙
卯（1795）冬竟。复粲于道光戊子（1828）夏从其嗣子杼思处
借钞。"①

　　由此可知，此三十四卷本的《章实斋先生遗书》原本为章氏同
乡沈复粲（1779—1850）所有，沈氏藏书最鼎盛时期有数万册，价
值高达"四万金"之多。沈氏去世后，此三十四册书流落到绍兴城
书肆上，小雅以"洋银百元"购得。光绪十七年（1891）十二月，曾
在北京担任翰林院检讨、文渊阁校理等职的孙廷翰拜访位于上海
的章小雅寓所时见到了此书。

　　孙氏于 1896 年委托家乡周边值得信赖的秀才们抄写此书。

---

① 关于十八册钞本《章氏遗书》的底本的相关研究可以参见以下资料：潘建国《沈复鸣
野山房藏书考略》（《文献季刊》，2008 年 10 月第四期，51—52 页）；沈知方《粹芬阁
珍藏善本书目》（上海世界书局，1934 年）中"子部""杂家""信摭"相关内容；《萧穆
论章氏遗书》（收录于《章学诚遗书》，文物出版社，1985 年，624—625 页）等。也可
参见笔者的论文《关于钞本〈章氏遗书〉来历之考证》（关西大学《東アジア文化交涉
研究》第 10 号，2017 年 3 月）。此外，台湾大学人文社会高等研究院于 2017 年 3
月，以四卷本的形式影印出版了内藤文库收藏的十八册钞本《章氏遗书》（非卖品）。

值得注意的是，抄写此书之人并非仅识得汉字但对儒学缺乏理解的普通"手民"或专事抄写的"抄胥"，而是出身于地方官学的秀才。因为对孙氏而言，最为重要的是保证钞本的质量，即使费用有所增加也在所不惜。

孙氏一族自其祖父一代起定居上海，其晚年收藏有包括善本在内的古籍多达数万册，书商、古董商等经常出入其宅邸。但在其 1918 年 2 月去世之后，这些藏书流入市场。

内藤文库所藏十八册钞本《章氏遗书》的附属资料中，有一封写于 1919 年春天的信函，此信是与钞本一同寄来，寄信人为上海乐善堂书药房的岸田太郎，在信封的正面上有内藤用朱笔写的"大正八年"四字。搜寻此书已久的内藤获知此书之后，立即决定购买，并以此为基本史料制作《章实斋先生年谱》。胡适在读到"内藤谱"之后，通过青木正儿誊抄了此钞本的目录。1922 年春季，内藤向前来家中拜访的上海古董商金兴祥（1878—1941，号颂清）展示此钞本时，未曾料想到金氏竟是二十五年前参与此书抄写工作的秀才之一，这让金氏感慨不已，于是在其负责抄写的第九册卷末写下题词，其内容如下：

> 丙申年秋季，诸暨孙问清太史廷翰，以《章实斋先生文稿》嘱钞录一册，今年春三月，内藤湖南先生以见眎，始知此全书归于先生邮架，时隔二十五年，不胜沧桑之感。特识
> 岁月壬戌三月　秀水金兴祥

内藤根据金兴祥提供的信息，在栏外批注道，"孙问清为诂经精舍高材生　金颂清云"。顺便一提的是，此处所记录的"诂经精舍"为阮元于嘉庆六年（1801）在杭州西湖孤山上创办的书院，俞

樾从 1866 年开始在此执教三十余年。由此推断，1861 年出生的
孙问清可能曾受教于俞樾。事实上，知道内藤嗜好的金兴祥，特
意准备了一部自己抄写的《章实斋文抄本》（此书即为上述内藤所
列书目中标注为"章实斋未刊稿　钞本　其文皆全集本所有"的
二册）。此外，金氏还赠送内藤一幅名为《小松司马书画合锦条
幅》的卷轴，其落款为"邹县孟庙外两槐甚古　嘉庆元季十一月图
之　钱塘黄易"，卷轴上的题签为"湖南先生清赏　金兴祥持赠"。
画轴创作者黄易（1744—1802）为浙江仁和人（今杭州），字大易，
号小松，因曾任职山东济宁同知，所以被称为"司马"。黄氏擅长
诗文、金石及碑版的鉴定考证，工于隶书，师从丁敬学习篆刻，后
与师齐名。其传世作品有《小蓬莱阁金石文字》、画扇《梅花图》、
画轴《墨竹图》等。上述赠送给内藤的《小松司马书画合锦条幅》，
确实为 1796 年 3 月所作的山东邹县孟庙外的槐树。这是金氏根
据内藤的爱好所做出的判断。①

　　金氏出生于浙江秀水（今嘉兴），他在拜访内藤两年后的
1924 年，为纪念亡父金尔珍（1840—1917，字吉石，号梅花草堂），
出版了其遗作《梅花草堂临书》。金尔珍因在清末高质量地出版
了毛奇龄流传下来的善本《东京梦华录》而广为人知。因此后来
金兴祥选择从事古董行业，成为中日间买卖精品书画的中介商，
这并不奇怪。近年来，据东京国立博物馆研究员富田淳的研究可
知，在山本竟山、山本二峰这两位近代日本艺术家的藏品中，来自
上海中国书店店主金颂清的作品最多，且他也向三井的听冰阁提
供过珍品。金氏持有大量古字画，甚至于昭和 11 年（1936）在东

---

① 陶德民《内藤湖南と清人書画——関西大学内藤文庫所蔵品集》（関西大学出版部，
　2009 年），91 页。

京的晚翠轩内举办了书画展销会。①

因此,内藤获得的十八册钞本《章氏遗书》,在金氏看来是一件价格不菲的古董,于是在内藤处看到此钞本时,无限感慨地挥毫写下了上述题词。

尽管"内藤谱"完成后不久,《章氏遗书》的翻刻本、排印本在中国陆续出版,但内藤自身似乎对此十八册钞本的稀有价值变得愈发自信。1922年5月,内藤得到"胡适谱"后,在杂志《支那学》第二卷第九号上发表了题为《读胡适之新著章实斋年谱》(《胡適之新著章実斎年譜を読む》)的书评,其中有如下一段内容:

> 如胡君此书的自序中所见,在我完成《章实斋年谱》后,恰巧浙江图书馆排印出版了《章氏遗书》二十四卷,我等也因胡君的厚意,得以购读到此书。除仅有数篇存在出入之外,此书大体与我收藏的钞本相同。但我所持钞本的目录,是章实斋先生晚年委托萧山王宗炎(号谷塍)整理其草稿时所编,其中包括已经翻刻的《文史通义》各篇题目,对于了解章氏著述全体之要领甚为方便。而浙江图书馆的排印本,仅存其新刊著作的目录,删去了已经翻刻的《文史通义》中的各篇题目,这样一来便无法得知王宗炎所编目录的原貌,此为一大遗憾。②

此外,内藤准备将此书评编入预计于1928年4月由弘文堂

① 富田淳《槐安居コレクションと聴冰閣コレクション——高島菊次郎氏と三井高堅氏》(收录于关西中国書画コレクション研究会編《関西中国書画コレクションの過去と未来:国際シンポジウム報告書》,2012年3月),79页。
② 内藤湖南《胡適之新著章実斎年譜を読む》(收录于《内藤湖南全集》第七卷中的《研幾小録》),80页。

出版的《研几小录》之中，于约半年前的 1927 年 10 月 15 日，在此
书评的结尾处写了如下一段"附记"：

> 最近吴兴的刘翰怡京卿刊行《章氏遗书》五十卷，余以前
> 未获见之诸篇均得以阅之。但遗憾的是，（章氏）《与王谷塍
> 书》遂不存，余所举之《与少白论文》一首，也未在刘氏本中，
> 而此足以补其缺漏。此文后在大谷秃庵上人从文求堂书店
> 全套购入《笥河少白父子文稿》之时，特割爱赠予余。又刘刻
> 本遗憾之处是，删去了钞本中收录的《戊午钞存》《庚辰间草》
> 等诸多篇目，因此失去了知晓章氏著作年代之便。之后余亦
> 购得《汪龙庄全书》。①

从以上"附记"可知，在对待特别重要的研究、表彰对象时，内
藤会搜罗其所有相关资料，调整研究方法，力图使研究更为完美。
也正因为如此，对刘氏刻本中因删除《戊午钞存》《庚辰间草》等相
关篇目的注记，导致章氏著作年代等信息不明，内藤感到强烈的
不满。

不仅是目录及注记的不完整，因"抄胥手民"缺乏学识而导致
的誊抄错误，也严重地损害了文本的准确性及可信度。因此目录
学家姚名达计划在"胡适谱"基础上进行增补修订，他在增补版
《章实斋先生年谱》的序言中，比较了自己修订章氏年谱时所使用
的主要史料的优劣及问题点，现将其摘录如下：

> 一、会稽徐氏钞本，即浙江图书馆排印本。这本的好处
> 是目录下有注。

---

① 内藤湖南《胡適之新著章実斎年譜を読む》（收录于《内藤湖南全集》第七卷中的《研
幾小録》），90 页。

二、山阴何氏钞本,即杨见心先生藏本,即马夷初先生转钞本,即《杭州日报》《中国学报》印本。这本的好处是编次最有条理。

三、刘翰怡先生刻本,据说是据王宗炎所编,沈曾植所藏的钞本,加上《庚辛之间亡友列传》《和州志》《永清志》《湖北志稿》和几种劄记。这本的好处是收罗得最丰富。

四、《纪年经纬考》。

五、此外散见于《国粹学报》《古学汇刊》《禹域丛书》《艺海珠尘》及其他丛书或杂志的遗文,也曾参考,不必详举了。①

姚名达增补章氏年谱相关事项表

事项	时间	章氏年龄
始刻行《文史通义》一部分	嘉庆元	五十九
卒	嘉庆六	六十四
《文史通义》大部分刊行	道光一十二	卒后三十一年
生平学术始显于世	民国一十一春	卒后一百二十一
《章氏遗书》刘刻行世	民国一十一秋	卒后一百二十一

刘刻虽博,亦不及广征别本。我随便拿别本来校,除了抄胥手民因形似音近而致误的文字以外,整段的多寡,整句的异同,两皆可通的文字,就不知有多少,几乎没有一篇全同的。因此我又花了好些工夫,去校勘《章氏遗书》,不管是单行本、丛书本、杂志本,只要在北京能找出的,我都找来校过了。北京虽是书籍集中的所在,但我所要找的《章氏遗书》钞

---

① 姚名达《序》(收录于胡适著、姚名达订补《章实斋先生年谱》,上海商务印书馆,1929年),9页。

本一本也不曾看到。十七年六月中我做《章实斋著述考》，考
到了《文史通义》，便不能不搁笔。八九月里所以远渡东海，
浪游两浙，不恤金钱和时间，不畏危险和辛苦的缘故，只是要
找几个钞本看。①

由此可见，在收录作品的丰富性这一点上，姚氏对刘翰怡刊
刻的五十卷《章氏遗书》表示推崇。以上姚氏增补的章氏年谱相
关事项中，加入"胡适谱"的出版时间是"民国一十一春"（1922），
而刘刻本《章氏遗书》的出版时间是同年的秋天，这是章氏年谱研
究史"大事索引"的最后一项。

刘翰怡（1882—1963）出生于以缫丝业闻名的吴兴（今湖州）
南浔镇，名承干，字贞一，晚年自称嘉业老人。其祖父刘墉经营生
丝生意，富甲一方。刘氏继承了其父亲爱好读书的特点，但对经
商不感兴趣。在辛亥革命后的二十年间，他收集了各种善本典
籍，其藏书鼎盛时期多达十八万册，包括嘉业藏书楼的建设费在
内总计投入八十万元以上。其所建的嘉业藏书楼囊括了 1918 年
去世的孙廷翰等众多藏书家的藏书。1920 年刘氏被任命为清史
馆名誉纂修，就是因为编纂清史需要其藏书楼提供借阅的便利。
在刘氏刊刻的《章氏遗书》出版之际，沈曾植的高足张尔田与孙德
谦（1873—1935）为之作序，晚年的沈曾植也欣然推荐此书，因此，
此书得到当时社会各界的众多好评。②

但是，对于希望通过彻底校勘诸多版本，以期修订出可信度
更高的《章氏遗书》的姚氏而言，其烦恼的根源正在于缺乏儒学修

---

① 姚名达《序》（收录于胡适著、姚名达订补《章实斋先生年谱》，上海商务印书馆，1929
年），4 页。
② 参见李性忠《嘉业藏书楼》（西安地图出版社，2000 年）。张尔田与孙德谦所作的序
文，可参见《章学诚遗书》（文物出版社，1985 年）。

养的"抄胥手民"因形似或音近而造成的明显誊抄错误。包括刘刻本在内的几种版本,存在段落数量及句子长短不一,语义表达模棱两可等诸多问题。特别是先于《章氏遗书》出版的单行本《文史通义》中,此类问题尤为突出,几乎无从解决。因此,姚氏特意从北京前往江南和日本,不惜时间与钱财,力图搜寻包括内藤十八册钞本在内的值得信赖的版本。

五、围绕章实斋评价及章氏年谱所展开的切磋琢磨

关于内藤是受到何人的启发才关注章氏学问这一问题,迄今为止学界有几种不同的假说。在本章第三节所介绍的"追忆先学——内藤湖南先生"座谈会上,神田喜一郎提出了"谭献途径"。① 此后,著名的内藤研究学者傅佛果(Joshua A. Fogel)教授认为,内藤关注章学诚的契机可能来源于沈曾植的门生张尔田和孙德谦,或者是内藤在1902年与沈曾植会面时从沈氏处获得的启发。② 可以说以上两种途径在某种程度上都有助于内藤重视章氏及对章氏进行重新评价。

首先,在第三节内藤所列参考书目中,有一条"谭献复堂日记中有论章学数条"的记录。神田提出的"谭献途径"可能来源于此。谭献(1830—1901),号复堂,浙江仁和(今杭州)人,近代词人、学者,以博学多识、藏书丰富而著称。近年出版的点校本《谭

---

① 《先学を語る——内藤博士》(收录于《東方学回想Ⅰ·先学を語る(1)》,刀水书房,2000年),96页。

② Joshua Fogel, On the "Rediscovery" of the Chinese Past: Cui Shu and Related Cases, in The Cultural Dimension of Sino-Japanese Relations, M. E. Sharpe, 1995, p. 16. Originally in: Perspectives on a Changing China (Westview, 1979), 219 – 35.

献日记》(即内藤书目所列的谭献《复堂日记》)中,可以发现有"数
条"内藤所探讨章氏的内容,现将其摘录如下:

> 于书客故纸中搜得章实斋先生《文史通义》、《校雠通义》
> 残本,狂喜,与得《晋略》同。章氏之识冠绝古今,予服膺最
> 深。往在京师借叶润臣丈藏本,在厦门借孙梦九家抄本,读
> 之不啻口沫手胝矣。不意中得之,良足快也。①

> 阅《文史通义·外篇》。表方志方国史,深追《官礼》遗
> 意,此实斋先生所独得者。与《内篇》重规叠矩,读者鲜不河
> 汉其言,或浮慕焉,以为一家之学亦未尽耳。悬之国门,羽翼
> 六艺,吾师乎,吾师乎! 吾欲造《学论》,曰:天下无私书,天下
> 无私师。正以推阐绪言,敢云创获哉!②

　　由此可知,谭献在获得搜寻多年的《文史通义》之后的"狂
喜"心情,盛赞"章氏之识冠绝古今",将其尊仰为"吾师"的崇敬
之情,以及服膺章氏卓越的方志学造诣,希望自己能够创作出
像《言公》篇那般使"天下无私书,天下无私师"的《学论》。由于

---

① 范旭仑、牟晓朋整理《谭献日记》(中华书局,2013 年),19 页。
② 范旭仑、牟晓朋整理《谭献日记》(中华书局,2013 年),21 页。此外,大量收集谭献
　著述的钱基博(1887—1957,钱锺书之父),曾这样分析章学诚与谭献学问方法的异
　同:"类族辨物,究心于别流,承会稽章氏学诚之绪,惟《通义》征信,多取《周官》古
　文,而谭氏宗尚,独在公羊今学。蹊术攸同,意趣各寄。近人钱唐张尔田孟蓬著为
　《史微》一书,以公羊家言而宏宣章义,实与谭氏气脉相通。"另一方面,1917 年,王
　国维在为张尔田即将出版的《玉溪先生年谱会笺》所写的序言中,这样评价张尔田:
　"君尝与余论浙东、西学派,谓浙东自梨洲、季野、谢山、以讫实斋,其学多长于史;浙
　西自亭林、定宇,以及分流之皖、鲁诸派,其学多长于经。浙东博通,其失也疏;浙西
　专精,其失也固。君之学固自浙西入,渐渍于浙东者。君曩为史微,以史法治经子
　二学,四通六辟,多发前人所未发。及为此书。则又旁疏曲证,至纤至悉,而孰知其
　所用者,仍周汉治经之家法也。"也就是说,王国维称赞张氏融合浙东、浙西两大学
　派的学风而形成自身的治学方法,其著作《史微》是运用史学方法研究经学、子学而
　写就,著作《玉溪先生年谱会笺》则是运用汉代的经学研究方法而写成。

内藤的论文《章学诚的史学》(《章學誠の史学》)中对章氏评价的要点与上述日记内容部分相同,由此可以确认谭献对内藤的影响。

如果将谭献视为内藤的上一辈学者,那么,内藤与同辈或晚辈的中国学者之间又有怎样的探讨章氏学问的代表性事例呢?

内藤在其书评《读胡适之新著〈章实斋年谱〉》中曾如此评论道:

> 十余年前无意中得到此全集的未刊本(指十八册钞本《章氏遗书》——笔者注),通览全书之后,制作了此人年谱并刊登在杂志上。此后中国的胡适,在我所作年谱基础上进一步增订后公诸于世,章氏的学问才逐渐为中国的新生代学者所关注。在此之前,即使如张尔田、孙德谦等治旧学之人,仰慕章氏之学风,进行了特别的钻研。最近,除胡适之外,还有毕业于清华学堂的姚名达,以及四川的学者刘咸炘等人,极力发挥章氏之学,各自均有相关著述问世。时至今日,虽然已没有必要特别鼓吹章氏的学问,但是在此之前,一般人还未能认识到其学问的卓越之处,或是即便承认其价值,但对其学术的真意却知之甚少,因此我才对其进行鼓吹。①

由此可见,内藤对于同时代中国学界的广泛关注,除胡适之外,还有治旧学的沈曾植的弟子张尔田、孙德谦,以及治新学的姚名达、刘咸炘等人。他们的章氏研究状况都在内藤的关注视野之内。在此,笔者主要以旧派的张尔田以及新派的胡适为中心来探讨二者与内藤的交流情况。

---

① 内藤湖南《章学誠の史学》(收录于《内藤湖南全集》第十一卷中的《支那史学史》),472 页。

【张尔田与内藤的学术交流】

据说张尔田的代表作《史微》，由于受到内藤的推荐，从1911
年起成为京都帝国大学等日本的"大学文史研究者的必读书
目"①。1908年3月在张氏《史微》的《内篇》《外篇》脱稿之际，他
在《凡例》中坦言道，因受到章氏《文史通义》的启发，故能把握史
学史的脉络以及各种史学名著。

> 嗣得章实斋先生通义，服膺之，始于周秦学术之流别，稍
> 有所窥见。久之，读太史公书，读班马孟坚书，无不迎刃而
> 解，豁然贯通。

调查内藤文库可知，现存《史微·内篇》有两种，分别是四
卷本和八卷本，出版时间分别为"辛亥"（1911）和"壬子"
（1912）。四卷本为《多伽罗香馆丛书》第一种，其目录的最后部
分记载了《出版缘起》，落款为"辛亥季春山阴平毅劼刚"，"劼
刚"称呼张尔田为"姨丈"。八卷本亦为《多伽罗香馆丛书》第一
种，但目录最后的《出版缘起》的落款则为"壬子先立夏三日东
荪"，而此处的"东荪"（即张东荪）称呼张氏为"兄"。此二人均
为张氏的亲戚。

张氏与内藤的初次见面，应该是在1917年12月下旬，或者
是比这更早的时间，这点姑且不论。就内藤所写的记录来看，他
于1917年12月造访位于北京的清史馆时，与"总裁赵尔巽氏、同
馆的编辑吴廷燮、邓邦述、马其昶、李经畬、张尔田、秦敦世诸氏"
等"当世硕学之人"会谈，并在总裁赵尔巽的热情邀请下，参观了

---

① 邓之诚《张君孟劬别传》（收录于中国社会科学院"近代史资料"编辑部编《民国人物
碑传集》，四川人民出版社，1997年），470—471页。

清史馆的书库。① 1922 年沈曾植去世之后，张尔田担心恩师的遗著散佚而不能传诸后世，遂对其代表作《蒙古源流笺证》进行详细校订之后加以出版。而向来对元朝历史抱有极大关心的内藤，在与沈曾植初次见面之后一直苦心寻找此书的抄本，因此，在得知张尔田出版此书的消息之后，自然对张氏给予了更高的评价。值得一提的是，张氏亦是内藤所推崇的钱大昕的学术传记《钱大昕学案》（收录于《清儒学案》）的著者。

　　吉川幸次郎记得内藤曾说过张氏是自己的"平生第一知己"；神田喜一郎也曾回顾道：内藤在和羽田亨一起编辑《内藤博士还历祝贺支那学论丛》（弘文堂，1926 年 5 月）时，因忘记向张氏约稿而深感遗憾，此后，在西田直二郎编辑《内藤博士颂寿记念史学论丛》（弘文堂，1930 年 6 月）时，特意收录了张氏的《真诰跋》一文。②

　　正如本章引言中所介绍，张尔田在上海获得《内藤博士颂寿记念史学论丛》一书后，立即致信内藤，坦言自己青年时代与孙德清二人都私淑于章学诚，但不敢在公开场合表示赞同其"六经皆史"的学说。其原因正是被内藤一语道破的清代保守的社会文化环境。"六经皆史"学说"给予一般的中国学者强烈的冲击"，"有时会招致经学家等人的误解，甚至表示反感之人也不在少数。因为经学者认为经书地位要高于其他所有著述，将经书与史书相提并论的主张，是玷污经书，会引起将圣人立言的经书与后世学者所写的史书等量齐观的误解。章学诚'六经皆史'的主张并不是这种含义，而是认为六经记录的均是古代的前言往行，即是以作

---

① 内藤湖南《支那视察记》（收录于《内藤湖南全集》第六卷中的《旅行记》），467、470 页。
② 《先学を語る——内藤博士》（收录于《東方学回想Ⅰ·先学を語る(1)》，刀水书房，2000 年），97 页。

为圣人载道之器的形式出现的著作"。①

【胡适与内藤的学术交流】

关于论文《章实斋先生年谱》在杂志《支那学》上刊登之后产生的意外反响，内藤自身曾有以下回顾：

> 拙文刊登后不久，北京大学的胡适君就读到了此文，于是写信给青木正儿君，拜托他将我收藏的未刊《章氏遗书》的目录及其他数篇遗文抄出，于是青木君抄写完相关内容后将其寄给胡适君。最近，胡适君将其出版的新著《章实斋先生年谱》邮寄给我。此书自序中写道，其制作此年谱的契机是因为民国九年冬天读到了我写的章氏年谱的文章，并对我提供的底本表示感谢。没想到自己粗略的考证，竟成了实斋先生本国的新进学者的研究动机，这让我甚感满足。我想实斋先生若在天有灵，亦会和我一样感到欣慰吧。②

就分量而言，"胡适谱"是"内藤谱"的数十倍，对此内藤认为原因主要有以下三点："第一，胡适煞费苦心地从章氏的著作中选择摘录了能够显示其思想主张变迁的重要材料；第二，章氏对同时代的戴震、汪中、袁枚等大家的批评，既有公平之见，亦有偏颇之言，胡适均将其摘要抄出，并放在这些大家去世之年的条目中，这样不仅可以考察章氏个人的见解，也可以作为

---

① 内藤湖南《章学誠の史学》(收录于《内藤湖南全集》第十一卷中的《支那史学史》)，476—477页。关于章学诚的"六经皆史"学说的相关研究，可参见仓修良《章学诚〈文史通义〉》(中华书局，1984年)；山口久和《章学誠の知識論：考証学批判を中心に》(创文社，1998年)；井上进《明清学術変遷史：出版と伝統学術の臨界点》(平凡社，2011年)中的"六经皆史说の系谱"。
② 内藤湖南《胡適之の新著章實斎年譜を読む》(收录于《内藤湖南全集》第七卷中的《研幾小録》)，80页。

理解当时思想史的材料;第三,以往的年谱往往只记录谱主值得称道之处,而略去其不好的一面,但是胡适所作的章氏年谱将其长处短处一并摘出。"①胡适此举看上去似乎创造了编写年谱的新体例。

但是,内藤对此新体例并不赞同,要而言之:"在年谱中,将思想学说的变迁、对其他大家批评的当否都包括进去加以讨论,作为创例是否可以视为绝对标准,仍然需要审议。作为清代学者向后世传布名人大儒事迹的方法,主要采用其别传或是学案等体裁来叙述其学说。至于年谱,则主要是记叙谱主简要的履历、公私生活等。我也主张年谱第一要义在于简明,而不应该过于详细繁杂。"②

内藤主张年谱应尽量简洁的理由是:"原本我制作的章氏年谱的底稿也大致与胡君一样,逐一标注每一条的出处,打算留待他日以此附上原文出处的方式出版。不过我从一开始就省略了其学说,在刊登于《支那学》之际,更是选取其中要点,以使我国人士易于阅读,并未预想到像胡君这样的中国学者会对此给予关注。"③换言之,"内藤谱"是面向日本读者的"普及版",计划将来出版内容及出典更为翔实的增补版。

在此,笔者想选内藤对"胡适谱"的朱笔评点中最为引人注目的两处加以介绍。

---

① 内藤湖南《胡適之の新著章實斎年譜を読む》(收录于《内藤湖南全集》第七卷中的《研幾小録》),81 页。
② 内藤湖南《胡適之の新著章實斎年譜を読む》(收录于《内藤湖南全集》第七卷中的《研幾小録》),81 页。
③ 内藤湖南《胡適之の新著章實斎年譜を読む》(收录于《内藤湖南全集》第七卷中的《研幾小録》),81—82 页。

【例一】内藤对"胡适谱"中所引汪中《女子许嫁而婿死从死及
守志议》的赞同

汪中(1744—1794),江都(今扬州)人,字容甫。作为与章实
斋同时代的著名学者,内藤也对其极为关注。"内藤谱"序言中有
如下论述:

> 章实斋是与戴东原、汪容甫二人同一时代的学者,其名
> 著《文史通义》一书,通过构建一种新的史论,尝试对经、史、
> 子、集各部进行综合性批判,此史论的渊源在刘向、刘歆父
> 子,虽然亦从梁代刘勰的《文心雕龙》、唐代刘知几的《史通》、
> 宋代郑樵的《通志》中受到启发,但此史论的实质不妨说是开
> 辟了全新的境地。①

> 但是既无人继承汪中的历史性的经学研究,也无人祖述
> 章实斋的史学,这原本是不应指望之事,其学术随其人去世
> 完全成为绝学。时至近时,康有为一派之徒提倡应该尊崇
> 《章氏遗书》,甚至出现了运用章氏的研究方法论述经子源流
> 的著作,但仍未能充分发挥章氏学问的奥义。吾辈学者在研
> 究近代中国学术发展脉络之际,除了汉学、宋学之外,不能忽
> 视这一派绝学的存在。②

由此可见,虽然内藤只是在论述章氏学问的背景中提到汪
中,但仍可以看出他对汪中的高度评价,认为汪氏与戴震(号东
原)一样,均是富有独创性的经学家和史学家。此外,汪中也是一

---

① 内藤湖南《章實斋先生年譜·序説》(收录于《内藤湖南全集》第七卷中的《研幾小
　録》),68页。
② 内藤湖南《章實斋先生年譜·序説》(收录于《内藤湖南全集》第七卷中的《研幾小
　録》),69页。

位开明的社会思想家，"胡适谱"中引用了章氏对汪中《女子许嫁而婿死从死及守志议》一文的严厉批判，显示出章氏思想中保守的一面。可以说，这是胡氏毫不容情地记录谱主缺点或"坏处"的一个极好事例。胡适对章氏的批评如下：

> 汪中的《女子许嫁而婿死从死及守志议》痛论未嫁女子守贞及从死的非礼，乃是一篇极重要的文字。其自跋云：（中略）此乃社会问题的讨论，其用意与立言皆深可佩服。实斋乃作长文驳之，谓为"有伤于名义"，谓为"丧心"，谓为"伯夷与盗跖无分"。此真"绍兴师爷"之伦理见解！此等处又可见实斋对于当时负重名的人，颇多偏见，几近于忌嫉，故他对于他们的批评往往有意吹毛求疵，甚至于故入人罪。例如此文谓汪中论女子未婚守志，"斥之为愚，为无耻，比之为狂易"，又谓其论未婚殉夫，"指为狂惑丧心"。[1]

要而言之，在《女子许嫁而婿死从死及守志议》一文中，汪氏认为在订婚后但并未正式结婚这期间，倘若男子去世，周围的人要求女子为死去的未婚夫守志乃至殉死的行为，以及政府对此类殉死女子的褒奖举措，均有违人道，背离了儒家经典的真意。[2] 胡适对此表示极为赞同，并给予高度评价。内藤在读到此段"胡适谱"的内容时，联想到自己曾经读过三浦梅园的类似论述，在此页上写下了如下批注：

> 三浦梅园《敢语·臣妇篇》以元明之制，旌妻殉夫而死者，为杀人之道。谓臣妇于人者勿失身于侠，至侠道之贼也。

---

[1] 胡适《章实斋先生年谱》(上海商务印书馆，1922年)，86—87页。

[2] 参见汪中著、田云汉点校《新编汪中集》(广陵书社，2005年)中收录的《女子许嫁而婿死从死及守志议》一文，375—377页。

与汪氏之论并在世,待圣人而不疑者也。①

作为江户中期思想家、哲学家的三浦梅园(1723—1789),与清代中期的思想家、经学家汪中都生活在十八世纪,都对元明时期的婚姻陋习进行了批判,但比较二者的论述,将此陋习视为"杀人之道"的三浦的态度似乎更为严正,用语亦更为犀利。

【例二】内藤对"胡适谱"嘲讽章氏的方志学一事打抱不平

对于章氏提出的志、掌故、文征三位一体的地方志构成理论,内藤与胡适二人有着截然不同的评价,二人的分歧在"胡适谱"中以尖锐对立的形式显现出来。内藤的主张如下:

> 特别是在章氏的学问中,史学分支中最重要的是方志之学,即地方志的学问。章氏主张将地方志的学问建构为古来未曾有过的独立的系统,关于这一点,与当时著名的经学家戴震等人的观点完全相反,二人进行了相互批评。章氏主张在编纂地方志时,必须使用纪传体的体裁;写入掌故即律令典例等;加入文征即与文艺相关之事,只有具备这三方面的体裁,地方志才能像一般史材料那样加以著述。章氏与当时大多数地方志编纂者仅以记载沿革地理为主的叙述模式不同,主张将方志作为记载过去和现在状况的资料来编写,这与仅记载沿革地理的编写原则不同,

---

① 三浦梅园《敢語·臣婦篇》(收录于三浦梅园著、梅园会编《梅园全集》下卷,名著刊行会,1970 年),683 页。此文中的完整记载为:"观元明之制,从夫死者,旌表门闾,故其迹比比相接。""妇之事夫,吾闻以贞顺,未闻以殉矣。子曰,过犹不及,匹夫称之,犹可恨之,况治天下者,而旌表之,杀人之道也。臣妇于人者,勿失身于侠,勿存身于苟免。(中略)为义至侠道之贼也。"

是极为有趣的见解。①

但是，正如著名史学理论家何炳松为姚名达的修订版"胡适谱"所写的序言中所指出，胡适未能完全理解章氏关于志、掌故、文征为方志构成的三大支柱这一主张的真正含义，犯了将章氏所论轻易嘲讽为"笑话""梦话"的错误。其分析如下：

> 适之先生以为章氏一面提倡掌故的重要，一面又嫌弃《新唐书》以下各史的志书太详细了，所以说章氏终是一个"文史家"而非"史家"，章氏对于《新唐书》以下的批评是可笑的"梦话"。我以为此处适之先生自己有点弄错了。章氏明明主张方志立三书，就是志、掌故和文征，这三书都应该立为专书的。章氏并没有单单说掌故是重要的，他是在说掌故应该列为专书，所以他的主张和批评并没有矛盾，并没有闹成笑话和梦话。②

当然，内藤也不赞成胡适对章氏的批判，在"胡适谱"上用朱笔严厉批评道："此论甚不通，实斋未可笑也。"③

毋庸赘言，与胡适一样有过美国留学经历、亦担任过北京大学教授的何炳松，当时已因著作《新史学》而广为人知。在姚名达着手修订"胡适谱"的 1920 年代后期，何氏担任上海商务印书馆地理历史部主任、编译所所长等职，因工作关系，对姚氏的修订工作给予了支持与帮助。1929 年初版的姚氏增订出版的"胡适谱"中有何氏所写的序文，内藤文库收藏的此书是姚氏赠送

---

① 内藤湖南《章学誠の史学》(收录于《内藤湖南全集》第十一卷中的《支那史学史》)，481—482 页。
② 何炳松《序》(收录于胡适著、姚名达订补《章实斋先生年谱》，上海商务印书馆，1933 年)。
③ 胡适《章实斋先生年谱》(上海商务印书馆，1922 年)，57 页。

的出版于 1930 年的增补版,此版在扉页上附有姚氏前往章氏
故乡绍兴参拜章氏一族宗祠时发现的章氏夫妇肖像。我们无
法得知内藤是否阅读过何氏的序文,倘若内藤读过此序,那么
他应该明白何氏才是当时中国首屈一指的章氏的理解者和评
价者。①

六、结语

张尔田在接到内藤于 1934 年 6 月 26 日逝世的讣告后,写了
以下一首悼亡诗,寄给内藤的遗族:

> 频年问讯到东邻,缟纻西洲有几人? 君赠诗有"一时缟纻遍西洲"句
> 耆旧凋零三岛尽,黄农绵邈百家陈。
> 论文久失方闻友,易箦惊传老病身。
> 莫怪襄翁双泪眼,观堂宿草墓门春。
>
> 静安殁已八年,君又继之,东方文献之寄无人矣,故末句
> 及焉,非独哭其私也。
>
> 敬挽　内藤湖南先生　张尔田稿奉②

作为内藤的知己,张尔田在此悼亡诗中,将先于内藤七年

---

① 参见何炳松《序》(收录于胡适著、姚名达订补《章实斋先生年谱》,上海商务印书馆,
1933 年)。其原文如下:"我个人对他,实在不能不五体投地崇拜到万分。我近来
再去翻看德国海尔达尔(Herder)的'观念'说、海格尔(Hegel)的'民族精神'说、英
国白克尔(Buckle)的'文化进步的定律'等等'历史的哲学',我总要发生一种感想,
觉得他们的见解太是肤浅,太是没有实质上的根据。就我个人研究世界各国史学
名家所得到的知识而论,我以为单就这'天人之际'一个见解讲,章氏已经当得起世
界上史学界里面一个'天才'的称号。"
② 钱婉约、陶德民编《内藤湖南汉诗酬唱墨迹辑释——日本关西大学图书馆内藤文库
藏品集》(国家图书馆出版社,2016 年),122—123 页。

（1927 年 6 月 2 日）去世的王国维盛赞为"东方文献学"的巨匠，对内藤去世后是否有人能够继承其学问深表忧虑。的确，研究《文史通义》《章氏遗书》，制作章氏年谱等内藤的章氏彰显行动，均一览无遗地显示了他对"东方文献学"的深刻理解和娴熟运用，可以想见的是，这段近代中日文化交流史的故事，今后将会长久地留在人们的记忆之中。

【附录一】　胡适《章实斋先生年谱》自序(抄)

（胡适赠呈本，关西大学内藤文库藏）

我做《章实斋年谱》的动机，起于民国九年冬天读日本内藤虎
次郎编的《章实斋先生年谱》(《支那学》卷一第三至第四号)。我
那时正觉得，章实斋这一位专讲史学的人，不应该死了一百二十
年还没有人给他做一篇详实的传。(后略)

最可使我们惭愧的，是第一次作《章实斋年谱》的乃是一位外
国的学者。我读了内藤先生的《年谱》，知道他藏有一部钞本《章
氏遗书》十八册，又承我的朋友青木正儿先生替我把这部《遗书》
的目录全抄了寄来。那时我本想设法借这部《遗书》，忽然听说浙
江图书馆已把一部钞本的《章氏遗书》排印出来了。我把这部《遗
书》读完之后，知道内藤先生用的年谱材料大概都在这书里面，我
就随时在《内藤谱》上注出每条的出处。有时偶然校出《内藤谱》
的遗漏处，或错误处，我也随手注在上面。我那时不过想做一部
《内藤谱》的"疏证"。后来我又在别处找出一些材料，我也附记在
一处。批注太多了，原书竟写不下了，我不得不想一个法子，另作
一本新年谱。这便是我作这部年谱的缘起。

(前略)若年谱单记事实，而不能叙思想的渊源沿革，那就没
有什么大价值了。因此，我决计做一部详细的《章实斋年谱》，不
但要记载他的一生事迹，还要写出他的学问思想的历史。这个决
心就使我这部《年谱》比《内藤谱》加多几十倍了。

【附录二】 姚名达写给内藤的信之一

（关西大学内藤文库藏）

拜启

久倾鸿硕，无缘亲炙教言，每殷怀慕，恭维杖履，绥和门庭郁蔚，是颂是祝。名达史学后生，窃幸同道，自前年初及梁任公、王静安先生之门，即发心著《中国史学史》，且致思于章实斋先生之学，三年来孜孜无倦，颇有著述。然除小篇已成定论，间付发表外，长篇钜著秘存诸笥而已。又以学习贵国文字过迟，近日始获解读先生大作，如《章实斋先生年谱》之属。又得知近著《中国史学史》不日出板，喜慰逾望，未图志业相同之，若是其惬合也。章学窃所素嗜，虽未读先生绍介之言，而研探所得，除适符外，亦有为先生等所未见或未知者，如《史籍考》在武昌辍业，毕秋帆捐馆之后，实斋奔走经营，卒藉谢蕴山之力，开局杭州以成之。今遗书之《史考释例》，即用蕴山语气，而《两浙鲔轩录补遗》及《瀛舟笔谈》尤明载其事，且其书似已告成而未付刊，不知稿落何所，窃尝访诸章谢两家，亦无有也。先生倘能博访之于贵国乎？窃欲为续成之，则力有不足，脱稿无日，然亦已有把握矣。实斋又著有《纪年经纬考》一书，死后有人刻之，误题其姓为张，百年来无人知之，传本亦少。近日名达始得假读之于藏书家，为作序文，商请刘翰怡先生付雕，不日且出板矣。刘氏尝于辛酉壬戌间刻《章氏遗书》，其文有出于先生藏本之外者，故先生等所作年谱，仍有遗漏。且乾嘉学者之文集诗集，多有实斋史料，未蒙采取也。胡适之先生所作，尤多主观而不顾事实之批评，而纪载间亦错误，名达自客夏返里，辄另草创一《实斋年谱》，自谓颇翔实而简洁，故尝刊之

《国学月报》第四期。今秋始得读先生大作,而悔改作之无谓也。
然敝国人之得见大作者固少,而拙著又将附《章氏遗书》而行,则
亦无妨耳。先生尝谓将再著书以论实斋之学术,不知已脱稿刊行
否?名达亦正作文,窃愿先领雅教为幸。鄙颇殚思于实斋学术之
渊源,故极注意邵念鲁与朱竹君,已为二先生各作年谱,前者之卷
上,已刊入《国学论丛》第二期,后者则未发表。倘此次幸蒙函教,
得知住址,则拟将所有著作之有关于实斋者,挂号邮呈,以乞斧正
焉。《章氏遗书》,名达所见已十余种,拟借得所有抄本,费半年之
力以精校之。先生所藏抄本,亦拟恳赐邮寄,誓当珍持爱惜,不敢
示人,校毕即当寄还,不失信也。然此必待名达已见信于先生以
后,此非其时耳。刘氏抄本则不日可寄到矣,拙著史学史尚无脱
稿之期,刻正编纂史籍考,俟其告成,然后可为史学史。故窃望伟
著之速成,俾得有所禀承焉。俟深通贵国文字而后,且欲敬恳先
生许其翻译为汉文也。今年敝国内乱,不特经济困难,学术亦日
浮薄,即如名达抱此发展史学之志,求师友于全国,盖未得一二。
幸及梁王之门,而梁病王没,可为伤心。间尝告友人以著史学史
之事,赞其议者未闻也。何幸海外竟有前辈,先我为之三年,沉闷
一朝为先生所解除,快欣之极,即欲东渡就教,而留居之费用,又
非贫家所能供给,其为怅惘抑何如哉。幸素得闻先生雅量大度于
王静安师,故窃不揣冒昧,致书于阁下,冀邀如师生亲炙之教言
焉。王师既没,鄙于《国学月报》出专号以纪念之,不日出板,当呈
政也,专此敬上。

　　内藤湖南先生玉案下　　　海西赣南后学　姚名达拜启(印)
　　　　　　　　　　　　　　　　一九二七年十二月二十三晚
　　　　　　　　　　　　　　　　即丁卯十一月三十灯下

【附录三】 姚名达写给内藤的信之二

（关西大学内藤文库藏）

拜启

　　去年十二月二十四日邮上芜笺，乞京都宏文堂八坂浅次郎案下转渡，不知已达玉案下否？至今未得复示，甚念念也。昨到文化事业总委员会，敬悉先生将以三四月来北京，私心喜极，届时当谒教耳。名达学习大邦文字过迟，近始能读大著，既感先生治学之勤，益我之厚。又知先我而作史学史也，佩仰之至。三年前立斯志，不图遥与海东先辈暗合，拟俟大著出板，当迻翻之，即祈阅校，以饷弊国后学，其功效当较拙著尤大耳。名达校读章学诚先生之书于今三年，尚欲敬求宝藏《章氏遗书》抄本一校，并思得京都某店朱少白自笔文稿一读，不知先生能慨助之乎？抑俟四月来莅，遂携示之乎？近来大著有关于章先生者否？拙著《章实斋之史学》正在起草，敬祈多赐教言，俾免误解。拙著之已成者，甚愿寄呈请教。在今日弊国，欲得一学精路同之先辈如先生者，上天下地不可得也。故孺慕心仰于先生为特深焉，临启神驰，伫候明教。

内藤湖南先生玉案下　后学姚名达拜启
一九二八年一月十一日
北京清华学校研究院

【附录四】 张尔田写给内藤的信

（关西大学内藤文库藏）

　　湖南先生有道，昨由弘文堂寄到承赐《史学论丛》《华甲寿言》各书，并书示嘉章，祗领感谢。区区不腆之文，荷先生奖纳，汗颜

290

无地。惟益祝先生神明湛固，永为吾党泰斗耳。田年二十余与孙
隘堪同学，得章实斋"六经皆史"之说，好之。彼时国内学者颇无
有人注意及之者，而岂知先生于三十年前在海外已提倡此学，且
于竹汀、东原诸家，无不博采兼收。罩及城外，较诸实斋更精更
大。即以文艺论渊雅遒逸，亦远在北宋之上。此非田一人之私
言，实天下之公言也。田生平无他嗜好，惟以学问为生涯，以朋好
为性命。此后先生耄学日勤，续有纂述，无吝邮赐，尤所盼也。写
呈近作小词一章，变雅之音，固与鼓吹承平六籍者不同。先生读
之，倘亦哀其志乎？专此肃复，敬颂起居康泰。不一。

张尔田

附录

在关西大学和二松学舍大学的演讲

演讲录一　明治的汉学家与中国——以萨摩藩学者重野安绎、西村天囚为例[①]

　　我是刚刚承蒙大庭脩教授介绍的陶德民。

　　我的研究领域是中日比较思想史,主要从事儒学与汉学相关的研究。关于近世、近代大阪的书院,一直以来主要是对朱子学统的怀德堂(1724—1869)进行研究,此研究成果集结为著作《怀德堂的朱子学研究》(大阪大学出版会,1994 年)出版。但是,我对属于徂徕学派的泊园书院尚未进行过系统研究,因此今天在泊园讲座上发表讲演,实在是惶恐万分。

　　在此,首先想向诸位介绍的是,我在研究过程中发现的重野安绎、西村天囚二人与泊园相关的两条史料。重野于明治初期在大阪开办过成达书院,而西村则作为大正时期怀德堂复兴运动的主将积极活动,与世代担任泊园书院院长的藤泽家保持交往亦在情理之中。我要介绍的第一条史料是:明治后期,泊园第二代院长藤泽南岳在增订出版首代院长东畡的遗稿《校订史记评林》之际,拜托重野为此著作题写序言。在序言中,重野对迄今未能与藤泽父子见面而深表遗憾,同时对东畡的著作及其维持书院运营所做的不懈努力表示由衷敬意。第二条史料是:在西村去世之

---

① 1996 年 11 月 19 日关西大学泊园纪念会第三十六次泊园纪念讲座。

图 104　身着大礼服的重野安绎

日本国立国会图书馆《近代日本人的肖像》

图 105　身着大礼服的西村天囚

后醍院良正撰《西村天囚传》

图 106　重野安绎
译述《万国公法》(鹿儿岛
藩出版,1870 年)

陶德民藏

图 107　1897 年重野在帝国教育会举办的夏
季讲习会上所作《汉文讲义》的记录

大阪大学附属图书馆怀德堂文库藏

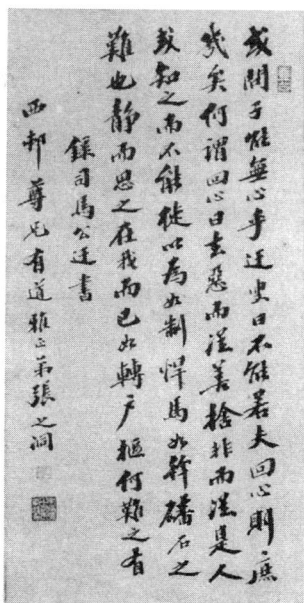

图108　张之洞赠送西村天囚的《录司马公迁书》

山本由定编《和汉法书展览会记念帖》(1914)，大桥成行藏

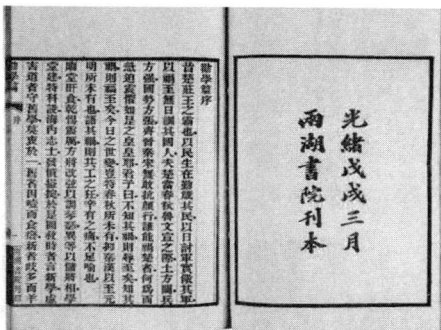

图109　张之洞像

图110　刘坤一像

刘刚编《清两江总督与总督署》，广东人民出版社

图111　张之洞著《劝学篇》

图 112　重野安绎从欧洲取道新建成的西伯利亚铁路归国,途中于 1907 年 8 月顺访奉天北陵,其左侧为西村天囚。

后醍院良正撰《西村天囚传》

时,泊园第四代院长藤泽章次郎写的追悼汉诗。由于时间关系,该诗的内容就略去不讲了。

那么,接下来就正式进入此次演讲的主题。

一、重野安绎与西村天囚

今天,我想以重野安绎与西村天囚这两位萨摩藩(今鹿儿岛县)藩士出身者为案例,来探讨明治汉学家的中国观,以及他们与中国关系的实际状况。首先,简单介绍一下二人的生平。

重野安绎,字士德,号成斋;西村天囚,名时彦,字子俊。重野出生于文政 10 年(1827),逝世于明治 43 年(1910),从其生卒年来看,其前半生的四十年处于幕末时期,后半生的四十余年几乎经历了整个明治时期。与此相对,西村出生于 1865 年,即明治维新的前夜,卒于 1924 年,即大正时代将要落幕之时。为何要将此二人作为一对进行比较研究呢?其原因不仅在于二人关系密切,还因为他们在经历上有相似之处。正如诸位所知,萨摩藩作为幕末维新时期的雄藩,既涌现了如西乡隆盛、大久保利通、黑田清隆、松方正义、森有礼、西乡从道、川上操六、桦山资纪等掌握实权的政治家、军人,也诞生了像重野安绎、西村天囚这样的学者。

重野作为明治政府修史事业的负责人,在向全国各地征集史料及编纂《大日本编年史》的过程中发挥了重要作用。此外,作为帝国大学史学会的会长,他提倡进行近代性的考证史学研究,对史学界产生了巨大影响。因此,现在学界通常将其评价为近代史学的先驱人物,而实际上,他也是一位优秀的汉学家。作为重野的昌平簧晚辈,久米邦武(1839—1931)曾与他在修史馆和帝国大学史学科共事。重野去世之后,久米写过一篇悼念文章《我所认识的重野博士》(《余が见たる重野博士》),文中设有"作为汉学大家的重野博士"和"作为史学大家的重野博士"并列的两节,介绍重野在汉学和史学上的造诣和功绩。此文给予了我们极为重要的启示,由此可见重野具有汉学家和史学家的双重身份。

另一方面,西村亦具备双重身份。他供职于大阪朝日新闻社长达近三十年,与内藤湖南一起作为时事评论员而闻名,发表了大量提高报社知名度的文章。同时西村也是一位学识渊博的汉学家,《日本宋学史》是其代表作之一。此书实证性地叙述了宋学,即朱子学的经典著作"四书"通过萨摩藩传入日本的详细过程,是一部受到学界一致好评的研究著作。

以上说明了二人均具有双重身份,今天想对以往特别容易被忽视的此二人的汉学家的一面进行探讨。首先二人均是天才少年,皆因擅长汉诗文而闻名。重野十三岁进入萨摩藩造士馆学习,仅数年后便成为老师的助手;二十二岁时进入江户的昌平簧学习，数年后被任命为诗文挂，代替老师批改学生们的诗文习作；昌平黉的学业结束之后，担任萨摩藩造士馆的训导师、助教授。

另一方面，西村十三岁时就能写出工整的汉诗，还因此得到过当地政府的表彰。十五岁时他前往东京，先短暂受业于重野门下，之后进入岛田重礼的双桂精舍学习，后又作为第一批官费学生进入帝国大学古典讲习科汉书课。由于西村的父亲也曾经受教于重野，所以，对西村而言，重野既是恩师亦是父执般的存在。也正是因为这层关系，在重野去世之后，西村整理了长篇的重野行状资料以示追念。

就这样，二人均在各自时代的最高学府勤勉学习，且日后均因各自卓越的研究成果获得文学博士称号。据说重野是明治时期学位制度建立后取得文学博士的第一人，而西村亦在大正年间由京都帝国大学授予博士学位。西村是《楚辞》研究的专家，不仅网罗蒐集了百余种《楚辞》的相关注释书籍，而且作为京大的讲师，讲授《古文辞类纂》等相关课程。因此，他受到内藤湖南、狩野直喜等著名学者的赏识，被授予京都大学文学博士学位。

此外，重野、西村二人均担任过汉学学会干事一职。1880年，重野被推选为斯文学会首任学监、文学部门总代表。此后斯文学会在大正年间与其他汉学学会合并，改名为斯文会，西村担任新成立的斯文会的评议员（当时称为常议员）。重野、西村二人均主张应该更加重视日本汉学的传统。例如，明治时期重野在大阪和东京两地先后开办私塾成达书院。西村则在1899年起草要求复兴昌平黉的建议书，呈递给萨摩藩藩士出身的文部大臣桦山资纪。遗憾的是，此建议最终未能被采纳，但此后西村受重野所托支援怀德堂的纪念活动时，他积极四处奔走。在其努力之下，纪念活动得到大阪财界的赞助，怀德堂的复兴事业取得成功。

在经世致用方面,二人亦十分活跃。幕末的萨英战争(1863年)爆发后,重野被萨摩藩藩主派往横滨与英国方面进行谈判。在中日甲午战争期间,西村与弟弟时辅被大阪朝日新闻社派往朝鲜,进行现场采访报道。此外,重野、西村二人还分别侍奉过明治、大正天皇。重野在其晚年的 1905 年、1907 年、1908 年、1909年,先后四次参加作为每年皇室新年仪式之一的"御讲书始之仪",为明治天皇释讲《诗经》《书经》《易经》的内容。另一方面,西村晚年时受到内大臣松方正义的举荐,担任宫内省御用挂一职,专门为大正天皇起草诏书。在其所起草的诏书中,最有名的当属1923 年关东大地震发生之后,面向全体国民颁发的《国民精神振作之诏书》(《国民精神作兴の詔書》)。或许是因为起草此诏书倾尽了所有的精力,西村在完成此诏书的翌年溘然长逝。顺便一提的是,明治天皇的侍讲元田永孚,也曾倾尽全部精力协助井上毅起草《教育敕语》,在敕语颁布两个月后便撒手人寰。

如上所述,重野与西村二人不仅关系密切,且具有共通的思想基础,因此通过对此二人进行探讨,可以在一定程度上阐明明治汉学家的中国观,以及他们与中国关系的实际状况。

接下来将以中日甲午战争作为分水岭,海战前后分别主要以重野、西村二人的言论为中心进行考察。

二、意欲开拓"汉学新世界"的重野安绎

明治维新之后的 1871 年,日本与清朝缔结了《日清修好条规》。在此之前,德川时代的汉学家因为锁国而毫无机会访问中国,萨摩藩学者只能以琉球人为媒介进行汉学研究。对此颇感不便的重野,将日清两国外交关系的建立视为重大转机,由此日本

汉学家能够前往汉学的发源地,对旧有的日本汉学进行根本性改造,为开拓"汉学新世界"开辟了道路。数年后(1877年),清代首任驻日公使何如璋出使日本,黎庶昌、王韬等知名外交官及知识分子也陆续来到日本。这些来日的中国外交官及知识分子与日本汉学家们建立了密切关系,他们之间经常以诗文唱酬方式进行交流。据实藤惠秀的《明治中日文化交涉》研究表明,在出席清国公使馆主办的诗文会的日本人中,重野最为积极,也是出席次数最多的人。此外,牧野谦次郎在《日本汉学史》中写道:由于当时日本的文坛领袖重野主动向黎庶昌学习晚清中国"桐城古文学派"的文章作法,在其影响之下,当时日本汉学界的文风为之一变。另外,重野还邀请来访的香港《循环日报》社长王韬到自己家中住宿一个月,彼此间建立了深厚友谊,成为当时的一段美谈。

1879年,以欧美国家的学士院为模型,日本建立了本国的学士院——东京学士会院(1906年更名为帝国学士院,战后于1947年更名为日本学士院),重野与洋学家福泽谕吉、西周、洋汉兼修的中村正直等人为首届会员。鉴于当时洋学一边倒的社会风潮,以及当时的官费留学生几乎都被派往欧美的状况,明治12年(1879),重野在东京学士会院上发表题为《汉学宜设正则一科,选少年秀才留学清国之论说》的讲演。其主旨是通过派遣少年留学生到中国长期留学,让他们跟随中国文人学习汉文音读之法(即重野所谓的"正则"),以便更好地理解汉文文脉,提高汉文研究水平,进而从根本上改变日本汉学的现状。换言之,由于当时日本汉学界因袭旧有的汉文训读法(即"变则"),尽管江户时期大儒荻生徂徕曾强烈主张通过音读理解汉文的重要性,但汉文训读法依旧占据着汉学界的主流。使用训读法虽然能够理解汉文大意,但是会对汉文的韵律、文章脉络、语意的精准把握带来障碍。因此,重野建议必须利用日清两国建立外交关系这一大好机遇,通过向中国派遣留学生来改变这一状况。但遗憾的是,重野的建议并未获得当时政府的采纳。

十年之后的 1889 年,63 岁的重野达到了其官宦生涯的顶峰,担任元老院参议官、修史机构负责人、帝国大学文科大学教授、史学会会长等职务。由于当时内阁由萨摩藩出身的官员主导,以担任总理大臣的黑田清隆为首,财政大臣松方正义、教育大臣森有礼、陆军大臣大山岩、海军大臣西乡从道、内阁书记官小牧昌业等人均是萨摩藩出身。尤其是小牧昌业,他原本是萨摩藩的藩儒,对前辈重野一直执弟子之礼。重野没有错过如此绝佳的人脉关系,他在继承黑田清隆两年前漫游中国的经历以及其向政府提出的对中国政策建议的基础之上,完成了建言书《请求充任中国视察员之状》(《支那视察員に充テラレン事を請フノ状》)。其主旨如下:对中国实行亲善外交的必要性在于联合邻邦,涵养富源(即通过与中国进行通商贸易,增强日本国力)。由于重野"自幼从事汉学,于彼之教学、历史、地理等均有所涉猎,与彼土人士时时往复缔交,情意颇通治",具有学识及经验上的优势,所以倘若政府允许其率领视察团前往中国考察,其调查结果一定会有益于政府对中国外交政策的制定。

重野的调查计划包括七大方面:第一是考察国情,第二是考察外交,第三是考察风土民情,第四是考察地理,第五是考察民营企业,第六是产业考察,第七是考察通商贸易。关于预计的行程,则有两个方案:方案一大约需要一年十个月的时间,路线是从江苏省、浙江省登陆,之后北上依次经过山东省、北京、河南省、西安、兰州、成都、大理、贵阳、桂林、广东省、长沙、武昌、九江、福州、厦门、台湾、上海等;方案二需要一年四个月的时间,路线是江苏省、浙江省、汉口、河北省、北京、西安、成都、贵阳、广西省、广东省、南昌、九江、上海、南京、厦门、台湾。毋庸置疑，以上两个庞大方案的主要目的均是促进两国外交、通商贸易，其中也包含了重野意欲复兴汉学、开拓汉学新世界的夙愿。但令人遗憾的是，重野的这一建议最终未能得到采纳。

尽管如此，重野重视汉学的主张丝毫未变。在义和团运动爆发后的 1901 年，虽然此时清朝已显著衰弱，但重野仍在东京学士会院发表题为《汉学与实学》(《漢学と実学と》)的讲演，堂堂正正地阐述道："应该阅读中国书籍，再亲自前往现实的中国，从其地理至物产，皆宜实践之，考究之。如此才能开辟汉学的新世界。这也是吾辈的恳切心愿。"重野在其晚年终于实现了访问中国的夙愿，时间在其逝世前三年的 1907 年。

那么，重野为何如此地执着于汉学，并挚爱终生呢？

我认为这与其历史观、文明观有着重要关系。重野认为日中两国自古以来就是在文化、经济方面有着密切联系的邻国，同属于东洋文化圈。他在《周孔之教》一文中写道，"孔子之所说，述天理人道之当然，(中略)亲切着实，且于东洋，上下尊奉及数千年之久，国体风俗，其他一切事物，皆归于斯教范围之内"，力图说明儒学对于东亚各国产生的深刻影响。此外，在上述中国考察方案中，他认为缫丝、制茶、制糖、制纸、制墨、制陶等"我国现今的殖产民业，过半由支那传来，故审察彼之产业，而移传适用于我，可改良增进我产业者繁多"，强调在传统产业方面进行学习、交流的重要性。因此，针对当时社会上大行其道的"汉学无用论"，重野反驳道："抑我邦国体，取他善，聚众美，是以成立。国初以来，资于汉学而建教化政法，近年又采用洋学，更张诸事业。"但是，"汉学之实用，于我邦终无尽期，从今以后，必成尤为着实之用具"。此外,针对当时以中国国势日渐衰微为由,从而否定儒学、汉学的浅薄观点,重野批判道:"若以儒教本国之支那今日国势不振而轻蔑其教,所谓皮相之见也。"

我认为支撑重野上述主张的是其秉持的多元主义、相对主义的文明观。例如,在1871年岩仓使节团即将出发之际,重野赋诗一首,赠送给担任使节团副使、被誉为"维新三杰"之一的萨摩藩政治家大久保利通。在使节团组团之时,重野原本被内定为随行书记官,但因其在大阪经营私塾无法脱身,故未能成行,遂紧急改由久米邦武代替出访。这首题为《送大久保参议赴欧米诸国》的汉诗中包含以下两联:

> 达观五州美,言旋建皇基。
>
> 政俗无夷夏,时运有盛衰。

前一联的大意是鼓励视察团遍察欧美诸国之长处,以便归国后加以采用,以建设祖国,此句可视为《五条御誓文》(《五箇条の御誓文》)中"求知识于世界,大振皇国之基业"的诗化表现形式。后一联则认为世界各国的命运虽然因时运不同而呈现出盛衰之别,但各国的政治体制、社会风俗均植根于本国的风土和历史之中,绝不应简单地用野蛮或是文明(夷夏)的观念性标准加以评判。

重野在昌平黉求学时期的恩师之一盐谷宕阴,因受鸦片战争以及幕末时期外来压力的冲击,写过一篇题为《地气说》的文章。文中认为盛衰这一现象是由于地气的流动而引起,虽然现在西洋的地气十分旺盛,但终有一天时运会轮转到我们东洋这里。这种见解实际上是受到了清代史学家赵翼的历史观的影响。赵翼曾在其名著《廿二史箚记》中指出:在中国历史上,随着王朝的更迭,曾有过西安、南京、杭州、北京等多个首都，经常发生变化。读过此著作的盐谷，以及师从盐谷的重野，才会产生上述时运影响盛衰的主张。值得一提的是，内藤湖南所提出的文化中心移动说，如近世日本的文化中心从京都转移到江户，近代东洋的文化中心从中国转移到日本等主张，从某种意义而言，可视为上述观点的延续。

重野所秉持的多元主义、相对主义的文明观，与明治时期拥有巨大影响力的福泽谕吉所提出的发展阶段论式的文明观之间存在显著区别。福泽以西方文明为标准，将世界诸国划分为文明、半开化、野蛮三种类型，欧美诸国属于文明之国，日本与中国属于半开化，即半文明、半野蛮地区，非洲等则属于野蛮地区，基于此观点，他提出了"脱亚入欧"的口号。但是我们不能忽视的是，在明治时期还存在与福泽的西洋中心文明观完全相反的重野文明观。

重野的文明观还体现在其为《支那总说》一书所写的序言之中。此书出版于明治 16 年（1883），作者是一名为金子东山的青年，此书是著者通过总结其三年的中国游学经历，介绍中国国情的详细指南书。重野在序言中对此书著者付出的努力表示赞赏，但同时对该书在关于"立国之体，施政之方，教化风俗"方面指责中国的观点提出批判，其理由如下：

> （中国、西洋）各有所宜，未可以彼而非此也。吾故以为，所观于支那，以观欧米，所观于欧米，以观支那。则美疵互发，而益乎我多矣。

换言之，重野认为中国与欧美诸国各有长短，不管是西洋抑或是东洋，只要是有益于日本发展的东西就应该吸收，而不应该以欧美为评价标准,批判中国的政体和风俗。

三、作为清末教育改革建言者的西村天囚

　　从历史的发展轨迹来看,中日甲午战争(1894—1895)的结果对两国之后的发展进程都产生了重大影响。作为战胜国的日本,在日益高涨的民族主义热潮中加速推进近代化的诸项事业,国际方面,日本政府在着力解决与西方列强签订的不平等条约(尤其是恢复关税自主权)的同时,踏出了以列强为伍的殖民帝国的第一步。另一方面,甲午战争失败的屈辱以及落后于西方近代化的现实,使得清末的改革派深刻反省,他们在内忧外患中开始摸索通过维新变法救亡图存的道路。在清末的改革过程中,许多外国的有识之士基于各种立场提出了诸多建议,其中不能忽视的是,像西村天囚这样的日本汉学家所发挥的作用。

　　在清末的地方总督之中,湖广总督张之洞与两江总督刘坤一拥有较大的影响力。西村将自己用娴熟汉文写就的建议书呈递给张之洞、刘坤一,希望在二人的主导之下推动教育改革。

　　西村向张之洞呈递的是一份题为《联交私议》的建言书,实际上,此建言书是其同乡陆军参谋次长川上操六对张之洞进行游说工作的一环。1897年至翌年夏季,德国以本国传教士在山东省被杀害为由,出兵强行占领胶州湾,此后俄国强占了旅顺、大连,列强为争夺中国租借地展开了激烈的竞争。濒临被列强瓜分危机的清朝,当务之急无疑是通过建立近代化军队以增强自卫能力。以此为契机,日本政府接受中国的陆军留学生,通过援助中国的近代化事业,以期缓和甲午战争后中国人的反日情绪,并希望通过构筑日本、中国、英国的合作关系,以防止俄国势力南下。

　　萨摩藩藩士出身的川上是一位头脑十分聪明的战略家，他深知要劝说张之洞这样的学者型高官，必须借助与张氏水平相当的汉学家的力量。于是，他决定派遣西村与参谋本部的宇都宫太郎大尉一同前往湖广总督衙门的所在地武昌。西村与张氏初次见面是在 1897 年的除夕之夜，大约数日之后，即翌年一月上旬，西村向张氏呈递了《联交私议》。我认为西村很有可能是通过时任张之洞外交秘书的辜鸿铭转交这份建议书，辜氏是具有多年西方留学经历的著名学者，精通西方文化，后来也访问过日本。

　　张之洞确实读过西村的《联交私议》，关于这一判断，可从以下三点内容得到佐证：第一，作为对西村好意的答谢，张氏挥毫抄录司马光的《迁书》赠送给西村；第二，张氏赞成西村建议，将誊写的《联交私议》分发给幕僚阅读；第三，与西村会面数月之后，张氏出版了对清末思想界产生重要影响的《劝学篇》，书中可见与西村相同见解的论述。例如《联交私议》中将甲午战争解释为"兄弟阋墙"，在大部分亚洲国家遭受被殖民化噩运的当时，具有"同洲同种同文同教而同仇同舟"关系的中日两国的确应该联合起来，共同抵抗欧美侵略者。另一方面，《劝学篇》中也论述了"亚洲同种"，面对西方列强侵略的黄种人联合起来进行自卫、"保种"的重要性。此外，《联交私议》中认为，由于中日两国在地理、语言、风俗人情上相近，所以与留学欧美相比，通过留学日本学习、引入西方学问，对中国而言是花费较少的捷径。此意见也被写入《劝学篇》之中。正如在座诸位所知，此后张之洞接受了日本政府以及参谋本部劝说，积极地向日本派遣留学生，奖励翻译日语书籍，试图在中国开拓以日本为模型的吸收西方文明的道路。

　　三年后，西村又向两江总督刘坤一提出了教育改革的建议。西村向刘氏建言的背景如下：1900 年 1 月至 1902 年春，西村受大阪朝日新闻社的派遣,前往中国留学。在此期间恰好爆发了义和团运动,继而演变为中国与西方列强的大规模冲突。因此,慈禧太后在八国联军攻占北京前逃往西安,在义和团运动被平定之后,为修复与列强的关系,又不得不以光绪皇帝的名义发布实行变法的诏书,向有权势的大臣和地方总督等寻求改革方案。此时担任南京文正书院院长的著名学者张謇,为张之洞、刘坤一两位总督准备了题为《变法平议》的改革草案。西村读到此草案之后,特意前往两江总督衙门的所在地南京拜访刘氏,向其打探慈禧太后进行改革的真实意图以及改革的前途。会谈期间,刘氏希望日本在培养中国人才方面提供援助,被刘氏热情打动的西村翌日便向刘氏呈递了题为《与刘岘帅论教育书》("岘"是对刘坤一的字"岘庄"的略称,"帅"为对总督的俗称)的建议。所幸的是,我在大阪大学的怀德堂文库中发现了此建议的草稿,因此得知此建议的具体内容。

这份建议书明显受到了张之洞《劝学篇》的影响,主要是围绕近代国民教育的理念以及教员培养、教科书编纂两大紧急任务展开论述。其中有以下两点内容颇为有趣:其一是西村以幕末时期萨摩藩藩主岛津齐彬招聘西洋人教师,长州藩世子毛利元德向海外派遣留学生,这两个由"雄藩"率先实行的开化为典型事例,劝说两江总督刘氏无须等待正在西安避难的慈禧太后的决定,在自己所管辖的"雄省"范围内,断然废除科举制度,引入近代的新式学校制度;其二是张謇在其草案《变法平议》中,表达了希望将明治教育的经验教训运用到中国新教育中的愿望,作为对此愿望的回应,西村介绍了明治天皇通过颁布《教育敕语》来改善明治前期因偏重智育教育,而导致国民道德衰退及体力衰弱的情况,强调坚持德育、智育、体育三者并举的教育方针的重要性。

西村为增强建言书的说服力，引用了《论语》《孟子》《诗经》《书经》等儒家经典的相关内容，强调中国进行教育改革、人才培养的必要性。他还劝说中国应该学习日本已经咀嚼消化过的西洋文化，将其比喻为"犹人子尝药而劝之于亲"（即孩子为帮助父母治病，自己亲自试药，在确定有效无害之后，再劝父母服用）。此比喻虽是为了讨得刘氏欢心的策略，但由于当时清朝大部分官员仍固守中华思想，西村自我贬低的比喻无非是希望借以增强此建言书的说服力。

收到西村的建言书后，刘坤一写了一首题为《赠日本名士西村子俊》（子俊为西村的字）的诗表示谢意，其中有"吕虔刀解赠，贾谊策披陈"两句，在这两句之后分别附记道"子俊赠我佩刀锋利无比""两次赠书劝设学堂以教育人才"，将西村赠送日本刀一事类比为三国义士吕虔将佩刀赠送贤德之人，又将西村劝说自己开设新式学堂培养人才的建议，比拟为贾谊的谏言献策。在西村向刘氏呈递建言书的次月，刘氏确实与张之洞联手，即两位最有权势的地方总督"连衔上书"，向朝廷提出了名为"江楚会奏"的改革方案，为以后的诸多改革指明了方向。

结束中国考察之后返回日本的西村，为了继续支援中国的教育改革，在《大阪朝日新闻》上发表了诸如《希望教育家渡清》（《教育家の渡清を望む》）、《欢送应聘渡清的教育家》（《應聘渡清の教育家を送る》）等社论。在包括西村在内的日本官民双方的支援之下，清末的学制改革完全是以日本为模型而推进。

四、关于 1907 年重野、西村二人的中国访问

1907 年重野、西村二人的中国访问的具体经过如下：在此之

前的 1906 年,东京学士会院更名为帝国学士院,重野担任干事,相当于副院长。院长是理学博士菊地大麓,此人在历任东京大学总长、京都大学总长、文部大臣之后,成为帝国学士院的首任院长。1907 年菊地与重野作为日本帝国学士院的代表,出席在奥地利维也纳召开的第三届国际学士院联合会。回国时,重野取道新开通的西伯利亚铁路进入东三省,西村专程赴奉天(今沈阳)迎候重野。二人会合之后,由西村作为向导,经北京南下武昌,与当时清末教育改革的中心人物张之洞进行会谈。

在与张氏宴会席间,或许是年长张氏十岁的缘故,重野向张氏提出一项建议,即中国的翰林院相当于西方的学士院,也应该加入万国学士院联合会,以便使中国学术与世界声息相通,开辟时代新风。当时中国的科举制度虽然已经废除,但还保留着翰林院。重野的建议无疑表明了其自身的见解,即中国的传统学术应该在国际学界占有一席之地,且与国际学界的交流能够促进中国学术的近代化。伴随重野出席此次宴会的西村,曾回忆道:当时张氏点头表示赞同重野的此项建议。但此建议最终未能实现,因为张之洞在此次会谈两年后去世,且四年后清王朝也走向覆灭了。

在武昌与张之洞会面之后,重野还前往上海,目的是替三菱会社的岩崎弥之助(1851—1908)正在筹建的静嘉堂文库鉴定著名藏书家陆心源的皕宋楼藏书(位于上海周边的湖州)。岩崎年轻时曾在重野开设于大阪的成达书院求学,他听从恩师的建议,决定以当时十二万元的高价购入皕宋楼的所有藏书。皕宋楼之名的由来是因其藏书中大约有两百部珍贵的宋版书籍,据说当时中国的四大个人藏书中陆氏的藏书最为贵重。由于陆心源已经去世而且家道中落,其子陆树藩决定将藏书出售给岩崎。由于在购买前有必要对此藏书的价值进行鉴定,所以重野利用此次途经中国的机会,前往进行考察。

最后,作为补充说明,我还想向诸位稍微谈一谈与重野、西村二人均有交往的萨摩藩出身的政治家松方正义的汉学观。重野曾在松方古稀寿辰之时作汉诗表示祝贺,而西村则被松方邀请到热海的疗养所谈话,以便西村为自己写传记。实际上松方请过好几位学者为自己写传记,最后正式的传记并非出自西村之手。查阅松方的藏书目录,可以发现其中有大量的汉学书籍,对于爱好汉学的松方而言,与同为萨摩藩出身的汉学家重野、西村二人保持往来也就顺理成章。

1922年,此时重野已经去世,而西村则得到松方的举荐,出任宫内省御用挂。同年3月,松方迎来了八十八岁(米寿)生日,在此之前,由山县有朋、大隈重信等元老已相继离世,所以为祝贺松方寿辰,由涩泽荣一、岩崎久弥、三井八郎右卫门等当时财界的重要人物作为发起人,以“松方侯爵米寿祝贺会”的名义设立奖学金事业,最后将筹集到的大笔资金全部捐赠给帝国学士院。在募集资金时并未明确规定此奖学金的具体资助领域,后来经过讨论,以此笔资金来自财界为由,主要用于资助财政、经济方面的研究。但后来根据松方本人的意愿,追加了对两个研究领域的奖励:一个是农业研究,另一个则是汉学研究。关于奖励汉学研究的理由,松方如此说明道:

> 侯(指松方)常语人曰:我日本国民道德之根底多有待汉学,人伦五常忠信孝义之道,皆出于此。故于我国民之精神修养,汉学之不可欠毋庸赘言。然近时世人动辄唱汉学不必要论,或有叫嚣汉字全废之说者,而青年者流深惑于泰西文

明之皮相,不顾古来我国固有之道德。放掷多年驯致之良习美风,致有采彼短而失我长之倾向。若至见世道人心日益颓废,即由不知磨炼其心胆,应求于根源汉学,洵可叹之至矣。

　　余自幼少迄今日,幸得无大过,毕竟负汉学之教故也。曩余孙儿一人,当入学英国剑桥大学之时,于其入学考试,本应课罗典(拉丁文)、希腊语,因是为日本人,故亦课汉学。即适于士风教养,可得知英国人如何重汉学。我国民岂得怩怩乎?

就这样,汉学也成了帝国学士院奖学金资助的研究领域之一。

以上就是我的报告,感谢诸位的聆听。

演讲录二　三岛中洲的汉洋折中的公允心态——与吉田松阴、重野安绎及涩泽荣一的比较①

此次承蒙町泉寿郎教授的厚意,得到为诸位做报告的机会,在此表示谢意。

得益于一直亲切待我的户川芳郎教授,以及已故中村义教授②等的大作《三岛中洲的学艺及其生涯》(《三岛中洲の学芸とその生涯》,雄山阁出版,1999 年)这一研究论文集的启发,我对三岛中洲(1831—1919)抱有浓厚的兴趣。例如,作为江户末期大儒盐谷宕阴的高徒,与重野安绎、久米邦武一同为明治时期的实证主义史学作出卓越贡献的东京帝国大学教授星野恒,在 1900 年为祝贺三岛中洲的古稀寿辰,写下《中洲三岛君七十寿序》一文,文中称赞三岛不仅精通汉学,擅长汉诗文,还是通晓经济、财政、法律的罕见学者。此外,文中还主张应该像三岛一样,汉学家

---

① 2015 年 5 月 30 日二松学舍大学资料展示室《三岛中洲与近代》系列讲座之三。

② 中村义教授与藤井升三教授都曾参加过 2006 年 6 月由关西大学亚洲文化研究中心举办的国际研讨会,中村教授长期以来主要致力于中日近代政治思想史研究,对于我与藤田高夫先生合编的《近代日中关系人物史研究的新しい地平》(关西大学アジア文化交流研丛刊第 2 辑,雄松堂出版,2008 年)给予了诸多建议和帮助。此后,我向诸位先生提议希望集合众人之力,编纂一部关于近代中日关系史上人物的辞典(此提议虽是由我提出,但与中村先生多年来的计划不谋而合)。于是中村义、藤井升三、久保田文次、町泉寿郎,川边雄大以及笔者,共六人的编纂人员确定之后,大家分工协作,并在东京堂出版社松林孝至的大力支持下,完成了《近代日中关系史人名辞典》(东京堂出版,2010 年)。遗憾的是,在此书编纂过程中的 2008 年 4 月 19 日,中村先生溘然长逝,在此深表哀悼之情。

图113 二松学舍的创办者三岛中洲八十寿辰纪念照 二松学舍大学藏

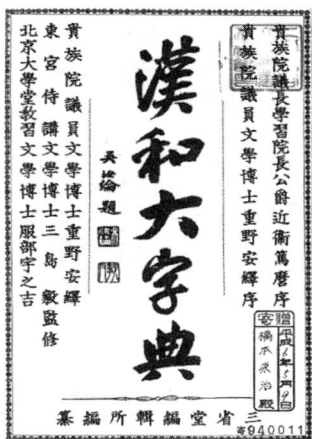

图114 吴汝纶题字的《汉和大字典》，1903 年由三省堂出版，作序者和监修者皆为当时的大人物。 二松学舍大学藏

图115 1902 年 6 月 20 日至 10 月 20 日，京师大学堂总教习吴汝纶（前排中央）为借鉴日本教育改革经验而东渡，在逗留期间访问了二松学舍，与三岛中洲（吴氏左侧）及其同事合影留念。 二松学舍大学藏

图 116　涩泽荣一
肖像

日本国立国会图
书馆《近代日本人的肖
像》

图 117　1909 年，画家
小山正太郎为祝贺涩泽荣一
七十寿辰所作美术纸笺，用
武士刀、绅士帽、论语和算盘
来象征他的非凡经历和人生
哲学。

涩泽荣一纪念财团藏

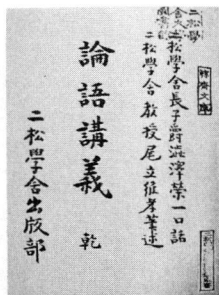

图 118　涩泽荣
一和三岛毅在 1880 年
代前期曾是东京大学
同事。1919 年 5 月三
岛去世后，涩泽就任二
松学舍舍长，在财务上
予以支援，并讲授过
《论语》。

二松学舍大学藏

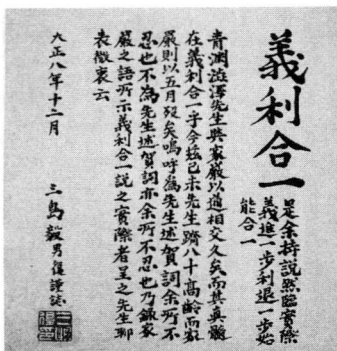

图 119　1919 年，涩泽年届八十
岁，三岛年届九十岁，原计划于仲春举
办贺宴，未料三岛于 5 月 12 日去世了。
结果在当年 12 月校舍修缮工程完成后
的开堂式上，大家纷纷赠送书画给新舍
长涩泽表示祝贺。三岛之子三岛复则
献上此帖，吐露了自己的复杂心情，并
指出父亲与涩泽以道相交久矣，而其真
髓在于义利合一。

二松学舍大学藏

图 120　1929 年元旦，涩泽
荣一（号青渊）在九十初度时写下
这首七绝，抒发了自己的人生感
慨，表达了孜孜追求义利两全的
价值取向。

涩泽荣一纪念财团藏

必须要学习洋学,洋学家必须要学习汉学,即应该"汉洋并进"。

本次报告的题目中的"汉洋折中"一词,使用的是与上述星野主张的趣旨有所不同的表达方式,是否妥当,其实我内心有些许不安。在演讲开始前不久,我就此问题向町教授询问,得到的回答是:在明治时期以前的文献中出现过"汉兰折中"的表达,也就是有过调和汉学与兰学这样的用例,这才让我放下心来。

今天的报告是希望通过将三岛与我一直以来研究的三位人物,即吉田松阴(1830—1859)、重野安绎(1827—1910)、涩泽荣一(1840—1931)进行比较,从而刻画出三岛学问的特质。

一般而言,对外来文明的摄取,大致会经历器物、制度、思想三个阶段的接受过程。第一阶段是器物,尤其是学习浓缩于像舰船、枪炮这样先进器物之上的"技术";第二阶段是制度,即学习作为社会结构及其背景的"学术",例如,要制定新的法律制度,当然必须要学习相关的法学知识;第三阶段则是思想,即理念或者主张,在此,我尝试使用表示人的思想品质的"心术"一词进行描述,伦理学上所谓的"心术",指的是"构成行为发生或者动机产生的持续性的意志取向"。

从某种意义而言,三岛的一生也经历了上述三个阶段,今天的报告便是将三岛所经历的这三个阶段,分别与同时代的吉田、重野、涩泽三人依次进行比较而展开探讨。

一、黑船探索体现的实学精神——与吉田松阴的比较

美国海军准将佩里率领黑船舰队驶入江户湾给幕末的日本究竟带来多大的冲击,这从当时吉田与三岛的黑船观测记录中可窥见一斑。佩里第一次来日是在 1853 年,此年 7 月 11 日

（阴历六月六日），吉田便赶到浦贺，他委托恩师久佐间象山在当地雇佣的信使，将信转交给居住在江户长州藩藩邸的炮术专家道家龙助，信中对黑船如此描述道："今朝登高处，仔细窥看贼船情形，共有四艘（其中两艘为蒸汽船，炮有二十余门，船长约四十间[1]许，其余两艘为小型护卫舰，炮二十六门，长约二十四五间许），停泊于离陆地约十町[2]以内之处，船与船之间的距离约五町左右。（中略）但是我方炮台的大炮数量甚少，徒使人咬牙切齿。（中略）早晚会与之交兵，但我方船炮均难与之匹敌，恐怕胜算甚少。"

1854 年，佩里再次率领舰队来到日本，同年 3 月 1 日（阴历二月三日）的一大早，闻讯后从保土谷的旅馆赶到神奈川海岸的三岛，关于舰队情形记载如下："登上茶楼，拿出望远镜观察，七艘船舰的橹朝北，轴朝南依次排列停泊。其中三艘为大轮大军舰，一艘为大军舰，其余三艘为将军舰。其中最大的长度约四十寻[3]，最小的也不下于二十寻，其宽度大约为长度的五分之一，露出水面的部分大约也有二三寻，浸没在水下部分的长度难以判断。桅杆有四杆，高约六七寻，现正张着帆的有三杆，高约二三寻。此外，一杆桅杆朝橹头倾斜，帆绳系在橹头之上，纵横犹如蜘蛛网般密集。船的两侧分布有如点点辰星般的炮眼，可以数出其数目。

---

[1] 间为长度单位，平安时期 1 间约为 10 尺，而 15 世纪末期 1 间多为 6.5 尺。1649 年，德川幕府规定 1 间为 6 尺。1891 年，明治政府根据新制定的《度量衡法》，将 1 间确定为 6 尺，约 1.818 米。（译者注）

[2] 町为距离单位，在古代条里制的土地区划制度中，规定 1 步为 6 尺，1 町为 60 步。1891 年，明治政府根据新制定的《度量衡法》，将 1 町定为 109.09091 米。（译者注）

[3] 寻为古代中国长度单位，为成人两手水平张开时的长度，合为 8 尺。日本江户时代 1 寻为 6 尺（约 1.8 米）或 5 尺（约 1.5 米）不等，明治以后 1 寻统一为 6 尺。（译者注）

船板均涂成黑色,船身之上横向各涂一条白线或红线。"三岛此日的记录收载在其《探边日记》中,此日记后被加以整理出版。

从以上二人的观察记录可知,无论是吉田,或是比吉田小一岁的三岛,均是优秀的探索者,二人都尽可能地精确记录舰船的形状及尺寸等信息。吉田的记录中虽没有明确记载其使用的观察工具,但估计和三岛一样,使用的可能是带有刻度的望远镜吧。这点暂且不谈,总之,二人均是前往现场,细致入微地亲眼观测黑船的尺寸。

但是,不能忽视的是,当时日本与欧美使用的是完全不同的长度测量标准及度量衡制度。三个月之前,我在美国的几所大学做讲座之余,顺便访问了新泽西州罗格斯大学(Rutgers University)的格里菲斯文库,建议我访问此文库的是我在大阪大学留学时的恩师之一,今年已 94 岁高龄的梅溪升教授。通过调查,我切身感受到了此文库的贵重之处。①

威廉斯·E.格里菲斯(William Elliot Griffis,1843-1928),最初受聘于福井藩,之后受聘于东京大学前身之一的大学南校,是所谓"特聘外国人教师"。此书库中藏有一部由开成学校出版的《日本·英国·法国　度量比较表》(《日本·英·仏　度量比较表》),其中详细记载了当时日本的尺、间、町、里与法国的米和英美的码等之间的换算数值表。除此之外,此文库还收藏有明治天皇于 1872 年对在开成学校工作的特聘外国人教师的褒奖诏

---

① 梅溪升先生出版了以《お雇い外国人——明治日本の脇役たち》(日经新书,1965 年)为代表的多部著作,其最新研究是《お雇い外国人調査記録——グリフィス·アンケートへの回答》(青史出版,2014 年)。1901 年,格里菲斯向 1858 年至 1900 年间在日本工作过的特聘外国人员(包括教师、技师等)及其家属做问卷调查。梅溪先生此部著作是通过对这些珍贵的问卷调查进行细致整理分析,从而研究明治政府的相关外交政策。遗憾的是,先生于 2016 年 2 月 18 日溘然长逝,在此谨表哀悼之意。

书、文部大臣署名的雇佣合同等。通过亲眼见到这些实物,可以切身感知幕末及明治初期的人们为汲取西洋文明所付出的巨大努力和心血。

不仅在度量衡制度上存在差异,当时日本与欧美的计时方式也完全不同。比如,吉田松阴在下田准备搭乘佩里的旗舰偷渡出国时,由于美国舰队上的人员不能理解吉田《投夷书》上所写的接应时间,所以二者未能见面。于是,吉田又准备了一封信,请求对方看到自己点起火堆之后就来迎接自己,结果对方也未付诸行动。无奈之下,吉田擅自借用了停在弁天岛附近的传马船,向佩里的舰队驶去。吉田在其《回顾录》中记载,其在佩里的旗舰"鲍厦丹号"(Pawhatan)上接受询问的时间为"七时"("七ツ時"),但这相当于西洋时间的几时几分,却难以确知。

2009 年春天,我在美国普林斯顿大学和约翰·霍普金斯大学做完讲座后,顺道访问了位于首都华盛顿的美国国家档案馆,令我倍感意外的是,此档案馆收藏的"鲍厦丹号"航海日志中,详细记载了"两个日本人"在舰上的停留时间,日志中记录的登船时间为凌晨 2 时 45 分,45 分钟后被驱逐下船。如果从吉田秘密登上佩里舰队那一天算起,正好在 150 年后的同一天(2009 年 4 月 25 日)的《每日新闻》上,刊登了此条新发现的史料。此外,今年 1 月 4 日开播的大河剧《花燃》(《花燃ゆ》),在开播前一天的深夜,播出了 NHK 新春特别节目《走向世界 幕末长州全知晓》(《世界へGO まるわかり幕末長州》),节目中以记者现场采访美国国家图书馆的形式再现了这一史料的发现。

町教授编纂的三册图录《三岛中洲与近代》(《三岛中洲と近代》)之中,介绍了一些足以反映三岛对外认识的笔记和评论。例如,三岛与吉田一样,对箕作省吾所著的世界地理书籍《坤舆图识》(1847年刊)抱有浓厚的兴趣,二十岁左右在松山求学时期,便摘抄了其中的人物略传。此外,刚才提到的1854年三岛在前往神奈川海岸观察佩里船队之前,与在横滨计划下田密航的吉田相识。再者,1860年,三岛在重游昌平坂学问所时,写下《交易策》一文,主张从事商业贸易的商人应该租借政府新建造的"巨舰"开展航海贸易活动,他将此文呈递给该学问所的教授中村敬宇,希望能够得到其修改意见。正是因为三岛秉持开放国门、积极同外界交流的主张,他在担任松山藩藩校有终馆校长时期,提出"本于孔孟道义,兼采西洋学术"的学制改革方针,并在明治维新前夜的1867年被任命为松山藩的洋学总裁。

二、以汉学为基础的洋学受容——与重野安绎的比较

在三岛被任命为松山藩洋学总裁的1867年,本次讲演涉及的四位人物之中,除了吉田因1859年安政大狱被幕府处以死刑之外,其他的两位都活跃在各自的领域。年长三岛三岁的重野,着手将《万国公法》翻译成日文,并于明治3年(1870)在萨摩藩的资助下出版。重野翻译此书的原因是他在参加萨英战争后和平谈判时,痛感必须要知晓西方的国际法。而此年涩泽荣一作为以末代将军德川庆喜的弟弟德川昭武为团长的巴黎世博会参访使节团的会计,考察了欧洲的银行、公司等近代经济制度下的组织机构。值得一提的是,不仅是幕府派遣了使节团参加巴黎世博会,萨摩藩也派遣了代表团。双方围绕使节团的名称进行了交涉,最终决定幕府的代表团对外使用"大君政府代表团",而萨摩藩则使用"萨摩太守代表团"的名称。

此外,之前提及的中村敬宇在1867年时正在伦敦带领并管

理着 13 名日本少年留学生。我记得自己在大阪大学留学时，曾读到过这样的研究著作，说中村在旅居伦敦期间，凌晨 4 点起床诵读"四书"。这让我感到非常震惊。身处在当时可以称得上是西洋首都的伦敦，幕末的日本人竟在那里阅读《论语》《孟子》《大学》《中庸》这样的中国儒家经典著作，这样的景象远远超出了我的想象，使我备受感动。由于中村在英国接受了基督教思想，他在明治初期回国后，主张天皇应该率先接受基督教的洗礼。关于其理由，中村在匿名向报社投稿的文章上这样陈述道："如果仅仅是摄取西洋的物质文明，而不吸收其精神文明，就好像是人变成了眼睛不会转动的人偶一样。"中村这一精辟的比喻再次让我震撼不已。但令人意外的是，接受基督教洗礼的中村却主张汉学是摄取洋学时不可欠缺的基本教养，并以自身的经验以及所督导的少年留学生的成长经历为例，反复强调"汉学不可废论"。其所列举理由之一，就是中国古典著作中拥有极为丰富的词汇，这为翻译难解的西方专业用语及学术概念提供了资源。

此后，中村与三岛、重野一起，受聘于为遏制汉学衰退而开设的东京大学古典讲习科汉书课。在此之前，三岛接受明治政府出任司法省七等官员的任命，担任新治地方和东京的法官，以及大审院（相当于现在的最高法院）的法官。三岛还接受过明治政府雇佣的特聘外国人教师布瓦索纳德（Gustave Émile Boissonade de Fontarabie，1825－1910）的授课，学习了法国的民法。在其听课笔记中，可以发现人权、物权、动产、不动产、所有权、物件所在地、裁判所、契约等现今仍在使用的词汇，这些词汇都是当时由日本人翻译而成的和制汉语词。而中国出现这些民法概念，则要等到 1908 年的《大清民律草案》以及 1929 年《中华民国民法典》的出现，这两部法律都是在经由日本传入的西方法律的基础上完成

的。但是,1949 年成立的中华人民共和国将这些内容视为"资产
阶级法权"观念而加以批判和排斥。因为在当时的意识形态中,
私有财产被视为"万恶之源",宗教则被视为"毒害人民的鸦片"。
1978 年实行改革开放之后,这些观念逐渐发生变化,例如 1999
年颁布《合同法》,2007 年通过了《物权法》。如果从 1908 年制定
的《大清民律草案》算起,历经整整百年时间,《物权法》的观念才
得以复活。

　　三岛在引进法国的民法方面发挥了一定作用,与此相对,重
野则在引进德国的兰克史学方面发挥了重要作用。作为东京大
学史学科教授,重野接受同事里斯(Ludwig Riess,1861 - 1928)
的建议,创立史学会,同时发行学会刊物《史学杂志》,提倡实证主
义史学。里斯是德国历史大家兰克(Leopold von Ranke,1795 -
1886)的弟子,是东京大学史学科的特聘外国人教师。这些虽然
是众所周知的事实,但是,关于重野引入英法两国法学的建议却
似乎鲜为人知。今年春天,由我编著的《重野安绎的外交、汉文与
国史——大阪大学怀德堂文库西村天囚旧藏抄本三种》出版,第
一种抄本为《横滨应接记》,此文记录了生麦事件引发的萨英战争
之后,英国与萨摩藩之间进行的和平谈判过程。或许是从此事件
中汲取教训,重野在出版《和译万国公法》之后,起草了《文部省应
派遣中业生前往英法学习法律的建议书》(《文部中業生英仏に派
遣し法律を修めしむるべき旨意見書》),其中列举的主要理由
是:"因律学深奥高尚,有未能穷尽之所。速请文部选十名左右可
入专门科中业生,赴英法等国,使其多年从学于有名法师,望其必
得资格证,归国之后补任立法行政官员。如此则国律一定不动,
得万国交道之宜,以彰显大小国家并立之实效。"

　　另一方面,重野还很好地平衡着汉学与洋学之间的关系。

1879 年，重野在东京学士会院发表题为《汉学宜设正则一科，选少年秀才留学清国之论说》的演讲，呼吁应该开创与以往不同的新汉学，培育能够与中国的读书人、外交官员进行交流、辩论的新型人才。此外还指出，虽然引入了重视解读公文书的兰克实证史学，但其仅仅是西方五十年前才开始形成的一门新学问，而与此类似的日本考证学形成于一百年前，中国的考证学则在二百年前就已经形成。而且他认为世界上的学问最终会归于"归纳法"一途，其理由是：如果从宏观上观察世界的学术趋势，可知"空谈臆测都将不为人所接受，且愈发远离实用。而倘若对世间万物均进行细致考证，纵使其中某一环节出现纰漏，那么也能立即明白问题所在"。

由此可知，重野及中村的主张与三岛创办二松学舍时的见解十分相似。1878 年，三岛向东京府厅提交《设立私立汉学的申请书》（《私立漢学設立願》），指出："方今洋学虽盛行于世，如若不能以汉文达其意，则不能供经国之用。而汉文有法，如若不讲习之，则不能达其意。此为设立弊舍之所以也。"在三岛所作的汉诗中，有一首诗的内容为"千秋不易是彝伦，文物典章追世新。吾要公平折中学，斟古酌今适经纶"，充分体现了其调和折中汉学与洋学的主张。

三、倡导义利合一的人生哲学——与涩泽荣一的比较

三岛与比其年幼十岁的涩泽荣一之间也存在较多交集。比如，1880 年代前期，二人曾在东京大学共事；三岛为涩泽的亡妻（戒名宝光院，俗名千代）撰写过碑文；涩泽从 1910 年起担任"财团法人二松义会"的顾问，并在三岛 1919 年 5 月去世后不久担任

"财团法人二松学舍"的校长。但最为人所熟知的,还是二人合作提出并对后世产生广泛影响的"论语算盘"说(内容详见《論語と算盤》,1916 年初版),它是象征"道德经济合一"论的重要隐喻。

三岛早在 1886 年便在东京学士会院发表了题为"义利合一论"的讲演,其中对世间因受宋明理学的影响,而不屑于言"利"的因循守旧倾向提出异议,主张中国自古就存在义利合一之说,宋代以来对于"利"的评价方式存在很大误解。关于三岛所探讨义利合一的重要性,对于博士论文以怀德堂的朱子学研究为题的我而言,是能够充分理解的。身处号称天下厨房的近世大坂,具有商人学校特征的怀德堂的学者们所面临的一个重要课题,便是如何将日常买卖中所获利润加以正当化。五井兰洲、中井竹山等人最终是根据《易经》中的"义者,利之和"的主张展开阐述。换言之,此二位学者与三岛一样,都是从古代儒学著作中寻找义利合一的理论支撑,并在现实社会中将其正当化。

涩泽从少年时代就开始阅读《论语》《孟子》等著作,而且从自身商业活动的经历中,在义利问题上与三岛情投意合、意见一致。尽管如此,"论语与算盘"这一思想最终形成的契机,还要等到 1909 年涩泽的古稀寿辰。这一年,作为庆祝涩泽寿辰的贺礼,画家小山正太郎挥毫在传统的方形纸笺上画了五件物品:一摞叠放的四册《论语》,旁边是算盘,还有涩泽参观巴黎世博会时所戴的绅士帽和白手套,以及象征其武士身份的佩刀。涩泽原本出身于农民家庭,由于其卓越的财政能力,受到幕府末代将军德川庆喜管家的赏识,被赐予了武士的身份。在此幅画作上还写着"以《论语》为基础经商,执算盘说士道。可谓非常之人,非常之事,非常之功矣"。这幅画作,或许可以说是之后"论语与算盘"这一隐喻的原型。三岛觉得此画作十分有趣,写下《题论语算盘图贺涩泽男古稀》一文,至此,象征"道德经济合一"论的"论语算盘"说被确定下来。现今,以现代日语版、中文版为代表的众多语言版本的《论语与算盘》风靡全世界,深受企业家及一般读者喜爱。

但是,我并不想把三岛的"义利合一"论与涩泽的"论语算盘"说狭义地理解为源自儒家经典主题的一个现代翻版,而认为将其视为人们在日常生活中如何平衡物质与精神的一个普遍性问题更为妥当。无论是谁都有追求物质利益的欲望,也有追求人生意义的理想,并或多或少拥有平衡二者的想法。因此,不仅是商人、企业家,所有的人在遇到要优先选择"义"还是"利"时,都会被迫做出选择,只不过是每个个体程度不同而已。关于这一问题,三岛在为自己撰写的碑文中,做出了如下一段值得注意的回答:"毅为人野朴,不喜修饰,尊奉孔学,折中古今诸家,最好姚江。授徒常唱义利合一之说,临义则进一步,临利则退一步,始能合一矣。"文中"毅"为三岛的名,"姚江"即余姚江,此处指代的是出生于余姚的王阳明。可以说,此文体现出三岛达到了平衡义利的佳境。

在"论语算盘"说最终形成的明治末期,因涩泽的努力,一个为各宗教团体之间提供对话平台的组织——归一协会得以成立,其主要成员不仅有成濑仁藏、井上哲次郎、姊崎正治等日本人,还有同志社大学的美国人教师等。此协会成员希望解决什么问题呢?这从《归一协会意见书》中可以找到答案。人类的学术与文明虽已取得巨大进步,但如何寻求诸多宗教、思想之间的共同之处,还是一个未能解决的课题,本协会所展望和设想的愿景是:"人类的文明,今后在某一时间点上应该会归于一途。"

从某种意义而言,归一协会的愿景也适用于当今社会。无视伦理道德问题,过度地追求经济发展与科技进步,都是十分危险的行为,因为现今地球环境的破坏,正在威胁人类自身赖以立足的生存空间。优先考虑经济发展的利益,还是保护环境的义理,已成为不可回避的课题。从最近在巴黎召开的《联合国气候变化框架公约》缔约方大会所达成的初步协议就可以知道这一点。

时间已经超过了预定的时间,我的报告就到此结束,谢谢诸位的聆听。

后 记

　　回顾迄今为止的研究课题及问题意识,大致经过了以下几个变化阶段:1980年代前期,我在复旦大学撰写关于幕末时期的日英关系的硕士论文时,对明治维新的国际环境以及幕末日本人的对外意识抱有兴趣。因此,在斯波义信教授的介绍和大庭脩教授的关照之下,我作为研究生院交流研究生,在关西大学进行了半年的资料收集,获得了萨道义(Ernest Mason Satow,1843－1929,日本名为佐藤爱之助)的《英国策论》、斋藤竹堂的《阿片始末》等重要史料。1980年后期,在大阪大学的脇田修、子安宣邦两位教授的指导之下撰写关于怀德堂的博士论文,试图通过实证研究阐明以五井兰洲、中井竹山、中井履轩、富永仲基以及山片蟠桃等为代表的近世儒学、佛教及町人社会的合理思想,如何为日本近代化做了何种精神层面上的准备。这一阶段的探究成果,在1994年有幸以《怀德堂朱子学的研究》为题出版,成为我的第一本专著。1990年我前往美国之后,随着与普林斯顿大学的简森教授(Marius Jansen)、哈佛大学的入江昭教授、加利福尼亚大学的傅佛果(Joshua A. Fogel)教授等人交流的深入,逐渐对中日关系,特别是重野安绎、西村天囚、内藤湖南等参与怀德堂的彰显及振兴的汉学家在明治、大正时期的政治外交上发挥的作用产生兴趣。1994年夏季,作为立教大学法学部奖励研究员执笔的论文,就是关于明治 22 年(1889)重野向黑田清隆内阁提出的《支那视察案》。当时,负责指导的野村浩一教授向我介绍日本近代思想史研究的大家松本三之介先生,东京大学的户川芳郎先生则将其《汉学中国学的沿革及问题点——近代学术的成立及中国研究的谱系》(《漢学シナ学の沿革とその問題点:近代アカデミズムの成立と中国研究の系譜》)中的相关人物年表赠送给我。与这些大家亲切交谈的情形,我仍记忆犹新。

　　1996 年春,我从美国马萨诸塞的布里奇沃特州立大学离职,开始执教于关西大学。其背景之一是,1991 年春,我与在普林斯顿大学进行在外研究的河田悌一先生和余英时先生再次会面,后来二位先生对我一再鼓励。河田教授作为中国近代思想研究者,一直都在定点观测着中国的思想动向。另一方面,余先生则不断地强调,中国人向来容易轻视日本,十分缺乏日本相关的出色研究,远远不及日本人的中国研究水准,必须加大对日本历史及文化研究方面的人才及力量投入。在关西大学任教以来,既有利用关西大学的内藤文库、泊园文库、增田文库以及大阪大学的怀德堂文库所藏史料的便利,又有文学部同僚以及所属学会的朋友的鼓励,我进一步拓宽了研究领域,先后出版了《日本汉学思想史论考——徂徕、仲基及近代》(1999)、《明治的汉学家与中国——安绎、天囚、湖南的外交策论》(2007)两部著作。另一方面,我还参加了以下诸多研究项目:台湾大学黄俊杰教授主持的"东亚儒学"相关研究项目;涩泽荣一纪念财团的国际儒学研究项目;杜维明、卞崇道、郑培凯、周振鹤、葛兆光、黄进兴、王宝平、张伯伟、吴伟明、刘岳兵等诸位教授所主办的东亚思想文化、汉籍与汉学相关的国际会议;小岛毅主持的特定领域项目研究"东亚的海域交流与日本传统文化的形成——以宁波为焦点的跨学科领域创生"

（"東アジアの海域交流と日本伝統文化の形成：寧波を焦点とする学際的創生"）①；吾妻重二教授主持的文部省科研费基础研究"关于东亚传统教养的形成与展开的跨学科研究：以书院、私塾教育为中心"（"東アジアにおける伝統教養の形成と展開に関する学際的研究：書院・私塾教育を中心に"）；井上克人教授主持的文部省科研费基础研究"内藤湖南亚洲观的形成与近代中日学术交流"（"内藤湖南のアジア観の形成と近代日中学術交流"）。正是由于参与了以上这些项目，我得到了执笔关于近代日本汉学界的儒教论、历史论、文章论以及汉文直读论等论文的机会。本书正是将这些论文整理而成的一部专著。从书中重野、西村、内藤相关内容所占的比例来看，本书可以视为上述《明治的汉学家与中国——安绎、天囚、湖南的外交策论》一书的姊妹篇。

在本书的完成过程中，我运用了在关西大学东西学术研究所、亚洲文化研究中心（简称 CSAC）、文化交涉学教育研究据点（简称 ICIS）、东亚文化研究科，以及泊园纪念会、东亚文化交涉学会的诸多研究活动中，逐渐领悟到的文化交涉学的研究方法。在此，谨向在日常研究过程中以各种方式为我提供帮助的松浦章、藤田高夫、中谷伸生、内田庆市、沈国威、野间晴雄、大谷渡、西本昌弘、原田正俊、二阶堂善弘、奥村佳代子、篠原启方等诸位教授表示感谢。

本书由关西大学研究成果出版补助金资助出版，在申请出版

---

① 我作为"王权理论班"成员，项目在研期间与 1987 年召开怀德堂研究国际研讨会时相识的中村春作、田尻祐一郎、前田勉等先生，以及 1989 年日本思想史学会一行赴韩国旅行时结识的旧友等再次交流，收益颇多。在诸多友人的帮助下，受日本思想史学会会长前田勉的委托，以关西大学建校一百三十周年为契机，我作为负责人筹办了日本思想史学会 2016 年年度大会。

资助之际,得到了内田庆市、薮田贯二位教授的推荐,以及时任出版委员会负责人的井上泰山教授的关照。在书稿校对过程中,得到了印藤和宽先生的宝贵建议。书中部分数据的录入以及索引制作得到了我所指导的研究生的帮助。插图及图片的使用,得到了关西大学图书馆、大阪大学附属图书馆、怀德堂纪念会、武田科学振兴财团杏雨书屋、京都大学人文科学研究所、二松学舍大学附属图书馆、东京都立图书馆特别文库室、东京大学史料编纂所、哈佛燕京图书馆、松江市立鹿岛町历史民俗资料馆、高松市盐江美术馆、下田市了仙寺、内山书店、二玄社、汲古书院、株式会社KADOKAWA(角川)等诸多机构及收藏者的欣然允诺。此书的最后完成得到了关西大学出版部的门胁卓也,以及协和印刷株式会社的大田直人的协助,在此一并表示感谢。

陶德民

2017 年 3 月 1 日

追记:原本计划将此书赠送给水田纪久先生,以感谢先生长期以来对我的关爱及鞭策。但遗憾的是,先生于去年 12 月 21 日溘然长逝,在此谨表达深切的悼念之情。

译后记

    2017 年年初，陶德民教授询问我是否愿意翻译其此部最新出版的著作，当时我并未多加思索便应承下来，因为自己的博士论文是关于"支那学"谱系的第二代学者——青木正儿，而此部译著中的第二、三章中均涉及青木的相关内容，想必对深入了解近代日本学术思想史的演变脉络会大有裨益。但实际着手进行翻译，却比当初预想的要困难，幸运的是，在译文遣词及行文逻辑方面，陶老师给予了我细致的指导，才有这本译著的问世，在此向其表示感谢。

    此著作是陶教授耕耘于日本近代中国学领域四十余年来的部分成果的集结，试图从文化交涉学角度，清晰勾勒出日本近代中国学的演变轨迹：从江户时代对中国儒家经典进行阐释（如第四章探讨的《辨名》《辨道》二书，便是荻生徂徕基于原典对儒学关键词进行的解读）；而明治维新之后，清朝与日本外交关系的建立，极大地便利了两国文人交流，使得汉诗文领域呈现空前繁盛的景象（如第五章探讨的宫岛诚一郎的《养浩堂诗集》以及星野恒选编的《明清八家文》）；受西方学术研究方法及研究对象的影响，先后成立的东京帝国大学（1877）、京都帝国大学（1897）等高等教育机构中，关于中国的学术研究范式逐步确立，形成了将中国视为"他者"的研究立场（如第三章中青木正儿、仓石武四郎分别从戏曲小说等俗文学研究、现代汉语教学等角度提出的汉文直读主张）；日本近代中国学研究虽在西方学术影响之下形成，但并非全然照搬其学术路径，而是探索出符合东方自身学术路向的方法论，表现出虽启蒙于西方，但意欲最终超越西方的学术抱负（如第六章内藤湖南对富永仲基、章学诚二人思想深入探讨，挖掘出"与欧西神理相似"的东洋学问方法论）。

贯穿于江户、明治、大正甚至昭和时期的日本近代中国学领域的重要问题，是荻生徂徕、重野安绎、青木正儿、仓石武四郎、小川环树等人所主张的汉文直读。从荻生徂徕在《译文筌蹄》(1715)中原创性地提出汉文直读主张，一直到现今日本国语综合教材"汉文篇"中仍保留的《五十步百步》等汉文训读材料，可见传统的汉文训读阅读法的强大生命力。表面上，汉文阅读方式的差异似乎并未对研究产生重大影响，但从本质而言，这关系到传统汉学者与近代中国学研究者的研究主体是否确立的问题。前者不关心中国的现实社会，不研究中国问题，即沟口雄三在其《作为中国的方法》(1989)中指出的："没有确立足以把中国作为'异'世界来相对化自己的世界"，"主体化的选择吸收，反而把'异'的部分舍弃或加以变形努力使其同化于自己。不仅是舍弃和变形，更有甚者干脆只把中国儒学当作表现自身世界的道具"，是"没有中国的中国学"。而后者的觉醒则意味着民族语言的自觉，研究主体性的确立。

本书还基于文化交涉视角，为我们还原了近代中日学者交流互动的生动场景。如在闭关锁国状态下，藤田东畡致信钱泳，对其出版叛乱者大盐平八郎著作一事流露出的复杂心情；钱泳寄信给已经去世三年的赖山阳，赞赏其《日本乐府》；宫岛诚一郎将儿子大八送往中国，让其跟随张裕钊求学长达七年之久；王韬点评星野恒选编的《明清八家文》时留下的诸多批注;胡适为考证章学诚年谱,委托青木正儿抄录内藤所藏钞本;姚名达意欲增补胡适的《章实斋年谱》,致信内藤表达希望一睹其所藏钞本的愿望;青木正儿在关注新文化运动过程中,与吴虞就关于批判儒教纲常伦理频繁书信往来;青木为胡适寻找在日本流传的《水浒传》版本,帮助其考证出水浒戏剧出现早于小说《水浒传》等等。本书不仅详细论述了两国学者的学术互动的来龙去脉,更是极大丰富了中日文化交流史的内涵。

　　以上是笔者对此著作的概括性认识,肯定存在疏漏或是谬误之处,望请见谅。行文至此,回顾从接受此项翻译工作到现在为止的四年时光,三次大幅修改译文,工作单位变动产生的诸多变化,点点滴滴,感慨良多。最后要感谢张晨阳对译文的细心校对,以及生活上无微不至的照顾及陪伴。抬眼望去窗外,阳光微醺,春意渐浓,期待春天的蓬勃伟力能够驱散疫情的阴霾,迎来往常的生机。是为译后记。

2021 年 3 月 30 日

写于北京西郊清河寓所

"海外中国研究丛书"书目

1. 中国的现代化 [美]吉尔伯特·罗兹曼 主编 国家社会科学基金"比较现代化"课题组 译 沈宗美 校
2. 寻求富强:严复与西方 [美]本杰明·史华兹 著 叶凤美 译
3. 中国现代思想中的唯科学主义(1900—1950) [美]郭颖颐 著 雷颐 译
4. 台湾:走向工业化社会 [美]吴元黎 著
5. 中国思想传统的现代诠释 余英时 著
6. 胡适与中国的文艺复兴:中国革命中的自由主义,1917—1937 [美]格里德 著 鲁奇 译
7. 德国思想家论中国 [德]夏瑞春 编 陈爱政 等译
8. 摆脱困境:新儒学与中国政治文化的演进 [美]墨子刻 著 颜世安 高华 黄东兰 译
9. 儒家思想新论:创造性转换的自我 [美]杜维明 著 曹幼华 单丁 译 周文彰 等校
10. 洪业:清朝开国史 [美]魏斐德 著 陈苏镇 薄小莹 包伟民 陈晓燕 牛朴 谭天星 译 阎步克 等校
11. 走向21世纪:中国经济的现状、问题和前景 [美]D.H. 帕金斯 著 陈志标 编译
12. 中国:传统与变革 [美]费正清 赖肖尔 主编 陈仲丹 潘兴明 庞朝阳 译 吴世民 张子清 洪邮生 校
13. 中华帝国的法律 [美]D. 布朗 C. 莫里斯 著 朱勇 译 梁治平 校
14. 梁启超与中国思想的过渡(1890—1907) [美]张灏 著 崔志海 葛夫平 译
15. 儒教与道教 [德]马克斯·韦伯 著 洪天富 译
16. 中国政治 [美]詹姆斯·R. 汤森 布兰特利·沃马克 著 顾速 董方 译
17. 文化、权力与国家:1900—1942年的华北农村 [美]杜赞奇 著 王福明 译
18. 义和团运动的起源 [美]周锡瑞 著 张俊义 王栋 译
19. 在传统与现代性之间:王韬与晚清革命 [美]柯文 著 雷颐 罗检秋 译
20. 最后的儒家:梁漱溟与中国现代化的两难 [美]艾恺 著 王宗昱 冀建中 译
21. 蒙元入侵前夜的中国日常生活 [法]谢和耐 著 刘东 译
22. 东亚之锋 [美]小R. 霍夫亨兹 K.E. 柯德尔 著 黎鸣 译
23. 中国社会史 [法]谢和耐 著 黄建华 黄迅余 译
24. 从理学到朴学:中华帝国晚期思想与社会变化面面观 [美]艾尔曼 著 赵刚 译
25. 孔子哲学思微 [美]郝大维 安乐哲 著 蒋弋为 李志林 译
26. 北美中国古典文学研究名家十年文选 乐黛云 陈珏 编选
27. 东亚文明:五个阶段的对话 [美]狄百瑞 著 何兆武 何冰 译
28. 五四运动:现代中国的思想革命 [美]周策纵 著 周子平 等译
29. 近代中国与新世界:康有为变法与大同思想研究 [美]萧公权 著 汪荣祖 译
30. 功利主义儒家:陈亮对朱熹的挑战 [美]田浩 著 姜长苏 译
31. 莱布尼兹和儒学 [美]孟德卫 著 张学智 译
32. 佛教征服中国:佛教在中国中古早期的传播与适应 [荷兰]许理和 著 李四龙 裴勇 等译
33. 新政革命与日本:中国,1898—1912 [美]任达 著 李仲贤 译
34. 经学、政治和宗族:中华帝国晚期常州今文学派研究 [美]艾尔曼 著 赵刚 译
35. 中国制度史研究 [美]杨联陞 著 彭刚 程钢 译

79. 德国与中华民国 [美]柯伟林 著 陈谦平 陈红民 武菁 申晓云 译 钱乘旦 校
80. 中国近代经济史研究:清末海关财政与通商口岸市场圈 [日]滨下武志 著 高淑娟 孙彬 译
81. 回应革命与改革:皖北李村的社会变迁与延续 韩敏 著 陆益龙 徐新玉 译
82. 中国现代文学与电影中的城市:空间、时间与性别构形 [美]张英进 著 秦立彦 译
83. 现代的诱惑:书写半殖民地中国的现代主义(1917—1937) [美]史书美 著 何恬 译
84. 开放的帝国:1600年前的中国历史 [美]芮乐伟·韩森 著 梁侃 邹劲风 译
85. 改良与革命:辛亥革命在两湖 [美]周锡瑞 著 杨慎之 译
86. 章学诚的生平与思想 [美]倪德卫 著 杨立华 译
87. 卫生的现代性:中国通商口岸健康与疾病的意义 [美]罗芙芸 著 向磊 译
88. 道与庶道:宋代以来的道教、民间信仰和神灵模式 [美]韩明士 著 皮庆生 译
89. 间谍王:戴笠与中国特工 [美]魏斐德 著 梁禾 译
90. 中国的女性与性相:1949年以来的性别话语 [英]艾华 著 施施 译
91. 近代中国的犯罪、惩罚与监狱 [荷]冯客 著 徐有威 等译 潘兴明 校
92. 帝国的隐喻:中国民间宗教 [英]王斯福 著 赵旭东 译
93. 王弼《老子注》研究 [德]瓦格纳 著 杨立华 译
94. 寻求正义:1905—1906年的抵制美货运动 [美]王冠华 著 刘甜甜 译
95. 传统中国日常生活中的协商:中古契约研究 [美]韩森 著 鲁西奇 译
96. 从民族国家拯救历史:民族主义话语与中国现代史研究 [美]杜赞奇 著 王宪明 高继美 李海燕 李点 译
97. 欧几里得在中国:汉译《几何原本》的源流与影响 [荷]安国风 著 纪志刚 郑诚 郑方磊 译
98. 十八世纪中国社会 [美]韩书瑞 罗友枝 著 陈仲丹 译
99. 中国与达尔文 [美]浦嘉珉 著 钟永强 译
100. 私人领域的变形:唐宋诗词中的园林与玩好 [美]杨晓山 著 文韬 译
101. 理解农民中国:社会科学哲学的案例研究 [美]李丹 著 张天虹 张洪云 张胜波 译
102. 山东叛乱:1774年的王伦起义 [美]韩书瑞 著 刘平 唐雁超 译
103. 毁灭的种子:战争与革命中的国民党中国(1937—1949) [美]易劳逸 著 王建朗 王贤知 贾维 译
104. 缠足:"金莲崇拜"盛极而衰的演变 [美]高彦颐 著 苗延威 译
105. 饕餮之欲:当代中国的食与色 [美]冯珠娣 著 郭乙瑶 马磊 江素侠 译
106. 翻译的传说:中国新女性的形成(1898—1918) 胡缨 著 龙瑜宬 彭珊珊 译
107. 中国的经济革命:20世纪的乡村工业 [日]顾琳 著 王玉茹 张玮 李进霞 译
108. 礼物、关系学与国家:中国人际关系与主体性建构 杨美惠 著 赵旭东 孙珉 译 张跃宏 译校
109. 朱熹的思维世界 [美]田浩 著
110. 皇帝和祖宗:华南的国家与宗族 [英]科大卫 著 卜永坚 译
111. 明清时代东亚海域的文化交流 [日]松浦章 著 郑洁西 等译
112. 中国美学问题 [美]苏源熙 著 卞东波 译 张强强 朱霞欢 校
113. 清代内河水运史研究 [日]松浦章 著 董科 译
114. 大萧条时期的中国:市场、国家与世界经济 [日]城山智子 著 孟凡礼 尚国敏 译 唐磊 校
115. 美国的中国形象(1931—1949) [美]T.克里斯托弗·杰斯普森 著 姜智芹 译
116. 技术与性别:晚期帝制中国的权力经纬 [英]白馥兰 著 江湄 邓京力 译